高等院校计算机应用系列教材

Flash多媒体课件制作实例教程（第4版） 微课版

方其桂 主编　王丽娟 刘斌 副主编

清华大学出版社
北京

内 容 简 介

应用多媒体课件辅助教学是新世纪教师必须具备的一种技能。本书着重介绍使用 Flash 制作多媒体课件的方法与技巧，书中实例均选自中小学各学科的典型内容。全书图文并茂，用图文来分解复杂的步骤，注重基础知识介绍与应用技巧的结合，通过丰富、实用的实例讲解，使读者轻松掌握 Flash 的应用技巧。

本书可作为高等院校、师范院校的教材，也可作为广大中小学、大中专教师学习制作 Flash 多媒体课件的自学用书，或者作为多媒体课件制作培训班的教材。

本书封面贴有清华大学出版社防伪标签，无标签者不得销售。
版权所有，侵权必究。举报：010-62782989，beiqinquan@tup.tsinghua.edu.cn。

图书在版编目(CIP)数据

Flash 多媒体课件制作实例教程：微课版 / 方其桂 主编. —4 版. —北京：清华大学出版社，2023.9
高等院校计算机应用系列教材
ISBN 978-7-302-64408-8

I. ①F… II. ①方… III. ①多媒体课件—动画制作软件—高等学校—教材 IV. ①G434

中国国家版本馆 CIP 数据核字(2023)第 147515 号

责任编辑：刘金喜
封面设计：常雪影
版式设计：孔祥峰
责任校对：成凤进
责任印制：丛怀宇

出版发行：清华大学出版社
    网　　　址：http://www.tup.com.cn，http://www.wqbook.com
    地　　　址：北京清华大学学研大厦 A 座 邮　　编：100084
    社 总 机：010-83470000 邮　　购：010-62786544
    投稿与读者服务：010-62776969，c-service@tup.tsinghua.edu.cn
    质 量 反 馈：010-62772015，zhiliang@tup.tsinghua.edu.cn
印 装 者：三河市人民印务有限公司
经　　销：全国新华书店
开　　本：185mm×260mm 印　张：21.25 彩　插：2 字　数：530 千字
版　　次：2012 年 5 月第 1 版 2023 年 9 月第 4 版 印　次：2023 年 9 月第 1 次印刷
定　　价：78.00 元

产品编号：102671-01

前 言

一、学习课件制作的意义

多媒体课件集文本、声音、视频、动画于一体,生动形象,其在吸引学生注意力和创设教学情境方面,具有其他教学手段不可比拟的优势,设计、制作、使用多媒体课件是新时期大中小学教师必备的一种信息技术应用能力。制作多媒体课件的软件有很多,其中 Flash 是最常用的一款课件制作软件,它易学易用,不仅能图文并茂、有声有色、生动活泼地把授课内容形象地表达出来,而且容易达到最佳的教学效果,在课件制作中被广泛应用。

二、本书修订

《Flash 多媒体课件制作实例教程》出版后,受到读者肯定,已累计修订 3 次。我们这次组织优秀教师对此书进行第 4 次修订,修订时主要做了以下几方面的改进。

- 更换实例:更新了多数课件实例,使之更贴近教学实践。
- 优化内容:补充一些实用性、技巧性强的内容,使其更切合课件制作所需。
- 完善体系:进一步精心修改完善内容,使内容的分布和知识点的详略更科学、有度。

三、本书结构

本书是专门为一线教师、师范院校的学生和专业从事多媒体课件开发的人员编写的教材,为便于学习,设计了如下栏目。

- 跟我学:每个实例都能被读者通过"跟我学"轻松地学习掌握,其中包括多个"阶段框",将任务进一步细分成若干更小的任务,降低阅读难度。
- 创新园:对所学知识进行多层次的巩固和强化。
- 小结和习题:对全章内容进行归纳、总结,同时用习题来检测学习效果。

四、本书特色

本书打破传统写法,各章节均以课堂教学中的实例入手,逐步深入介绍 Flash 多媒体课件的制作方法和技巧,同时增加了选择、填空、判断、连线、填表、填图、绘图等练习型课件,以及交互式、触发式、综合型课件的具体制作方法。本书有以下几个特点。

- 内容实用:本书所有实例均选自现行中小学教材,涉及各类学科,内容编排结构合理。
- 图文并茂:在介绍具体操作步骤过程中,语言简洁,基本上每个步骤都配有对应的插图,用图文来分解复杂的步骤。路径式图示引导,便于读者一边翻阅图书,一边上机操作。

- 提示技巧：本书对读者在学习过程中可能会遇到的问题以"小贴士"和"知识库"的形式进行了说明，以免读者在学习过程中走弯路。
- 便于上手：本书以实例为线索，利用实例将课件制作技术串联起来，书中的实例都非常典型、实用。

五、配书资源

本书配有数字化教学资源，提供了书中实例制作所用的素材，并提供了实例的源程序及制作完成的完整课件，对这些课件稍加修改就可以在实际教学中使用；也可以以这些课件实例为模板稍做修改，举一反三，制作出更多、更实用的课件。考虑许多院校选择本书作为教材，资源中还提供了配套的微课、教学课件，便于教学。资源获取方式见文前"配套资源使用说明"。

六、本书作者

参与本书修订编写的作者有省级教研人员、课件制作获奖教师，他们不仅长期从事计算机辅助教学方面的研究，而且都有较为丰富的计算机图书编写经验。

本书由方其桂任主编，王丽娟、刘斌担任副主编。王丽娟负责编写第 2、3、4、5、6 章，刘斌负责编写第 1、7、8 章，同时负责配套资源的制作。参与本书编写的还有梁辉、梁祥、赵家春、唐小华、刘蓓、夏兰、殷小庆、张小龙、周本阔、陈晓虎、贾波、张晓丽、王军、宣国庆等，感谢提供实例课件的作者。

虽然我们有着十多年撰写课件制作方面图书的经验，在修订本书时认真构思、验证和反复审核修改，但书中仍难免有一些瑕疵。我们深知一本图书的好坏，需要广大读者去检验评说，在这里，我们衷心希望您对本书提出宝贵的意见和建议。读者在学习使用本书的过程中，对同样实例的制作，可能会有更好的制作方法，也可能会对书中某些实例的制作方法的科学性和实用性存有疑问，敬请读者批评指正。

本书相关资源关联网站为 http://www.ahjks.cn，欢迎访问。

服务电子邮箱：476371891@qq.com。

方其桂
2023 年春

配套资源使用说明

感谢您选用《Flash 多媒体课件制作实例教程》(第 4 版)(微课版),为便于学习,本书附配套资源,内容如下。

1．本书实例
本书实例包括写作本书时所介绍的实例及相关素材,供读者在阅读本书时参考。同时读者对这些实例稍做修改就可以直接应用于教学。

2．教学课件
为便于教学,本书提供了 PPT 教学课件,降低了教师的备课难度。

3．自学微课
作者精心制作了与本书相配套的多媒体微课视频,供读者自主学习,并可应用于课堂教学。多媒体微课视频以二维码的形式呈现在书中,读者可通过移动终端扫码播放,实现随时随地无缝学习。

4．练习实例
本书提供了之前版本的一些实例文件和素材,可供读者进行课后练习。

5．习题
本书除第 8 章,每章后面都附有习题,供读者检验学习效果。

6．资源下载
读者可通过扫描下方二维码用移动终端直接下载上述资源,也可在扫码后将链接推送到自己的邮箱,通过 PC 端下载。服务邮箱:476371891@qq.com。

课件+习题答案

实例素材

自学微课

练习实例

目 录

第 1 章 Flash 课件制作基础 ·· 1

- 1.1 Flash 基础知识·································· 2
  - 1.1.1 操作界面·································· 2
  - 1.1.2 舞台······································ 7
  - 1.1.3 文档操作·································· 7
- 1.2 Flash 基本操作·································· 10
  - 1.2.1 图层······································ 10
  - 1.2.2 帧·· 12
  - 1.2.3 元件和实例································ 15
  - 1.2.4 库·· 17
  - 1.2.5 场景······································ 19
- 1.3 小结和习题······································ 20
  - 1.3.1 本章小结·································· 20
  - 1.3.2 强化练习·································· 21

第 2 章 添加课件内部素材 ·· 23

- 2.1 添加文本·· 24
  - 2.1.1 添加静态文本······························ 24
  - 2.1.2 添加输入文本······························ 30
  - 2.1.3 添加框架文本······························ 34
- 2.2 绘制图形·· 38
  - 2.2.1 绘制数学几何图形·························· 39
  - 2.2.2 绘制科学实验器具·························· 44
  - 2.2.3 绘制物理实验器材·························· 52
  - 2.2.4 绘制化学实验器皿·························· 57
- 2.3 小结和习题······································ 65
  - 2.3.1 本章小结·································· 65
  - 2.3.2 强化练习·································· 66

第 3 章 添加课件外部素材 ·· 67

- 3.1 添加图像·· 68
  - 3.1.1 导入图像·································· 68
  - 3.1.2 编辑图像·································· 72
- 3.2 添加动画·· 78
  - 3.2.1 导入 GIF 动画······························ 78
  - 3.2.2 编辑 GIF 动画······························ 84
- 3.3 添加音频·· 89
  - 3.3.1 导入音频·································· 90
  - 3.3.2 编辑音频·································· 94
- 3.4 添加视频·· 98
  - 3.4.1 使用元件添加视频·························· 98
  - 3.4.2 使用播放组件添加视频······················ 103
- 3.5 小结和习题······································ 107
  - 3.5.1 本章小结·································· 107
  - 3.5.2 强化练习·································· 108

第 4 章 Flash 课件对象操作 ··· 109

- 4.1 排列与对齐对象·································· 110
  - 4.1.1 对齐对象·································· 110
  - 4.1.2 排列对象·································· 113
- 4.2 变形对象·· 115
  - 4.2.1 缩放对象·································· 115
  - 4.2.2 旋转和倾斜对象···························· 119
  - 4.2.3 翻转对象·································· 127
  - 4.2.4 扭曲对象·································· 130
  - 4.2.5 封套对象·································· 133
- 4.3 合并对象·· 138

| | 4.3.1 联合对象 …………………… 138
| | 4.3.2 交集对象 …………………… 141
| | 4.3.3 打孔对象 …………………… 144
| | 4.3.4 裁切对象 …………………… 149
| 4.4 | 编组对象 ……………………………… 151
| | 4.4.1 创建对象组 ………………… 151
| | 4.4.2 编辑对象组 ………………… 153
| | 4.4.3 分离对象组 ………………… 156
| 4.5 | 小结和习题 …………………………… 159
| | 4.5.1 本章小结 ……………………… 159
| | 4.5.2 强化练习 ……………………… 160

第5章 制作课件动画效果 …………………………………………………………… 161

| 5.1 | 制作逐帧动画 ………………………… 162
| | 5.1.1 文字逐帧动画 ……………… 162
| | 5.1.2 图形逐帧动画 ……………… 167
| 5.2 | 制作补间动画 ………………………… 177
| | 5.2.1 运动补间动画 ……………… 177
| | 5.2.2 形状补间动画 ……………… 182
| 5.3 | 制作引导和遮罩动画 ………………… 188
| | 5.3.1 制作引导动画 ……………… 188
| | 5.3.2 制作遮罩动画 ……………… 194
| 5.4 | 小结和习题 …………………………… 201
| | 5.4.1 本章小结 ……………………… 201
| | 5.4.2 强化练习 ……………………… 201

第6章 设置课件交互控制 …………………………………………………………… 203

| 6.1 | 用按钮和按键交互 …………………… 204
| | 6.1.1 用按钮交互 ………………… 204
| | 6.1.2 用按键交互 ………………… 215
| 6.2 | 用热对象和文本交互 ………………… 219
| | 6.2.1 用热对象交互 ……………… 219
| | 6.2.2 用文本交互 ………………… 225
| 6.3 | 用条件和时间交互 …………………… 230
| | 6.3.1 限定交互条件 ……………… 230
| | 6.3.2 限定交互时间 ……………… 234
| 6.4 | 小结和习题 …………………………… 238
| | 6.4.1 本章小结 ……………………… 238
| | 6.4.2 强化练习 ……………………… 239

第7章 制作常用Flash课件 …………………………………………………………… 241

| 7.1 | 制作实验型课件 ……………………… 242
| | 7.1.1 制作演示实验课件 …………… 242
| | 7.1.2 制作模拟实验课件 …………… 248
| 7.2 | 制作测验型课件 ……………………… 254
| | 7.2.1 制作判断题 ………………… 254
| | 7.2.2 制作单选题 ………………… 260
| | 7.2.3 制作多选题 ………………… 269
| | 7.2.4 制作填空题 ………………… 276
| 7.3 | 制作游戏型课件 ……………………… 284
| | 7.3.1 制作拖曳题 ………………… 284
| | 7.3.2 制作连线题 ………………… 292
| 7.4 | 小结和习题 …………………………… 296
| | 7.4.1 本章小结 ……………………… 296
| | 7.4.2 强化练习 ……………………… 296

第8章 制作Flash课件实例 …………………………………………………………… 299

| 8.1 | 制作课件封面 ………………………… 300
| | 8.1.1 规划分析课件 ……………… 300
| | 8.1.2 制作课件导航 ……………… 304
| 8.2 | 制作课件主体 ………………………… 309
| | 8.2.1 制作"演示"模块 …………… 309
| | 8.2.2 制作"探究"模块 …………… 314
| | 8.2.3 制作"练习"模块 …………… 318
| 8.3 | 制作课件结尾 ………………………… 323
| | 8.3.1 制作片尾动画 ……………… 323
| | 8.3.2 制作退出导航 ……………… 325
| 8.4 | 完善、导出和评价课件 ……………… 328
| | 8.4.1 完善课件 ……………………… 328
| | 8.4.2 导出与评价课件 …………… 329
| 8.5 | 小结 …………………………………… 330

第1章 Flash课件制作基础

Flash 是由 Adobe 公司开发的集动画创作与应用程序开发于一体的多媒体制作软件，常用于编辑矢量图形和制作动画，其制作的动画文件更适用于网络传输，因此被广泛应用于广告制作、动画制作、网页设计、多媒体课件制作等多个领域。初学者需要了解 Flash 软件的基础知识和一些常用的基本操作，包括图层、帧、元件、库和场景的使用，以及发布 Flash 课件的方法，为以后的学习打下基础。

■ **本章内容**
- Flash 基础知识
- Flash 基本操作

1.1 Flash基础知识

Flash 最基本的功能是绘制矢量图和处理动画，它能够将矢量图、位图、音频、动画和交互动作有机、灵活地结合在一起，不但可以制作出界面美观、动静结合、交互灵活的多媒体 CAI 课件，而且简便、易学、好用，因此 Flash 逐渐成为主要的课件制作工具之一。本节通过介绍 Flash 软件的相关基础知识，使读者对其有一个初步的了解，从而为后面的 Flash 课件制作打下坚实基础。

Flash基础知识

1.1.1 操作界面

在使用 Flash 软件之前，首先要对软件的操作界面和基本工具有一定的了解和认识，Flash 软件的操作界面主要由以下几部分组成：菜单栏、主工具栏、工具箱、时间轴面板、工作区面板、场景和舞台、属性面板、浮动面板等，如图1-1 所示。

图 1-1　Flash 软件的操作界面

1. 菜单栏

菜单栏位于文件标题栏的下方，是 Flash 软件的重要组成部分，其中包括了 Flash 软件中的大部分操作命令。常用的菜单有"文件""编辑""视图""插入"和"控制"等，通过这些菜单可以运行动画制作过程中的绝大部分命令。另外 Flash 软件还为这些菜单命令设置了相应的快捷键，熟练使用这些快捷键能大大提高工作效率。常用菜单命令的快捷键如表 1-1 所示。

表 1-1 常用菜单命令的快捷键

快 捷 键	功 能
F5	插入普通帧
F6	插入一个关键帧
F7	插入一个空白关键帧
F9	显示/隐藏"动作"面板
Ctrl+Enter	测试动画，并在文档的保存位置生成一个 SWF 格式的动画文件
Ctrl+Z	撤销操作
Ctrl+K	显示/隐藏"对齐"面板
Ctrl+L	显示/隐藏"库"面板
Ctrl+G	把场景中几个选中的对象合并成为一个组
Ctrl+B	将选中的对象打散
Ctrl+C	把选中的对象复制到剪贴板中
Ctrl+V	粘贴系统剪贴板中的内容

2. 主工具栏

为了便于操作，Flash 软件将一些常用命令以按钮的形式组织在一起，浮动在操作界面的上方。有时 Flash 软件在启动程序后，操作界面中并没有主工具栏，这时在菜单栏中选择"窗口"→"工具栏"→"主工具栏"命令，打开如图 1-2 所示的主工具栏，可以根据需要将其拖动到操作界面的任意位置。将鼠标指针停留在按钮上，即可显示该按钮的名称。

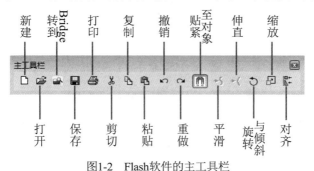

图1-2　Flash软件的主工具栏

3. 工具箱

Flash 软件的"工具箱"位于文档左侧，它提供了图形绘制和编辑的各种常用工具，熟练地使用这些工具，可以简化制作流程，达到事半功倍的效果。选择"窗口"→"工具"命令，可以调出工具箱，根据需要调整其大小和位置。图 1-3 所示为 Flash 软件工具箱的分类区域、工具名称和各工具的作用。

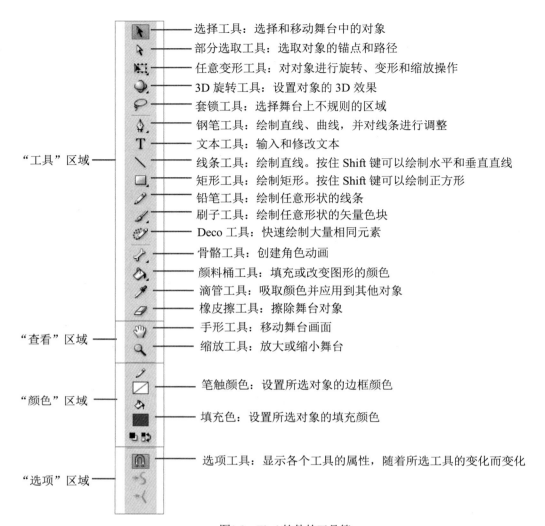

图1-3　Flash软件的工具箱

 有的工具图标右下角带有三角符号，如"颜料桶工具" ，表示还隐藏有其他工具，可以长按该工具图标来显示原本隐藏的工具，再单击选择即可。

4. 时间轴面板

时间轴面板位于文档标题的下方，它是 Flash 动画编辑的基础，用于组织和控制动画内容在一定时间内播放，使用它可以编辑图层和帧。时间轴可以显示 Flash 动画中图形和其他元素的时间，因此动画的播放是由时间轴来控制的，如图 1-4 所示。

5. 工作区面板

工作区面板位于 Flash 主窗口的右上角，其主要功能是进行工作区的选择、设置与管理，用户可以根据需要切换操作界面中不同的面板组合，也可以自定义工作区，如图 1-5 所示。

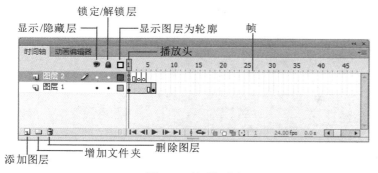

图1-4 时间轴面板　　　　　　　　　图1-5 工作区面板

6. 场景和舞台

场景一般是指影视戏剧作品中的各种场面，由角色、背景和剧情构成，通常一部影视剧需要很多场景，并且每个场景中的角色都可能不尽相同。Flash 中课件的场景是指动画角色活动的区域，可以根据需要选择不同的场景及不同的显示比例，通过多个场景可以将多个动画片段像多幕剧一样组织起来。

舞台是动画显示的矩形区域，所有的对象在播放时必须要通过舞台来显示。在设定角色位置时，可以使用"网格"和"标尺"帮助用户精确定位，在"视图"菜单下，可以选择显示或隐藏网格和标尺。场景和舞台如图1-6 所示。

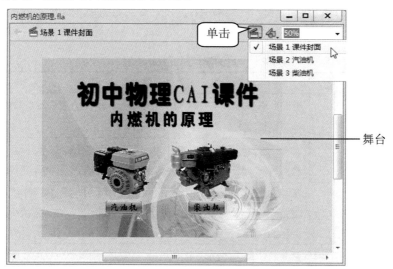

图1-6 场景和舞台

7. 属性面板

属性面板中显示了文档或当前对象的属性，如图1-7 所示。文档的属性包括文档名称、舞台尺寸、背景色、帧频、播放器类型和脚本版本等信息。当选定单个对象时，如文本、形状、位图、组、帧等，属性面板可以显示其相应的信息和设置。

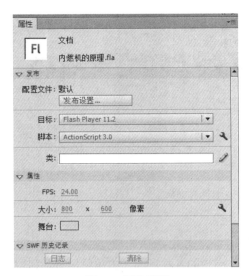

图1-7 属性面板

8. 浮动面板

面板主要用于帮助用户查看、组织和编辑各类对象，通过面板上的各个选项可设置元件、实例、颜色、类型、帧等对象的属性。但计算机显示器可视面积有限，为使工作区的位置和显示更加灵活，Flash软件提供了多种自定义工作区的方式，这些面板被设计为浮动式的，用户可以自由组合或拖动它们。通过选择"窗口"菜单中相应的命令可打开或关闭所需的面板。表1-2列出了常用的浮动面板及其功能。

表1-2 常用的浮动面板及其功能

面板名称	快捷键	面板功能
动作	F9	创建和编辑对象或关键帧的 ActionScript 代码，主要由"动作工具箱""脚本导航器"和"脚本"3个窗格组成
颜色	Alt+Shift+F9	常与"样本"面板组合使用，主要用来设置对象的笔触颜色、填充颜色和透明度等，还可以创建和编辑纯色及渐变填充，调配出所需的任何颜色
库	Ctrl+L	常与"属性"面板组合，类似于文档所用素材"资源管理器"的功能，Flash文档中的元件、按钮、图片、声音等内容均显示在该面板中，方便管理与调用
对齐	Ctrl+K	常与"信息""变形"面板组合，可以设置多个对象的彼此对齐方式或对象相对于舞台的对齐方式
变形	Ctrl+T	执行舞台上对象的多种变形操作
场景	Shift+F2	编辑场景信息，可以对场景进行增删、排序、重命名等操作
组件	Ctrl+F7	显示软件自带的一些可重复使用的预置组件，特别适合初学者

1.1.2 舞台

舞台是指工作区的白色区域，也是 Flash 中最重要的编辑区域，它和现实中的舞台一样，是用于呈现作品内容的区域。当编辑好各种"原材料"后，将它们放置在舞台上，Flash 软件就会将舞台上所有的元件呈现出来。

1. 设置舞台大小

舞台大小以"像素"为单位来确定宽与高，默认状态下为 550px(像素)×400px(像素)，用户可以根据需要在"属性"面板中输入适当的数值来设定画面尺寸，如图 1-8 所示。

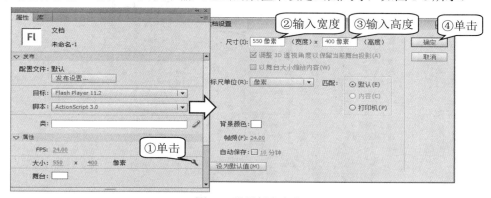

图1-8　设置舞台大小

2. 设置舞台背景

默认动画画面的背景颜色为白色，用户可根据需要在"属性"面板中设置课件的舞台背景色，如图 1-9 所示。

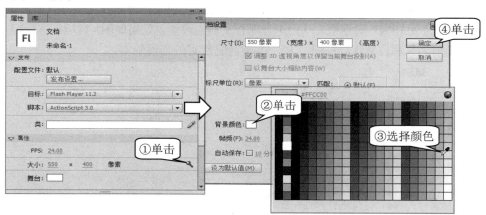

图1-9　设置舞台背景

1.1.3 文档操作

利用 Flash 制作课件常会涉及一些文档操作，常用的操作有新建文档和保存文档，另外用户还可以根据自己的需要，使用不同文件格式导出课件。

1. 新建文档

制作 Flash 课件，应先新建一个 Flash 文档，然后根据需要设置文档的相关属性，包括舞台尺寸和背景颜色等。

- 打开软件：单击"开始"按钮，选择"所有程序"→Adobe→Adobe Flash Professional 命令，运行Flash软件。
- 新建文档：按图1-10所示操作，新建一个Flash文档。

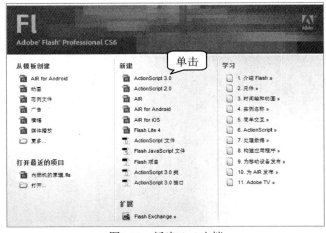

图1-10 新建Flash文档

2. 保存文档

新建并编辑文档后，若想以后继续使用，需保存文档。注意，包含未保存的修改时，文档标题栏和文档选项卡中的文档名称上会出现一个星号，保存文档后星号消失。

- 文档保存：选择"文件"→"保存"命令，如果当前文档为新建文档并且未被保存过，会弹出"另存为"对话框，从而进行保存文档的设置，效果如图1-11所示；否则，可以用当前名称和位置保存Flash文档，并覆盖它已有的当前版本。

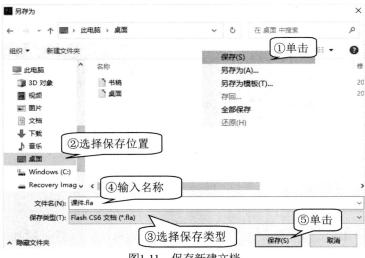

图1-11 保存新建文档

- 文档另存：选择"文件"→"另存为"命令，无论当前文档是否为未保存的新建文档，都会弹出"另存为"对话框，用于进行保存文档的设置。

3. 导出课件

Flash 可将作品导出为多种格式的文件，如 SWF、EXE、MOV、AVI、GIF、JPG 等格式，可以根据需要，选择一种格式来导出作品。

- 测试文件：选择"控制"→"测试影片"→"在Flash Professional中"命令，测试课件，效果如图1-12所示。

图1-12　课件运行效果

- 发布动画：选择"文件"→"发布设置"命令，弹出"发布设置"对话框，按图1-13所示操作，设置发布属性并发布为能独立运行的SWF格式文件。

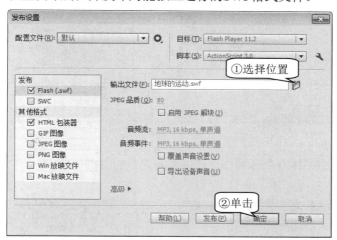

图1-13　发布设置

- 查看文件：Flash文档(源文件)经过测试或导出后，会自动生成SWF格式的动画文件，该文件可以脱离Flash编辑环境而使用播放器进行播放，文件图标效果如图1-14所示。

图1-14 文件图标

1.2 Flash基本操作

在使用 Flash 制作课件的过程中，经常需要对图层、帧、元件、库和场景等进行基本操作，因此掌握基本操作方法是制作 Flash 课件的基础。

Flash基本操作

1.2.1 图层

图层是"时间轴"面板上重要的组成部分，通过图层可以更好地组织课件中的对象。在制作课件过程中，可以根据需要对图层进行插入、重命名、删除、锁定和隐藏等操作。

1. 插入和删除图层

新建一个Flash文档时，默认只有一个图层，但在制作功能强大、内容丰富的课件时，通常需要有多个图层来组织课件中的对象，这就涉及图层的插入和删除操作。

● 插入图层：启动Flash软件，按图1-15所示操作，插入的图层会显示在选中图层的上方。

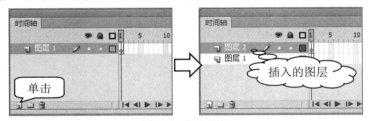

图1-15 插入图层

● 删除图层：按图1-16所示操作，选中并删除"图层1"，文档只有一个图层时，不能删除该图层。

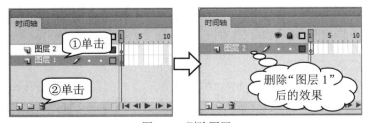

图1-16 删除图层

删除图层后，该图层所包含的对象也会一并从舞台中删除，所以删除图层时一定要慎重。

2. 重命名和移动图层

在制作课件的过程中，对图层进行合理的命名非常重要，这样不仅能方便以后对课件进行修改，还让课件源文件的结构更具可读性。有时为了表现舞台对象的层次关系，还需要通过移动图层来调整图层的上下次序。

- 重命名图层：启动Flash软件，按图1-17所示操作，将"图层1"重命名为"背景"。

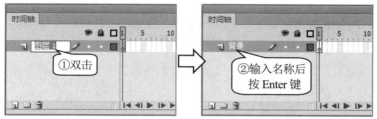

图1-17 重命名图层

- 移动图层：在"背景"图层上方再添加3个新图层，分别命名为"晶体""说明"和"标题"，效果如图1-18所示；按图1-19所示操作，将"说明"图层移到"标题"图层的下方。

图1-18 新建图层

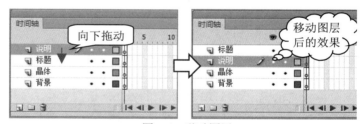

图1-19 移动图层

3. 锁定和隐藏图层

当课件中的图层较多时，在舞台上选择对象经常会由于误操作而影响其他图层的内容，这时可对某些图层进行锁定或隐藏操作。

- 锁定图层：启动Flash软件，按图1-20所示操作，锁定"标题"图层，锁定后无法对该图层中的内容进行操作。

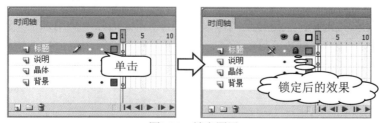

图1-20 锁定图层

图层被锁定后，舞台上位于该图层中的对象也被锁定，既无法被选中，也无法进行移动和编辑。若要解除锁定，单击图层名后的 🔒 按钮即可。

- 隐藏图层：按图1-21所示操作，隐藏"标题"图层，隐藏后将无法看见舞台上该图层的内容，但该图层的内容仍然存在。

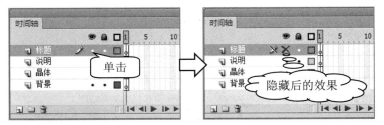

图 1-21　隐藏图层

 图层被隐藏后，舞台上位于该图层中的对象将被隐藏起来，若要显示该图层内容，只需单击此图层的 ✕ 按钮即可。

1.2.2　帧

Flash 动画从前往后播放的过程，其实就是一幅幅画面按照一定的时间依次展示的过程。存放一幅幅单个画面的容器被称作"帧"。在制作过程中，可以根据需要对帧进行添加、删除、移动等操作，并可以通过设置帧频改变动画的播放速度。

1. 认识帧

帧是 Flash 动画制作的基本单位，包括空帧、关键帧/空白关键帧、普通帧和过渡帧。

- 空帧：空帧在时间轴上就是一个个方格，表示该图层内容的结束，该图层的舞台上也没有内容，观察图1-22所示的界面，认识空帧。

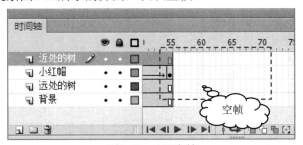

图1-22　认识空帧

- 关键帧/空白关键帧：关键帧是制作课件时非常重要的帧，是用来定义动画变化、状态更改的帧，它的内容是可以编辑的，用黑色圆心点表示；空白关键帧与关键帧性质相同，但它不包含任何内容，用空心圆点表示，如图1-23所示。

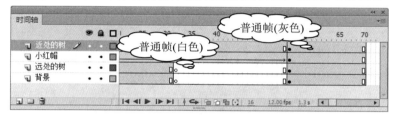

图1-23 认识关键帧和空白关键帧

 有内容的关键帧显示为实心圆点，一般直接称为关键帧；没有内容的关键帧显示为圆圈，称为空白关键帧。

- 普通帧：普通帧也称为静态帧，是对关键帧或空白关键帧状态的延续。在关键帧后面的普通帧为灰色，在空白关键帧后面的普通帧为白色，如图1-24所示。

图1-24 认识普通帧

- 过渡帧：在两个关键帧之间，Flash自动完成渐变过渡画面的帧叫作过渡帧。Flash可处理两种类型的渐变：运动渐变和形状渐变。观察图1-25所示的界面，认识过渡帧。

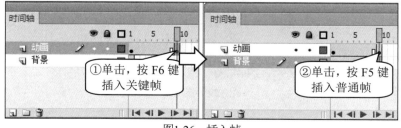

图1-25 认识过渡帧

2. 操作帧

新建的Flash文档，只有一个图层，该图层中默认只有一个空白关键帧。在制作课件过程中，可以根据需要插入普通帧和关键帧。

- 插入帧：按图1-26所示操作，分别插入关键帧和普通帧。

图1-26 插入帧

插入普通帧、关键帧和空白关键帧的操作也可通过右键快捷菜单来完成，右击需要插入的空帧，从菜单中单击选择需要的帧类型即可。

- 选择帧：在对帧的操作过程中，经常需要选择一个或多个帧，来进一步完成对帧的删除、复制和移动等操作。按图1-27所示操作，可以选择时间轴上的一个帧和多个帧。

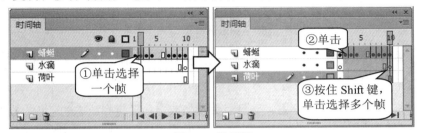

图1-27　选择帧

- 删除帧：对于不需要的帧，应选择并删除该帧。如果删除的是普通帧，相应图层在时间轴上的显示时间将被截短。如果删除的是关键帧，则关键帧在舞台上的对象也一并被删除，操作方法如图1-28所示。

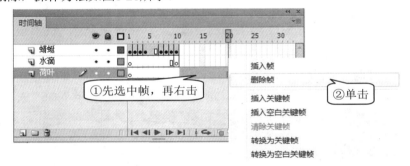

图1-28　删除帧

 "删除帧"是将时间轴上某些帧删除，在删除帧的同时，与该帧对应的舞台上的内容也被删除；"清除帧"则是只清除所选帧的舞台内容，原帧变为空帧。

- 移动帧：要移动普通帧或关键帧的位置，可先选中该帧，再拖动鼠标到目标位置之后松开即可，操作方法如图1-29所示。

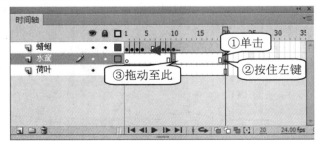

图1-29　移动帧

- 复制帧：按图1-30所示操作，复制选中的关键帧。

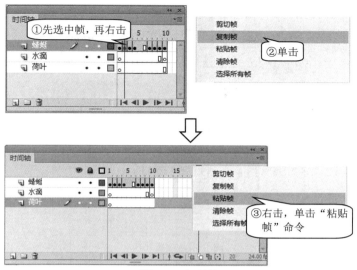

图1-30　复制帧

3. 设置帧频

Flash 动画的播放速度取决于用户设置的帧频，即每秒播放的动画帧数。帧频越高，动画的播放效果越好、越流畅，而且在时间相同的情况下，帧频高的动画文件数据量相对更大。Flash 软件中默认帧频为 24 帧/秒，用户可根据需要在"属性"面板中设置帧频，改变动画播放速度，如图 1-31 所示。

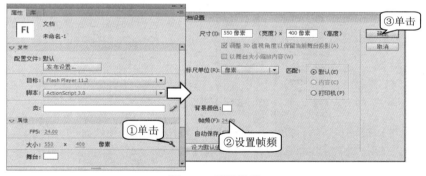

图1-31　设置帧频

1.2.3　元件和实例

制作 Flash 课件要用到的图像、按钮、声音和视频等素材，大多是以"元件"形式存储在文档库中，是一种可以重复使用的对象。Flash 的"库"是专门管理这些素材的工具，"库"面板中显示了文档中的各种元件。用户可以在"库"面板中对这些素材进行增删、分类和命名等操作。将元件拖到舞台上后就称为"实例"。

1. 元件

Flash 中的元件包括图形、按钮和影片剪辑 3 种类型。使用元件可以简化动画的编辑过程，方便动画的修改，从而提高课件制作的效率。
- 新建元件：选择"插入"→"新建元件"命令，按图1-32所示操作，新建一个图形元件。

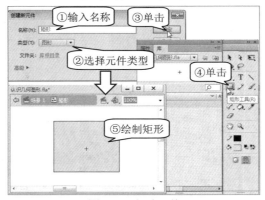

图1-32　新建元件

- 转换元件：按图1-33所示操作，将舞台中绘制的"球体"形状转换为元件。

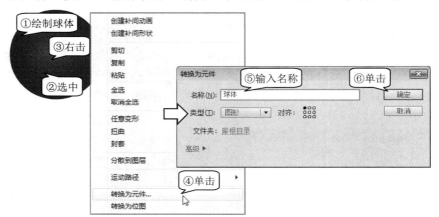

图1-33　转换元件

- 编辑元件：按图1-34所示操作，编辑"库"面板中已经制作好的元件。

图1-34　编辑元件

2. 实例

创建好的元件可以在"库"面板中看到，使用时可先打开"库"面板，再将元件拖入舞台，拖入舞台中的元件对象称为实例，它是元件在舞台上的一次使用。

- 创建实例：打开"库"面板，按图1-35所示操作，在舞台上创建一个实例。

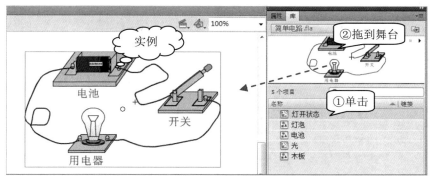

图1-35 创建实例

- 调整实例：按图1-36所示操作，调整舞台上实例的透明度。

图1-36 调整实例透明度

 修改某元件的属性后，场景中所有与该元件相关的实例也会随之修改。

1.2.4 库

"库"面板用于存放制作 Flash 课件时所要用到的"原料"，放在库中的制作原料可以重复使用，这些"原料"包括两类，一类是从外部导入的各种图片、声音、视频等文件，另一类是制作 Flash 动画所需的各种元件。

1. 导入素材

在制作 Flash 课件时，经常会用到图片、声音和视频等外部素材，可以将这些素材导入库中，并根据需要将其从库中拖到舞台，重复使用。
- 打开库面板：选择"窗口"→"库"命令，打开"库"面板。
- 导入图片：选择"文件"→"导入"→"导入到库"命令，如图1-37所示，将"桌面"上的图片导入库中。

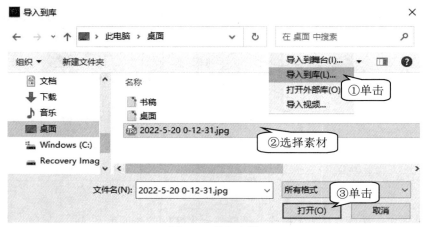

图1-37 导入素材

- 修改名称：按图1-38所示操作，将导到库中的素材重命名为"小船"。

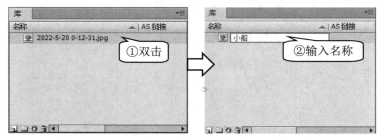

图1-38 修改素材名称

2. 新建和删除元件

新建的元件会显示在"库"面板中，要使用元件时只需拖动库中相应的元件到舞台即可，可以在"库"面板中对这些元件进行增删、重命名和分类等操作。
- 新建元件：按图1-39所示操作，在"库"面板中新建一个影片剪辑元件。

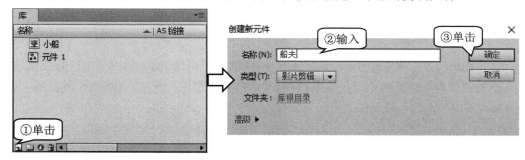

图1-39 新建影片剪辑元件

- 删除元件：按图1-40所示操作，在"库"面板中删除一个多余的图形元件。

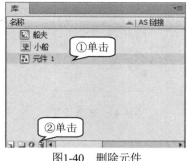

图1-40　删除元件

1.2.5　场景

场景是动画角色活动与表演的场合和环境，一个课件可由一个场景组成，也可由多个场景组成；每个场景都是独立的，可以通过交互设置在不同场景之间实现跳转。在 Flash 课件中，可以用多个场景来呈现上课过程中不同的阶段和环节。

1. 重命名场景

场景的默认名称为"场景 1"，每增加一个场景，新增场景就被自动命名为"场景 2""场景 3"，以此类推，这种默认的场景命名方式很难有效地反映场景的内容，必要时可以对场景进行重命名。

- 打开面板：选择"窗口"→"其他面板"→"场景"命令，打开"场景"面板。
- 修改名称：按图1-41所示操作，将场景重命名为"封面"。

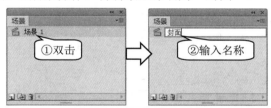

图1-41　修改场景名称

2. 增加与删除场景

新建的 Flash 课件默认只有一个场景，在制作课件时，可以根据需要添加或删除场景，以使课件结构更清晰。

- 添加场景：按图1-42所示操作，添加一个新场景并重命名为"内容"。

图1-42　添加场景

- 删除场景：按图1-43所示操作，删除多余的场景。

图1-43　删除场景

3．复制与移动场景

当两个场景的内容非常类似时，可以利用复制场景的方法复制一个内容相近的场景。而Flash动画的播放顺序是由场景的顺序决定的，如果要调整动画的播放顺序，就必须调整"场景"面板中各场景的上下顺序。

- 复制场景：按图1-44所示操作，复制一个新场景并重新命名为"导入"。

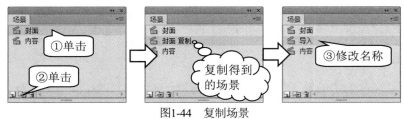

图1-44　复制场景

 如果要制作的两个场景内容非常类似，可以采用复制场景的方式制作，因为在复制场景时，场景中的内容也会一起被复制。

- 移动场景：按图1-45所示操作，移动场景位置。

图1-45　移动场景

1.3　小结和习题

1.3.1　本章小结

本章通过一些具体实例，对 Flash 课件制作软件的界面、基本使用方法和技巧做了简要介绍，具体包括以下主要内容。

- **Flash基础知识**：介绍了Flash使用界面的具体组成，包括菜单栏、主工具栏、工具箱、时间轴面板、工作区面板、场景和舞台、属性面板、浮动面板等。在认识界面的基础上进一步学会舞台设置与文件操作，包括舞台大小与背景设置、文档的保存与课件的发布等。
- **Flash基本操作**：介绍了Flash的一些基本操作，包括对图层、帧、场景、元件等对象的基本操作方法。

1.3.2 强化练习

一、选择题

1. 下列不属于 Flash 使用界面组成部分的是(　　)。
   A．工具箱　　　　　B．面板　　　　　C．场景　　　　　D．对话框
2. 若要选择时间轴上若干个连续的帧，应按住的快捷键是(　　)。
   A．Ctrl　　　　　　B．Shift　　　　　C．Alt　　　　　　D．Enter
3. 在时间轴上插入关键帧，下列操作错误的是(　　)。
   A．选择某帧，按F6键
   B．在某帧中右击，选择"插入关键帧"命令
   C．选择某帧，再选择"插入"→"时间轴"→"关键帧"命令
   D．选择某帧，按F7键
4. Flash 图层被锁定后，操作中出现的现象是(　　)。
   A．图层中的内容被隐藏　　　　　　B．图层中的内容没有隐藏，但不能修改
   C．图层中的内容可以修改　　　　　D．图层时间轴上不能添加关键帧
5. 打开场景面板，单击 按钮，所完成的操作是(　　)。
   A．复制场景　　　　B．粘贴场景　　　　C．添加场景　　　　D．删除场景

二、判断题

1. 在设置课件属性时，帧频越高，其播放效果越好、越流畅，但课件文件越大。　(　　)
2. 进行场景复制操作时，复制得到的场景中没有任何内容。　(　　)
3. Flash 中的浮动面板可以根据需要进行移动、显示或隐藏。　(　　)
4. 一般来说，制作的 Flash 课件要输出为 EXE 格式文件，以便交流。　(　　)
5. 修改元件后，与该元件相关的实例不会发生变化。　(　　)

第 2 章　添加课件内部素材

制作多媒体课件，需要将各种素材添加到课件中。在 Flash 中，可以使用工具箱中的工具创建各类图形对象，这类对象称为 Flash 的内部素材。在 Flash 中添加内部素材的方法，一是可以通过文本工具创建不同风格的文本对象，二是可以创建各种矢量图形。掌握 Flash 中绘图工具的使用方法和创建图形对象的操作技巧，可以创建出更加生动形象、更具活力和个性的多媒体课件。

■ 本章内容
- 添加文本
- 绘制图形

2.1 添加文本

文本是用文本工具直接创建出来的对象，具有图像和实例的某些属性，但又有其独特性。利用 Flash 软件制作课件时，概念的表述、图片的说明等都要用到文字，通过对文字的使用，可以有效地表达教学思想，展示教学过程。Flash 课件中，利用文本工具可以创建传统文本和 TLF 框架文本两种类型的文本。而传统文本中，静态文本和输入文本又更为常用。

添加文本之添加输入文本

2.1.1 添加静态文本

在 Flash 中，利用文本工具，可以很方便地添加文字。添加文字时可以采用键盘输入的方式，也可以通过复制粘贴的方式，然后利用"属性"面板设置文本类型与字体、大小、文本填充颜色等相关属性，还可以使用文字滤镜，进一步对文字效果进行美化。

实例 1　沁园春·雪

课件"沁园春·雪"是初中语文的内容，本实例主要制作语文课件封面的文字，从而了解在 Flash 中添加与美化文字的方法，效果如图 2-1 所示。

图 2-1　课件"沁园春·雪"效果图

制作此类课件，可以先选择文本工具，然后选择适当的位置输入文字，再选中需要修饰的文字进行美化设置。

跟我学

■ **添加修饰文字**

通过文本工具，添加所需要的文字。可以根据需求，合理设置文字格式和段落格式，进一步美化课件。

01 **打开文件** 运行 Flash 软件,打开"沁园春·雪(初).fla"文件,效果如图 2-2 所示。

图2-2 半成品效果

02 **输入标题** 选中"文字"图层的第 1 帧,按图 2-3 所示操作,输入文字"课文学习"。

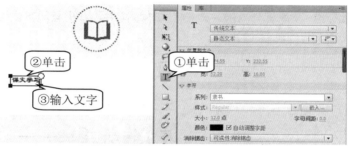

图2-3 输入标题

03 **设置文字大小** 按图 2-4 所示操作,设置标题文字大小为"70 点",字体为"字魂 59 号-创粗黑"。

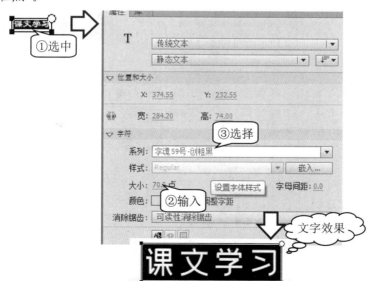

图2-4 设置文字大小

如果在输入文字之前选择了输入范围,则当文字超过范围时会自动换行。

04 拖动位置 参照课件效果,选择"选择"工具,在场景中拖动文字到适当位置,效果如图 2-5 所示。

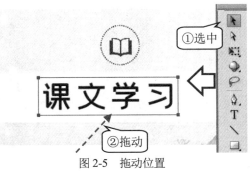

图 2-5 拖动位置

05 添加内容 参照课件效果,选择"文本"工具,在小标题下方输入课文内容"俱往矣,数风流人物,还看今朝。",效果如图 2-6 所示。

图2-6 添加内容

06 添加标题 选择"文本"工具,在课件左上方输入标题"沁园春 雪",选中标题文字,按图 2-7 所示操作,设置标题文字格式,并适当调整其位置。

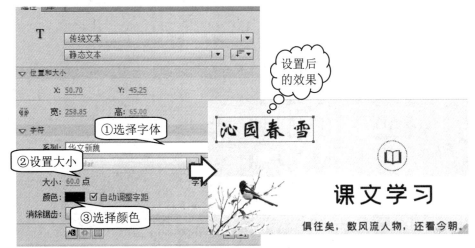

图2-7 添加标题

■ 设置文字滤镜

在 Flash 中不仅可以设置文字的字体、大小和颜色等，还可以对文字添加滤镜效果，使课件更加美观。

01 添加滤镜 利用"选择"工具，选中标题文字，按图 2-8 所示操作，为标题文字添加"渐变斜角"滤镜效果。

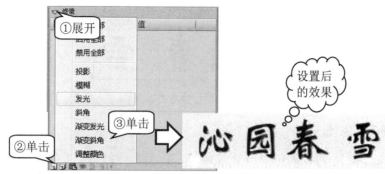

图2-8　添加滤镜效果

02 设置滤镜颜色 按图 2-9 所示操作，设置滤镜的过渡颜色。

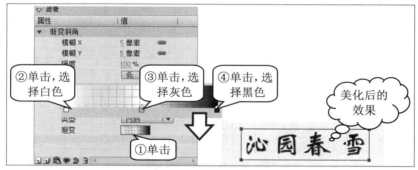

图2-9　设置滤镜颜色

 同一文字可以设置多个滤镜效果。如果对设置好的效果不满意，也可以直接删除文字滤镜。

03 测试并保存课件 测试课件，将文件以"沁园春•雪(终).fla"为名保存。

1. 传统文本的3种类型

通常一个 Flash 中会包含几种不同的文本类型，每种类型都有不同的用途。Flash 中使用的 3 种主要的文本区域类型如下。

- 静态文本：用于显示在课件中不做内容变化的文字，通常用来做标签说明等，文本内容在运行时不会发生改变。
- 动态文本：是一种交互式的文本对象，文本内容可以根据需求不断更新。

- 输入文本：用于在运行时由用户输入文本，它可用于任何需要用户输入的时候，如输入密码或回答问题等。

2．单行静态文本框

单行静态文本框的宽(或高)度不固定，该文本框的右上方是一个圆形控制柄，可以控制文本框的大小，效果如图 2-10 所示，其宽(或高)度根据输入文字的多少自动调整。

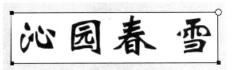

图2-10　单行静态文本框

3．多行静态文本框

多行静态文本框是宽(或高)度固定的文本框，该文本框的右上方是一个方形控制柄，其宽(或高)度固定，当输入的文字超过限定宽(或高)度时，将自动换行，效果如图 2-11 左图所示。此时可以根据需要，调整文本框的控制柄，改变其宽(高)度至所需大小，效果如图 2-11 右图所示。

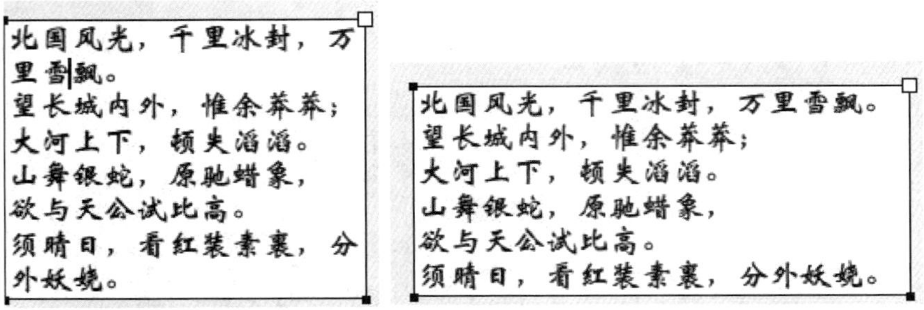

图2-11　多行静态文本框

4．文本框"位置和大小"面板

选中文字之后，再展开"属性"面板，会出现文本框的相关属性。在如图 2-12 所示的"位置和大小"面板中，可调整文本框在舞台上的相对位置，以及文本框的高度和宽度。如果文字数量固定不变，当调整高度值时，宽度会随着高度的变化而变化。

图2-12　"位置和大小"面板

5．文本框"字符"面板

通过文本框的"字符"面板，可设置文字格式，包括字体、颜色和大小等属性，如图 2-13 所示。

图2-13 "字符"面板

6. 文本框"段落"面板

通过文本框的"段落"面板,可设置段落格式,包括对齐方式、行距、边距、缩进等属性,如图2-14所示。

图2-14 "段落"面板

7. 竖排文本框

在文本框的"属性"面板中,按图2-15所示操作,可更改水平方向的文本框为"垂直",从而达到竖排文本框的效果。

图2-15 使用"属性"面板竖排文本框

8. 删除滤镜效果

设置的滤镜如果觉得不美观,可以按图2-16所示操作将其删除,然后再设置其他滤镜效果。

图2-16 删除滤镜效果

创新园

01 新建一个 Flash 文档,添加文字并设置课件文字格式,如图 2-17 所示,然后以"回乡偶书.fla"命名文件并保存。

图 2-17 "回乡偶书"课件效果

02 打开"诗词学习.fla"文件,输入并设置课件中的文字格式,效果如图 2-18 所示。

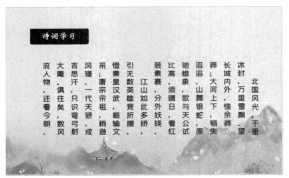

图 2-18 "诗词学习"课件效果

2.1.2 添加输入文本

在 Flash 课件中,为使动画设计增色,更好地体现课件的交互性,常常需要用户将文本输入表单中,用变量的方式传送数据,此时就需要用到输入文本。

实例 2 口算

课件"口算"是小学数学课件中经常会出现的练习内容。本实例主要制作"口算"课件中的输入文本效果。通过输入文本,实现学生手动填写口算结果,可以进一步增强课件的互动性,填写后的效果如图 2-19 所示。

制作此类课件,可以先选择"文本"工具,添加文本框,然后选中文本框,对文本类型进行设置后,再进行美化设置。

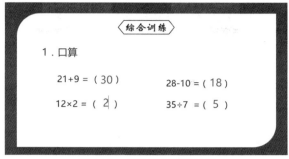

图 2-19 "口算"课件效果

跟我学

■ 添加修饰文字

通过文本工具，添加所需要的文字。根据需求，合理调整文本的类型，并可对字体做进一步的修饰美化。

01 添加文本输入框 打开"口算(初).fla"文件，选中"答案"图层的第 1 帧，按图 2-20 所示操作，添加文本输入框。

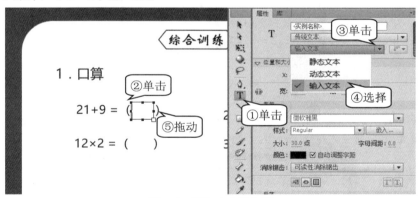

图2-20 添加文本输入框

02 设置文字 按图 2-21 所示操作，设置文字字体为"微软雅黑"，大小为"30点"。

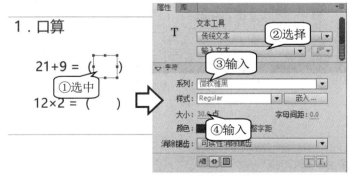

图2-21 设置文字大小与字体

03 设置居中对齐　按图 2-22 所示操作，设置对齐方式为居中。

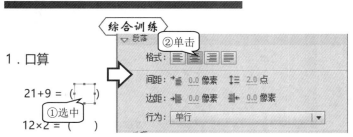

图2-22　设置段落对齐方式

■ **制作其他输入文本**

通过"选择"工具，复制其他输入文本，并将其拖动到合适的位置。

01 复制文本框　选中制作好的输入文本框，按图 2-23 所示进行复制操作，然后连续按 Ctrl+V 键 3 次，复制出 3 个输入文本框。

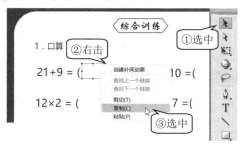

图2-23　复制文本框

02 拖动位置　参照课件效果，选择"选择"工具，在场景中将复制的文本框分别拖动其位置至相应括号内，效果如图 2-24 所示。

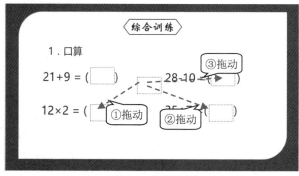

图2-24　拖动位置

知识库

1. 设置输入文本框的边框

在舞台中绘制好输入文本框后，可以通过"属性"面板，将文本框的边框显示出来，效果如图 2-25 所示。

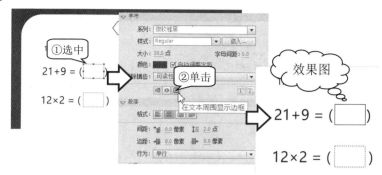

图2-25 设置文本框显示边框

2．设置文本框输入类型

默认状态下，Flash 的输入文本框只能输入数字，若想输入字母等其他字符，还需通过字符的"属性"面板进行设置。按图 2-26 所示操作，即可输入字母、标点符号等字符。

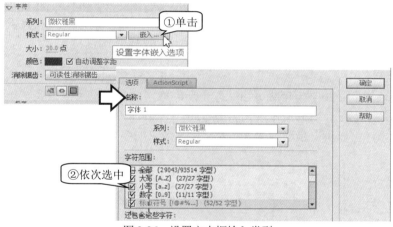

图2-26 设置文本框输入类型

创新园

01 打开"登录(初).fla"文件，插入静态文本和输入文本，制作出如图 2-27 所示的课件效果。

图2-27 "登录"界面文本输入效果

02 新建一个 Flash 文档，导入背景图片，添加文本，制作出如图 2-28 所示的文本输入效果。

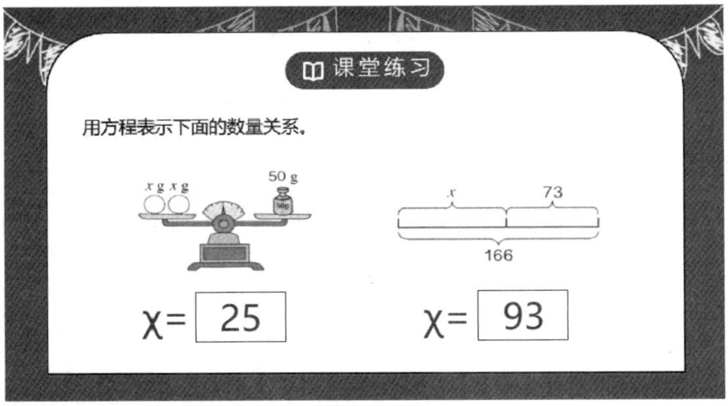

图2-28　"方程"文本输入效果

2.1.3　添加框架文本

在课件中，当需要显示的文本内容较多时，可以使用文字布局框架(TLF)向课件中添加文本，从而限定文本的显示区域，也可以通过滚动条等组件，进一步加强对文本的控制。TLF 不仅能够进行多种形式的文本布局，还能对文本属性进行精细控制。

实例3　静夜思

课件"静夜思"是小学一年级《语文》上册的教学内容。本实例主要制作语文课件中的 TLF 框架文本效果。利用 TLF 文本规划版面布局，并给古诗赏析设置文本滚动条，通过拖动滚动条来统览文本，可以进一步增强课件的实用性，效果如图 2-29 所示。

图2-29　课件"静夜思"效果图

制作此课件，首先将背景图片导入"库"面板中，用于设置课件背景；其次插入 TLF 文本容器，让"古诗"和"注释"两个文本容器之间建立链接，使文字可以任意"流动"，实现自由控制；最后再添加"滚动条"组件到"赏析"文本容器中，实现拖动显示。

■ 添加和修饰文字

利用文本工具的"属性"面板，可以添加 TLF 文本框，输入文字，并通过修改文字属性，设置文字格式。

01 选择 TLF 文本 打开半成品文件"静夜思(初).fla"，按图 2-30 所示操作，绘制 TLF 文本框。

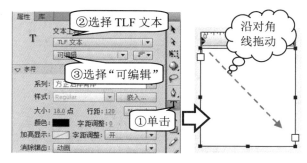

图 2-30 选择 TLF 文本工具

02 输入内容 打开"《静夜思》诗文赏析.txt"文件，复制文字内容，粘贴到绘制的 TLF 文本框中。

03 设置格式 选中输入的内容，设置文字格式，如图 2-31 所示。

图 2-31 设置文字格式

■ 串接TLF文本框

利用 TLF 文本属性，串接多个文本框，使文字可以在多个文本框之间"流动"，方便课件排版布局。

01 分离文本框 单击文本容器右下角的"田"字形"出端口"，按图 2-32 所示操作分离文本框。

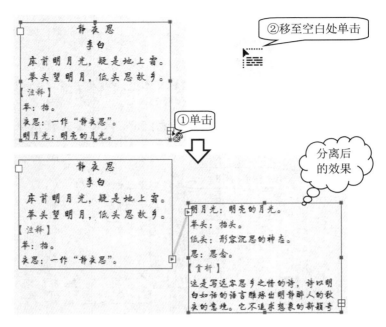

图 2-32 分离文本框

 除了可以单击文本容器的"田"字形"出端口"增加容器,也可以先创建多个 TLF 文本,再建立它们之间的链接。

02 **调整容器大小** 分离出两个容器后,再根据内容调整容器大小显示部分文本,效果如图 2-33 所示。

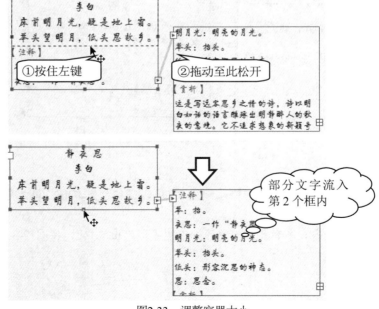

图2-33 调整容器大小

用TLF文本关联多个文本容器,可使上个容器中没有显示完的文本显示在当前容器中,并且随着文本容器大小的调整,文本会自动流动。

03 规划文本布局 参照上述操作步骤,再将"赏析"文字内容分离到第3个容器中,调整其大小和位置,使文字布局更合理,效果如图2-34所示。

图2-34 规划文本布局

■ 添加滚动条

第3个文本容器中文字较多,无法完全显示,可选择"滚动条"组件,将其与文本容器绑定在一起,实现拖动滚动条浏览文字的效果。

01 选择滚动条组件 选择"窗口"→"组件"命令(或按Ctrl+F7键),打开"组件"面板,按图2-35所示操作,选择滚动条组件。

图2-35 选择滚动条组件

02 调整滚动条大小 选中舞台中的滚动条元件,在工具箱中选择"任意变形"工具,拖动尺寸控制点调整滚动条大小。

03 绑定滚动条 拖动调整好的滚动条至文本容器右边缘,使其吸附到合适位置后松开鼠标左键。

04 测试并保存课件 按 Ctrl+Enter 键，测试课件，将文件以"静夜思(终).fla"命名保存。

知识库

1. TLF 文本"属性"面板

在使用 TLF 文本时，其"属性"面板会呈现 3 种模式：第一种，选中工具箱中工具时的模式；第二种，文本处于输入状态时的模式；第三种，整个文本处于选中状态时的模式。

2. TLF 文本类型

TLF 文本不同于传统文本，使用 TLF 文本可以设置课件运行时文字的读写性，有"只读""可选""可编辑"3 种类型。当选择"只读"方式时，发布 SWF 文件，其中的文本内容无法选中或编辑；当选择"可选"方式时，发布 SWF 文件，文本内容可以选中并可粘贴到剪贴板中，但不可以编辑，默认情况下，TLF 文本都选择该方式；当选择"可编辑"方式时，发布 SWF 文件，其中的文本内容可以选中和编辑。

创新园

01 打开"红楼简介(初).fla"文件，插入 TLF 文本容器，复制素材文件夹中的"红楼简介.txt"中的文字内容，制作出如图 2-36 所示的课件效果。

02 打开"古诗欣赏(初).fla"文件，插入 TLF 文本容器，复制素材文件夹中的"古诗.txt"中的文字内容，串联 3 个文本框，制作出如图 2-37 所示的课件效果。

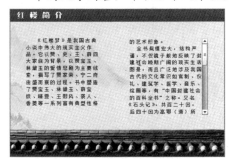
图2-36 "红楼简介"TLF文本效果

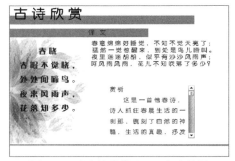
图2-37 "古诗欣赏"TLF文本效果

2.2 绘制图形

用 Flash 制作课件时，可以利用工具箱中的绘图工具绘制出各种不同类型的矢量图形。绘制图形时，灵活地利用好图层，不仅能够很好地组织和管理图形，而且可以方便后期的修改和编辑，更有助于制作出动感丰富的动画效果。

绘制图形之妙用
选择工具

2.2.1 绘制数学几何图形

在 Flash 的工具箱中，提供了大量的绘图工具，如"线条"工具、"矩形"工具等，利用工具箱中的工具还可对绘制好的图形进行编辑，从而绘制出各种数学几何图形。

实例4　图形的转化

课件"图形的转化"是小学六年级《数学》下册第三单元的教学内容。本实例主要介绍如何在课件中绘制数学几何图形，效果如图 2-38 所示。

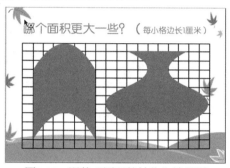

图2-38　课件"图形的转化"效果图

制作此课件时，需先添加一些图形元件，然后在图形元件中利用矩形工具绘制矩形，进行变形后重新填色，达到预期的课件效果。

■ 绘制坐标

利用"显示网格"命令，可帮助用户精确定位对象位置；利用"矩形"工具绘制多个矩形进行叠加，可以制作出等高等宽表格效果。

01 插入元件　打开半成品课件"图形的转化(初).fla"文件，选择"插入"→"新建元件"命令，新建一个图形元件，命名为"坐标"。

02 显示网格　选择"视图"→"网格"→"显示网格"命令，并将显示比例调整为 200%，效果如图 2-39 所示。

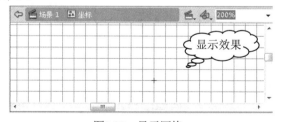

图2-39　显示网格

03 绘制矩形　按图 2-40 所示操作，利用"矩形"工具在舞台上依次绘制矩形，呈现表格效果。

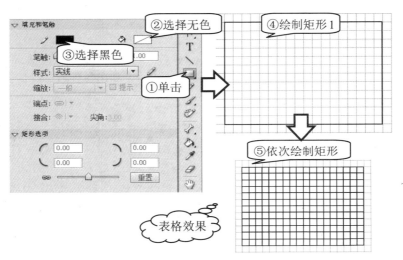

图2-40 绘制矩形

04 取消网格显示 再次选择"视图"→"网格"→"显示网格"命令,取消网格显示,返回场景1。

■ **绘制左图**

坐标元件制作完成后,返回到主舞台,将制作好的"坐标"元件拖到舞台中,然后完成左边图形的绘制。

01 完善背景 按图2-41所示操作,从"库"面板中将元件拖到舞台中,并将"坐标"元件缩放到合适大小。

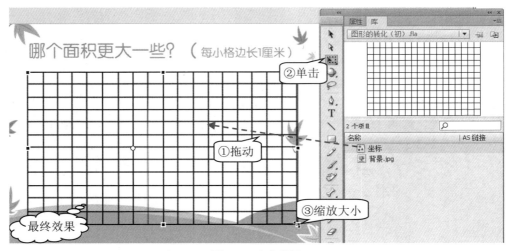

图2-41 完善背景

02 添加图层 在"背景"图层上方添加一个新图层,命名为"内容"。
03 添加矩形 选中"内容"图层的第1帧,按图2-42所示操作,绘制矩形。

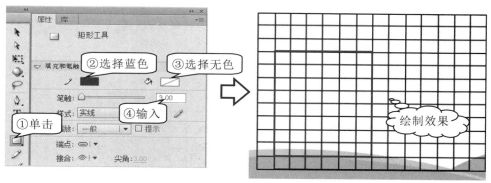

图2-42　绘制矩形

04　变形矩形　按图 2-43 所示操作，修改矩形形状。

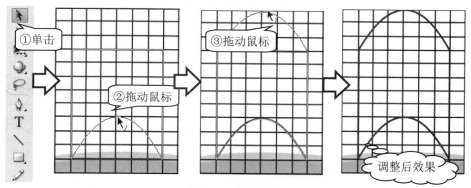

图2-43　变形矩形

 调整对象形状时，要先取消对象的选中状态，然后将鼠标指针靠近边框线，单击并拖动鼠标即可调整形状。

05　填充颜色　按图 2-44 所示操作，填充图形颜色为#FF3399。

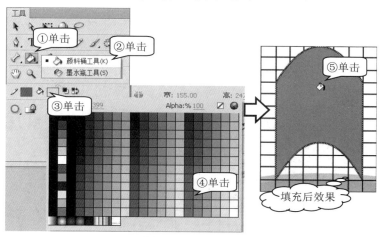

图2-44　填充颜色

工具箱中的 🪣 为"颜料桶"工具,用于给封闭区域填充颜色。

06 去除线条 选中图形线条,按图 2-45 所示操作,使用"墨水瓶"工具去除图形边框。

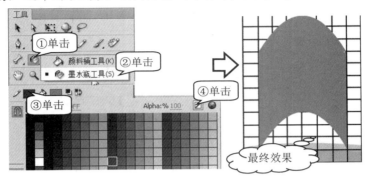

图2-45 去除线条

■ **绘制右图**

首先绘制两个矩形,然后将矩形变形为花瓶形状,最后利用"滴管"工具,将右图填充为与左图相同的颜色。

01 绘制花瓶形状 选中"矩形"工具,绘制出如图 2-46 左图所示的两个蓝色线条矩形,并利用"选择"工具依次对 4 条边进行变形,变形后的效果如图 2-46 右图所示。

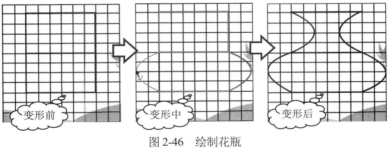

图2-46 绘制花瓶

02 删除多余线条 利用"选择"工具,选中图形中间的多余线条,按 Delete 键删除。

03 填充颜色 按图 2-47 所示操作,将右图填充为与左图相同的颜色。

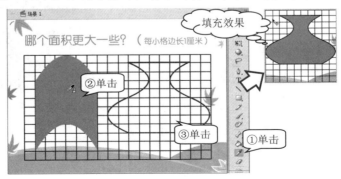

图2-47 填充颜色

04 去除线条　利用"墨水瓶"工具,去除图形边框,最终效果如图2-38所示。
05 测试并保存课件　测试课件,以"图形的转化(终).fla"为名保存。

知识库

1."选择"工具的用法

利用"选择"工具可以选取整个对象,并对选中的对象进行移动操作。选择"选择"工具后,使用鼠标执行不同的操作,则会有不同的功能。

- 双击图形中央:选中整个图形。
- 单击图形边框:选中单个边框。
- 双击边框:选中整个边框。
- 拖拉选择区域:选中拖拉区域。
- 鼠标指针移到某顶点:箭头附件出现直角标记,可以拖动改变顶点位置。
- 鼠标指针移到某边框:箭头附件出现圆弧标记,可以拖动改变边框弧度。按住Ctrl键配合,可增加锚点。

2."墨水瓶"工具的用法

Flash中的"墨水瓶"工具可以改变线段的样式、粗细和颜色,此工具可以为矢量图形添加边线,但它本身不具备任何的绘画能力。

"墨水瓶"工具只能对连续的线段进行更改,如果两条线段相交在一起,要多次使用"墨水瓶"工具单击线段进行线段的更改。如果想大面积快速更改线段颜色,则只能使用"选择"工具选中线条,然后通过"属性"面板设置。

创新园

01　打开"求阴影面积.fla"文件,绘制如图2-48所示的阴影面积图形。

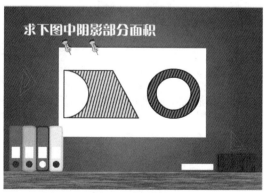

图2-48　课件"求阴影面积"效果图

02　打开"圆的周长.fla"文件,绘制如图2-49所示的图形。

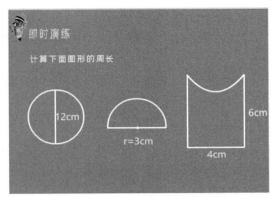

图 2-49 课件"圆的周长"效果图

2.2.2 绘制科学实验器具

在制作课件时,还可以利用 Flash 的绘图工具绘制一些常见图形,对其进行变形后,制作出一些特殊形状的图形,如科学实验中需要用到的实验器具等。

实例 5　它们吸水吗

课件"它们吸水吗"是小学《科学》教材中"我们周围的材料"中的教学内容。本实例主要制作纸张及塑料板的吸水效果,从而掌握在课件中绘制所需图形的方法,效果如图 2-50 所示。

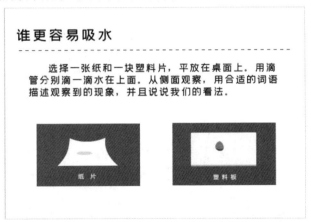

图2-50　课件"它们吸水吗"效果图

制作此课件,先利用文本工具添加标题及内容文字,然后利用绘图工具绘制课件所要用到的实验图形。

■ **制作背景图层**

利用"时间轴"面板,修改图层名称,然后添加课件文字及装饰图形,完成背景层的制作。

01 更改图层名称　新建一个 Flash 文档,更改"图层 1"的名称为"文字"图层。

02 输入标题 按图 2-51 所示操作，输入标题并设置文字属性。

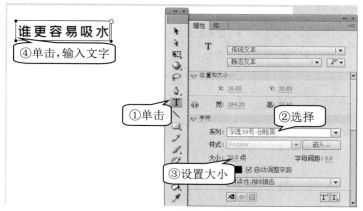

图2-51 设置课件标题

03 输入文字 按图 2-52 所示操作，输入课件内容并设置文字属性。

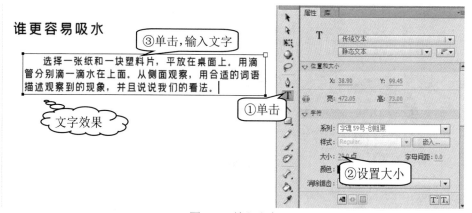

图2-52 输入文字

04 添加装饰线 按图 2-53 所示操作，添加装饰用直线。

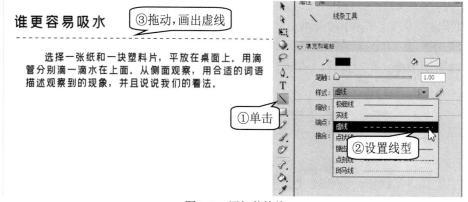

图2-53 添加装饰线

05 添加矩形 按图 2-54 所示操作，添加蓝色矩形。

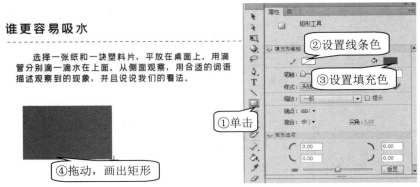

图2-54 添加矩形

06 **复制矩形** 按图2-55所示操作,复制一个蓝色矩形,在舞台空白处右击鼠标选择"粘贴"命令,然后将其拖动到适当位置。

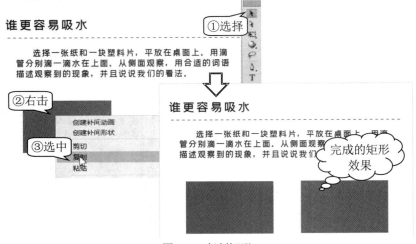

图2-55 复制矩形

■ **制作纸张效果**

若要按课件要求,完成水滴在纸上的效果制作,应利用绘图工具绘制图形并进行适当变形。

01 **添加图层** 在"背景"图层上方添加一个新图层,并命名为"纸张"。

02 **绘制矩形框** 单击选择"纸张"图层,按图2-56所示操作,绘制一个白色矩形框。

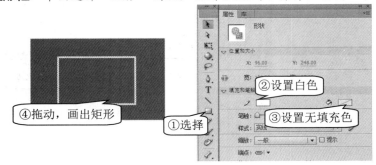

图2-56 绘制白色矩形框

03 **改变矩形形状** 利用"选择"工具,双击选中矩形,选择"修改"→"变形"→"扭曲"命令,将鼠标指针指向矩形控制点,拖动鼠标,按图 2-57 所示操作,改变矩形形状。

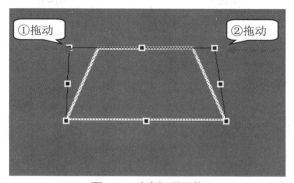

图2-57 改变矩形形状

04 **变形矩形** 按图 2-58 所示操作,鼠标指针指向要变形的线条,当鼠标指针变为 形状后,拖动鼠标,依次改变线条形状,并填充为白色。

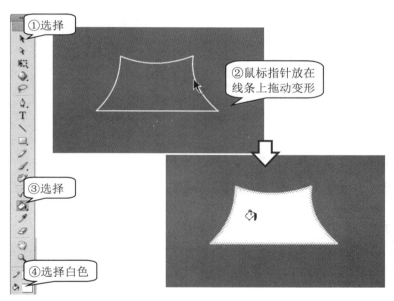

图 2-58 变形矩形

05 **绘制滴水效果** 在"纸张"图层上方新建一个"纸张水滴"图层,按图 2-59 所示操作,绘制粉色水滴效果。

06 **添加文字** 新建一个"纸片文字"图层,添加纸片文字,并将文字字体设置为"微软雅黑",大小为"10 点",效果如图 2-60 所示。

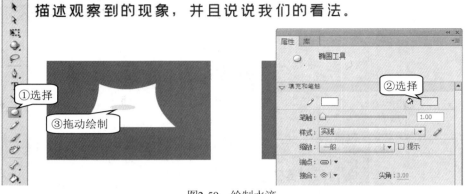

图2-59　绘制水滴

图2-60　添加文字

■ **制作塑料板滴水效果**

若要制作塑料板滴水效果，应先利用两个矩形绘制出一个立体塑料板，然后再绘制出水滴图形。

01 新建图层　新建一个图层，重命名图层为"塑料板底座"。

02 绘制圆角矩形　选中"塑料板底座"图层，绘制一个圆角矩形，并适当调整其位置，效果如图2-61所示。

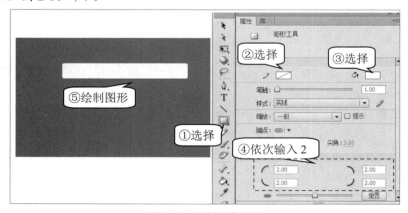

图2-61　绘制圆角矩形

03 填充渐变颜色 选中矩形，使用"属性"面板设置其大小，再选择"窗口"→"颜色"命令，在"颜色"面板中设置矩形的填充色，如图2-62所示。

图2-62 填充渐变颜色

04 调整矩形 保持矩形选中的状态下，选择"修改"→"变形"→"顺时针旋转90度"命令，并利用"选择"工具，将其拖动至适当的位置，如图2-63所示。

05 绘制塑料板 将文档的显示比例调整至200%。添加一个新图层，命名为"塑料板"，利用相同的方法，绘制一个黄色的圆角矩形作为塑料板图形，并调整其位置(如图2-50所示)。

06 绘制不规则椭圆 添加一个新图层，命名为"塑料水滴"，按图2-64所示操作，绘制滴在塑料板上的不规则椭圆形状。

图2-63 调整矩形

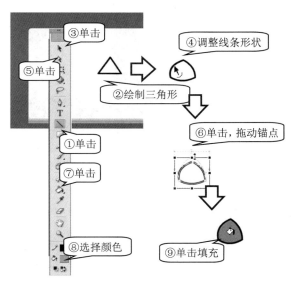

图2-64 绘制不规则椭圆

07 完成水滴 保持"塑料水滴"图层的选中状态，利用同样的方法绘制一条直线，并利用"选择"工具将其弯曲变形后，按图2-65所示操作，使用"部分选取"工具将其与刚刚绘制的椭圆图形进行连接，完成水滴的制作。

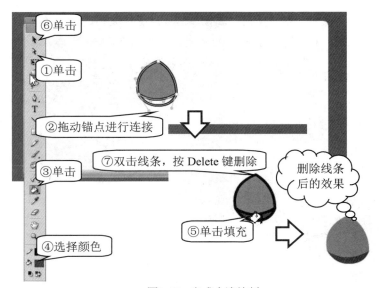

图2-65　完成水滴绘制

 线条和椭圆进行连接时,一定确保线条连接点是封闭的,否则后期无法使用"油漆桶"工具填充颜色。

08 添加文字　添加"塑料板"文字,并将文字字体设置为"微软雅黑",大小为"10点",效果如图2-66所示。

图2-66　添加文字

1. "部分选取"工具使用

"部分选取"工具 主要用于对钢笔绘制的线段和图形的锚点进行调整,其可以在锚点上随意变化图形形状,但不能移动图形。"部分选取"工具结合相应的功能键,可以实现不同的功能。

- Alt键:对于直角线段和直线的锚点,按Alt键可以将直角线段和直线改变为曲线。在调整曲线时,使用"部分选取"工具选择控制点会出现两条控制杆,普通操作时,这两条控制杆会同时改变位置;按Alt键,可以对其中的一条控制杆进行调整,另外一条控制杆不受影响。如果不选锚点,而是选择线段并按Alt键拖动,可以复制该线段。

- Ctrl键：使用"部分选取"工具时，按Ctrl键，可以临时切换为"任意变形"工具，这时可以对图形或线段进行调整，当松开Ctrl键后，又会变回"部分选取"工具。
- Shift键：使用"部分选取"工具对多个图形进行修改操作可以按Shift键。
- Delete键：使用"部分选取"工具选择锚点后，按Delete键可以对锚点进行删除。

2. 填充渐变色

在Flash中，对绘制的图形进行颜色填充时，可以通过"颜色"面板，选择相应的颜色渐变类型，再设置具体的颜色进行填充，渐变填充效果如图2-67所示。

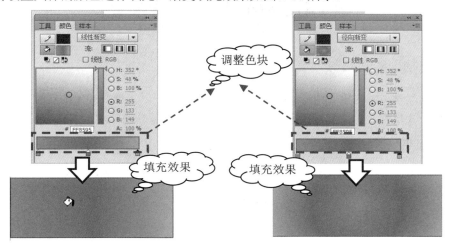

图2-67　渐变颜色的填充

创新园

01 打开"温度计的读取(初).fla"文件，绘制如图2-68所示的温度计读取效果。

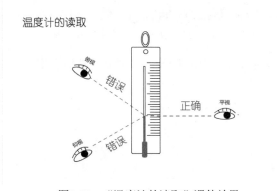

图2-68　"温度计的读取"课件效果

02 打开"山谷里的风(初).fla"文件，绘制如图2-69所示的图形。

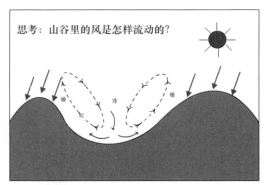

图2-69　课件"山谷里的风"效果图

2.2.3　绘制物理实验器材

实验是物理学科中的重要内容。在制作物理课件时，可以将难懂抽象的实验原理，以形象生动的动画形式呈现。这就需要利用绘图工具，绘制出所需的物理实验器材。

实例6　测量平均速度

课件"测量平均速度"是初中《物理》教材中的教学内容。本实例主要制作小车沿斜面落下的效果，效果如图2-70所示。

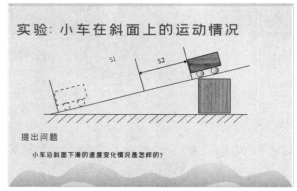

图2-70　课件"测量平均速度"效果图

制作此课件，先利用文本工具添加标题及内容文字，然后利用绘图工具绘制课件所要用到的小车、路面等图形。

■ 制作"文字"图层

利用"时间轴"面板，新建图层并修改图层名称，再利用"文本"工具添加文字，完成"文字"图层的制作。

01 添加新图层　打开半成品文件"测量平均速度(初).fla"，在"背景"图层上方新建一个图层，并将名称更改为"文字"。

02 输入标题 按图 2-71 所示操作，输入标题并设置标题属性。

图2-71 输入标题

03 输入问题文字 输入问题文字并设置其属性，效果如图 2-72 所示。

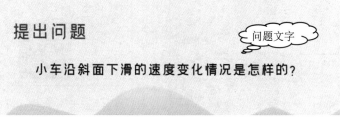

图2-72 输入问题文字

■ **绘制路面和木块**

完成背景和文字创作后，就需要绘制路面和木纹填充的木块了，绘制完成后，对其位置进行适当调整。

01 添加图层 选中"文字"图层，在"文字"图层上方添加一个新图层，并命名为"路面"。

02 画出路面 单击选择"路面"图层，按图 2-73 所示操作，画出一条直线。

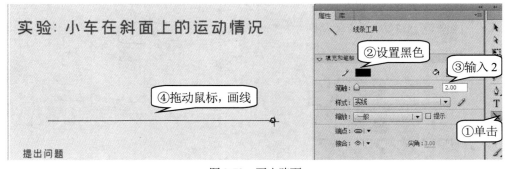

图2-73 画出路面

03 完成路面绘制 设置"线条"工具的笔触为"1"，先画出一条直线，按图 2-74 所示操作，复制多个路面线条。

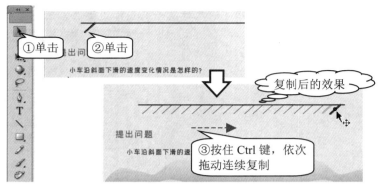

图2-74 完成路面绘制

04 绘制木块 新建一个"木块"图层，按图 2-75 所示操作，设置矩形属性，绘制一个矩形木块。

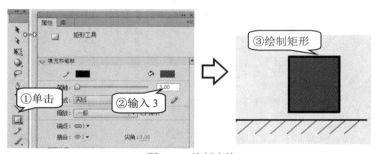

图2-75 绘制木块

05 填充木块 选择"窗口"→"颜色"命令，按图 2-76 所示操作，设置矩形填充图案为"浅色木纹"。

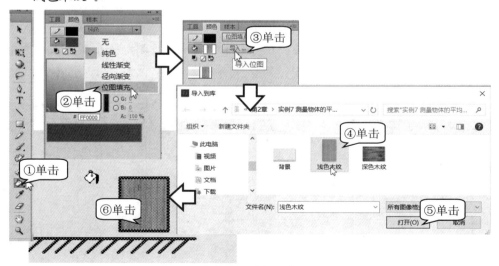

图2-76 填充木块

■ 绘制其他部分

利用"矩形""圆形""线条"工具，可以方便地绘制出小车从斜坡移动的图形。

01 绘制斜面 适当调整木块的位置，在"木块"图层上方添加一个新图层，命名为"小车"，并绘制一条笔触为"1"的直线作为斜面，效果如图 2-77 所示。

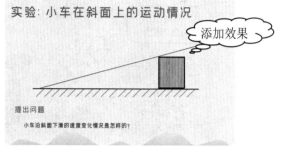

图2-77　绘制斜面

02 绘制车厢 按图 2-78 所示操作，绘制车厢，并将其填充色设为"深色木纹"。

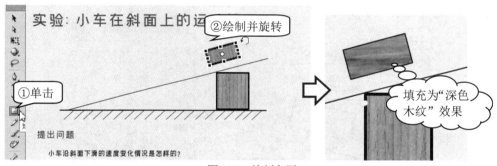

图2-78　绘制车厢

03 绘制车轮 按图 2-79 所示操作，绘制两个圆形作为车轮。

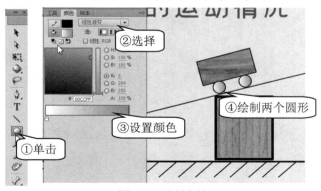

图2-79　绘制车轮

04 复制小车 单击"选择"工具，按住 Shift 键，依次选中小车的线条和填充色，按图 2-80 所示操作，复制小车至适当位置，并删除其填充色。

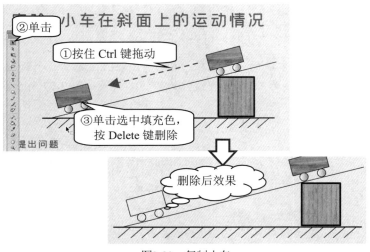

图2-80　复制小车

05 设置小车线条　按图 2-81 所示操作，设置小车线条为虚线。

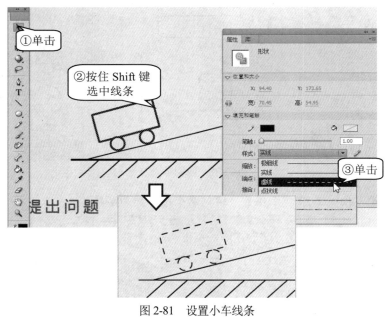

图 2-81　设置小车线条

06 完成其他制作　利用"线条"和"文本"工具，完成课件其他部分的制作。

创新园

01 打开"验电器.fla"文件，绘制验电器图形，并放置到舞台中心处，效果如图 2-82 所示。

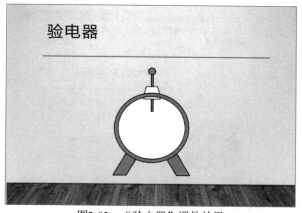

图2-82 "验电器"课件效果

02 打开"相对运动.fla"文件,先分别新建"小车""桌子""球"3个图层,接着在这3个图层中绘制出不同的图形,效果如图2-83左图所示,然后利用库中的素材,制作出如图2-83右图所示的课件效果。

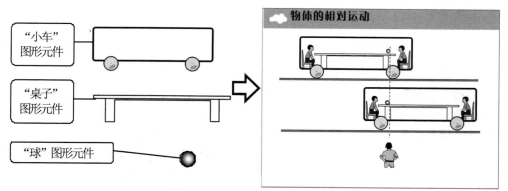

图2-83 "相对运动"课件效果

2.2.4 绘制化学实验器皿

在Flash的工具箱中,还提供了"钢笔"工具、"铅笔"工具等,利用这些工具也可以非常方便地绘制出所需的各种化学实验图形。

实例7 单分子油膜法测分子直径

课件"单分子油膜法测分子直径"是高中《物理》(选修3-3)教材中的教学内容。本实例主要制作容器及油膜滴落的效果,从而掌握在课件中绘制简单图形的方法,效果如图2-84所示。

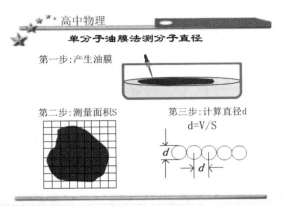

图2-84 课件"单分子油膜法测分子直径"效果图

制作此课件,先利用文本工具添加标题及内容文字,然后利用绘图工具绘制课件所要用到的实验器材,以及测量膜面积所要用到的图形。

跟我学

■ 制作背景图层

利用"时间轴"面板,修改图层名称,利用"文本"工具添加文字,完成背景层的制作。

01 更改图层名称 打开半成品文件"单分子油膜法测分子直径(初).fla",修改"图层1"名称为"背景"。

02 输入课程标题 按图2-85所示操作,输入课程标题并设置标题属性。

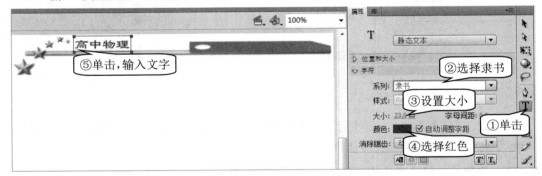

图2-85 设置课程标题

03 输入课件标题 输入课件标题并设置标题属性,效果如图2-86所示。

图2-86 课件标题

■ 制作课件第一步

课件第一步内容包括内容描述和课件图片,该图片需要利用绘图工具绘制,并做适当调整。

01 添加图层 在"背景"图层上方,添加一个新图层,并命名为"内容"。

02 输入内容 单击选择"内容"图层,按图2-87所示操作,输入课件第一个操作步骤的内容。

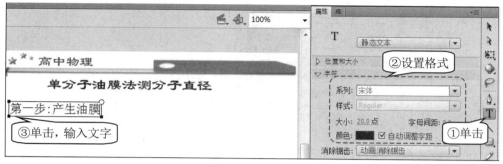

图2-87 输入内容

03 设置颜色 按图2-88所示操作,设置要绘制的矩形的边框和填充颜色。

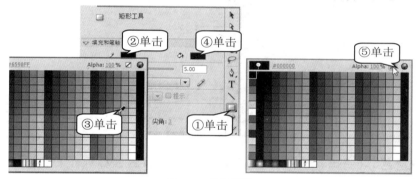

图2-88 设置颜色

04 绘制容器 按图2-89所示操作,设置矩形属性并在舞台上绘制一个矩形作为容器。

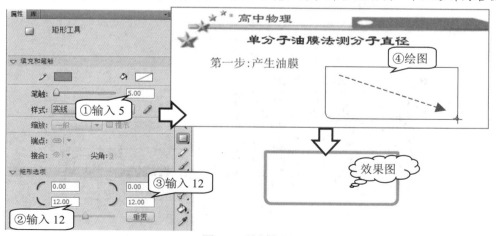

图2-89 绘制容器

 和 是边角半径锁定按钮,若当前状态为锁定状态 ,则调整一个边角半径时,其他角的半径也会随着变化。

05 绘制水面 按图 2-90 所示操作,在容器内绘制一个椭圆作为水面。

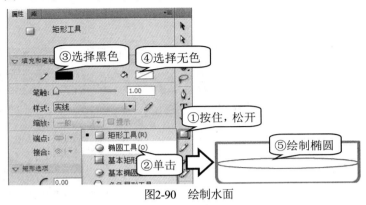

图2-90 绘制水面

06 绘制油膜 按图 2-91 所示操作,在容器内的水面上绘制一个红色椭圆作为油膜。

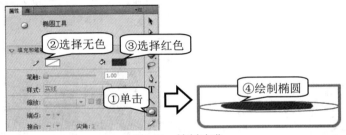

图2-91 绘制油膜

07 填充颜色 单击工具箱中的"颜料桶"工具，按图 2-92 所示操作,为容器中有水的区域填充颜色。

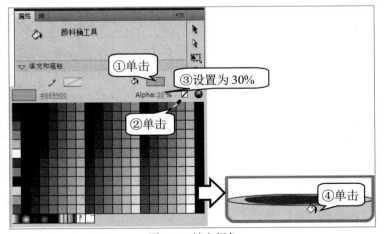

图2-92 填充颜色

 工具箱中的 和 分别为"颜料桶"工具和"墨水瓶"工具，"颜料桶"工具用于给封闭区域填充颜色，"墨水瓶"工具用于填充边框颜色。

08 添加滴管图片 从"库"面板中拖动图像"导管.gif"到舞台,并放到适当位置,效果如图 2-93 所示。

图2-93　导入滴管图像

■ **制作课件第二步**

课件第二步内容为测量面积,先绘制一个具有网格的矩形,然后在网格中绘制油膜扩展的范围。

01 输入内容 选择"内容"图层,单击"文本"工具,设置文字格式为"宋体、20点、蓝色",输入文字"第二步:测量面积 S"。

02 新建图层 新建一个图层,重命名图层为"油膜"。

03 添加表格 选中"油膜"图层,从"库"面板中拖动"表格.png"到舞台上,并适当调整其位置,效果如图 2-94 所示。

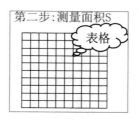

图 2-94　添加表格

04 绘制图形 保持"油膜"图层的选中状态,按图 2-95 所示操作,选择"铅笔"工具,然后在表格上方绘制油膜扩散区域。

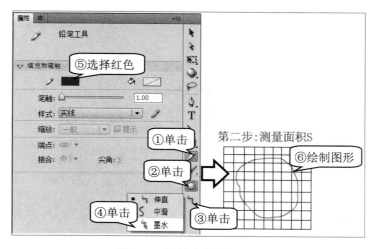

图 2-95　绘制油膜扩散区域

05 图形涂色　按图 2-96 所示操作,给刚绘制的油膜图形涂上颜色。

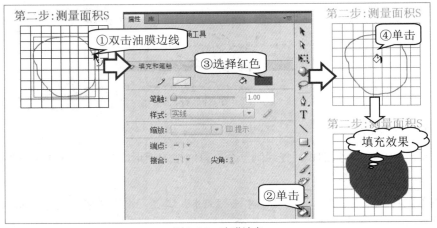

图 2-96　油膜涂色

06 排列次序　单击选中刚绘制的油膜图形,选择"修改"→"排列"→"移至底层"命令,将油膜图形排列到表格的下方,效果如图 2-97 所示。

图2-97　排列次序

■ **制作课件第三步**

课件第三步内容为计算油膜分子的直径,利用一个示意图,结合计算公式,计算出油膜的直径。

01 输入内容　选择"内容"图层,单击"文本"工具,设置文字格式为"宋体、20 点、蓝色",输入如图 2-98 所示的文字和公式。

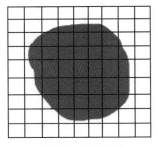

图2-98　输入文字和公式

02 绘制圆　新建图层,重命名为"圆",保持"圆"图层的选中状态,按图 2-99 所示操作,选择"椭圆"工具,在舞台上绘制一个圆。

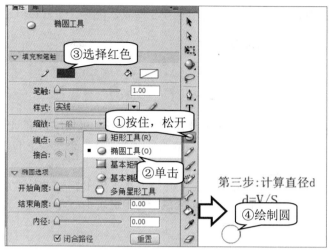

图2-99　绘制圆

03 复制圆　按图 2-100 所示操作，复制出 5 个同样的圆。

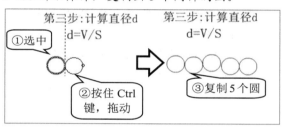

图2-100　复制圆

04 对齐圆　按图 2-101 所示操作，先选中所有圆，再选择"修改"→"对齐"→"顶对齐"命令，将所有圆都水平对齐。

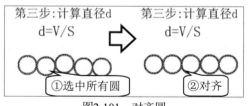

图2-101　对齐圆

05 完成图形绘制　选择"线条"工具和"文本"工具，完成课件第三步中图形的绘制，效果如图 2-102 所示。

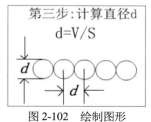

图 2-102　绘制图形

06 测试并保存课件　　测试课件，以"单分子油膜法测分子直径(终).fla"为名保存。

知识库

1."对齐"舞台对象

舞台上的对象如果比较多，又需要水平或垂直对齐时，可使用菜单项中的各种对齐方式，即操作方便，又能满足我们的需求。选择"修改"→"对齐"菜单项下的相应命令，即可选择对应的对齐方式。

- 水平对齐：水平对齐方式分为"左对齐""水平居中"和"右对齐"。
- 垂直对齐：垂直对齐方式分为"顶对齐""垂直居中"和"底对齐"。

2."分布"舞台对象

舞台上的对象可以通过命令实现宽度或高度统一，也可以通过菜单实现大小统一，选择"修改"→"对齐"菜单项下的相应命令，即可实现相应功能。

- 按宽度均匀分布：可以将舞台上的对象以水平方向均匀分布，各个对象水平方向间的间距相等，效果如图2-103所示。
- 按高度均匀分布：可以将舞台上的对象以垂直方向均匀分布，各个对象垂直方向之间的间距相等，效果如图2-104所示。

图2-103　按宽度均匀分布对象　　　　图2-104　按高度均匀分布对象

- 设为相同宽度：可以将选中的对象设置为相同的宽度，效果如图2-105所示。

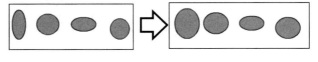

图2-105　设为相同宽度

- 设为相同高度：可以将选中的对象设置为相同的高度，效果如图2-106所示。

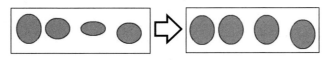

图2-106　设为相同高度

创新园

01 打开"化学探究(初).fla"文件，使用绘图工具分别绘制注射器、平底烧瓶、试管、分液漏斗等化学器具，效果如图2-107所示。

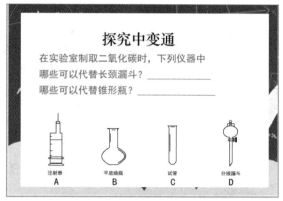

图2-107　课件"化学探究"效果图

02 打开"制取无水氯化铜(初).fla"文件，分别绘制铁架台、烧瓶、滴管、导管、酒精灯、火焰等图形元件，制作无水氯化铜的化学实验装置，效果如图2-108所示。

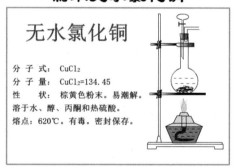

图2-108　课件"制取无水氯化铜"效果图

2.3　小结和习题

2.3.1　本章小结

本章通过一些具体实例，介绍了向 Flash 中添加文字、图像、图形等的方法，并且进一步学习了如何对这些素材进行简单的加工和处理，具体包括以下内容。

- **添加文本**：介绍了利用"文本"工具在舞台中输入文字的方法；如何对文字格式进行设计，从而通过进一步的修饰和美化，使得文字更美观；以及如何利用TLF文本更精准地规划文字布局。

- **绘制图形**：介绍了如何利用工具箱中的一些绘图工具绘制图形，并对图形进行适当的调整和修饰。

2.3.2 强化练习

一、选择题

1. 在"图层"面板中，▣按钮用于(　　)；▢按钮用于(　　)；🗑按钮用于(　　)。
   A. 删除选中的图层　　　　　　　　B. 新建图层文件夹
   C. 新建引导层　　　　　　　　　　D. 新建普通层
2. 选择(　　)菜单中"变形"下的"缩放与旋转"命令，可以放大或缩小对象。
   A. 修改　　　　　B. 插入　　　　　C. 编辑　　　　　D. 查看
3. 测试动画效果，可以用下列中的(　　)组合键。
   A. Ctrl+Shift　　　B. Alt+Shift　　　C. Ctrl+Alt+Shift　　　D. Ctrl+Enter
4. 下列中可用于选取对象的工具是(　　)。
   A. 箭头　　　　　B. 椭圆　　　　　C. 任意变形　　　　D. 橡皮擦
5. 如果希望将绘制的对象作为一个整体(包括边线和填充区)，可以在选中所有对象后按(　　)键。
   A. Ctrl+A　　　　B. Ctrl+B　　　　C. Ctrl+C　　　　D. Ctrl+D

二、判断题

1. 在 Flash 中，"颜料桶"工具主要用于对某一区域进行填充。　　　　　　　　(　　)
2. 使用"椭圆"工具不能绘制出圆。　　　　　　　　　　　　　　　　　　　(　　)
3. 与传统文本相比，TLF 文本有更多的段落样式。　　　　　　　　　　　　(　　)
4. 使用"任意变形"工具时，按住 Alt 键再拖动四角的控制点可沿中心点规则地改变对象的大小。　　　　　　　　　　　　　　　　　　　　　　　　　　　　　　　(　　)
5. "墨水瓶"工具可同时改变矢量图形的轮廓色和填充色。　　　　　　　　　(　　)

第 3 章　添加课件外部素材

多媒体素材是多媒体课件的基本组成元素，包括文本、图形、图像、动画、视频、音频等。若想制作一个好的 Flash 课件，只有文字和图形是不够的，为了使教学内容更充实直观，在课件中添加图像、视频等外部素材，也非常有必要。正是由于这些媒体素材被应用在课件中，才构成了丰富多彩、形象生动、功能强大的多媒体课件。在教学中，通过添加外部素材，不仅可以提高课件的感官效果，还能进一步增强学生的学习兴趣，提高学生的学习效率。

■ **本章内容**
- 添加图像
- 添加动画
- 添加音频
- 添加视频

3.1 添加图像

在 Flash 课件中，图像是应用最多的素材之一。俗话说"一图胜千言"，图像中包含着许多学生容易理解而用其他形式难以表达的内涵，可以帮助学生理解和记忆；此外，它还可以增加课件的美观性，吸引学生的注意力。

图像的编辑技巧

3.1.1 导入图像

Flash 可识别多种格式的图像文件。若要使用外部的图像文件，应先将图像文件导入，导入后的图像被放置在场景中，同时存入"库"面板中，然后对导入的图像做进一步的编辑。

实例 1　植物花的结构

课件"植物花的结构"是北师大版七年级《生物》上册第六章的教学内容。本实例主要制作植物花结构的展示效果，从而介绍从外部导入图像作为课件素材的方法，效果如图 3-1 所示。

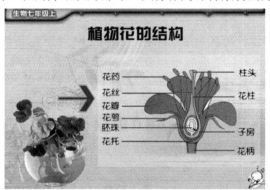

图3-1　课件"植物花的结构"效果图

制作此课件时，应先将外部图像导入"库"面板中，当需要使用时，可以从"库"面板中将其拖动到舞台。元件拖到舞台上后，称为实例，当对实例进行修改时，不会影响元件本身。

 跟我学

01 导入素材　运行 Flash 软件，打开半成品课件"植物花的结构(初).fla"，选择"文件"→"导入"→"导入到库"命令，导入图像到"库"面板，如图 3-2 所示。

> 如果希望一次导入多个文件，可在"导入"或"导入到库"对话框中，单击选择文件时，按下 Ctrl 键(选择不连续文件)或 Shift 键(选择连续文件)。

图3-2 导入图像到"库"面板

02 打开"库"面板 选择"窗口"→"库"命令,打开"库"面板。
03 拖动图像到舞台 按图 3-3 所示操作,将图像"花的结构.png"拖到舞台中。

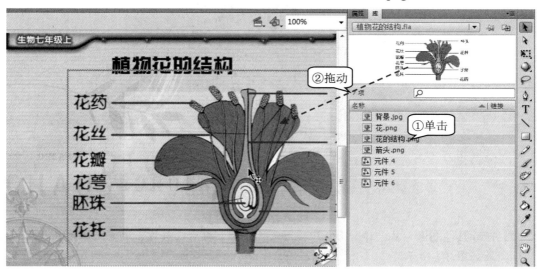

图3-3 拖动图像元件

 放置在"库"面板中的素材称为"元件",当把这些"元件"拖到舞台上时,就称为"实例"。

04 调整图像大小 按图 3-4 所示操作,调整舞台上图像的大小。

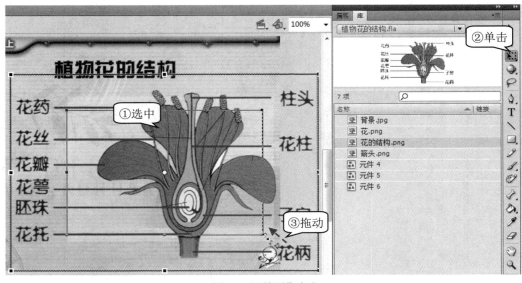

图3-4 调整图像大小

05 调整图像位置 按图 3-5 所示操作，调整舞台上图像的位置。

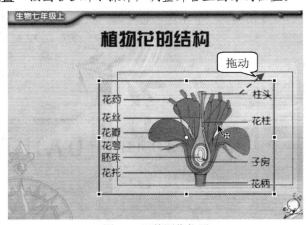

图3-5 调整图像位置

06 拖动其他图像 从"库"面板中拖动其他图像到舞台，并适当调整图像位置，最终效果如图 3-1 所示。

07 测试并保存课件 测试动画，将文件以"植物花的结构(终).fla"为名保存。

1."库"面板

如图 3-6 所示的"库"面板主要用于组织和管理元件，利用它可以对其中的元件(图片、声音、按钮等)重复使用，大大降低了文件大小；另外，还可以与他人共享存于"库"面板中的元件，从而提高制作效率，丰富素材资源。

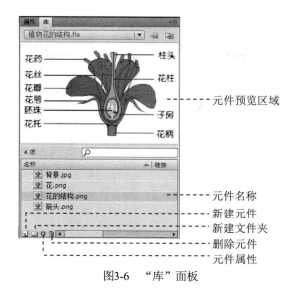

图3-6 "库"面板

- ：弹出选项菜单，用户根据需要选择执行其中的命令。
- ：新建元件，用于新建一个空元件。
- ：建立文件夹，可把元件分门别类地放入不同文件夹中，便于查找和修改。
- ：显示所选元件的属性，可对元件的属性进行修改。
- ：删除"库"面板中所选中的元件或文件夹。
- ：对"库"面板中的元件进行排序，其中 为升序按钮(箭头向上)、 为降序按钮(箭头向下)。

2. 调整对象形状

使用"任意变形"工具，除了可以调整对象大小，还可以调整对象的形状，按图 3-7 所示操作，可以垂直方向调整对象的形状。

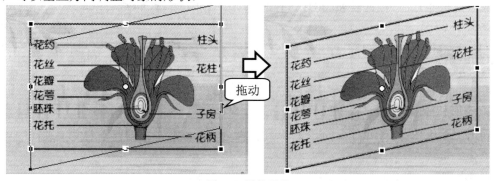

图3-7 调整形状

创新园

01 打开"数学游戏.fla"文件，将"素材"文件夹中的图片导入"库"面板中，制作出如图 3-8 所示的课件效果。

02 新建 Flash 文档，利用"素材"文件夹中的图片，制作如图 3-9 所示的课件效果，以"有创意的字.fla"命名保存。

图3-8　课件"数学游戏"效果图

图3-9　课件"有创意的字"效果图

3.1.2　编辑图像

将图像导入"库"面板，再从"库"面板中拖到舞台后，很多图像还需要进行简单的调整和设置，如大小、位置、透明度等，以使图像更美观。

实例2　认识钟表

课件"认识钟表"对应小学《数学》(北师大版)一年级上册内容。本课件制作电子时钟运行的效果，通过实例了解图像编辑和美化的方法，效果如图 3-10 所示。

制作该课件，可以先输入并设置好标题和内容文字，然后再导入一些所需要的图像。这些图像拖到舞台上后，根据需求，可以进行适当的修饰和美化。

图3-10　课件"认识钟表"效果图

■ **添加和修饰文字**

利用"文本"工具在舞台上输入标题和课件内容，然后再根据要求对文字进行适当的修饰和美化。

01　**输入标题**　打开"认识钟表(初).fla"文件，单击时间轴"内容"图层的第 1 帧，选中"文本"工具 T，在舞台上方输入标题文字"认识钟表"。

02　**设置标题格式**　按图 3-11 所示操作，设置标题文字的大小、字体、颜色和字符间距等。

第 3 章 添加课件外部素材 | 73

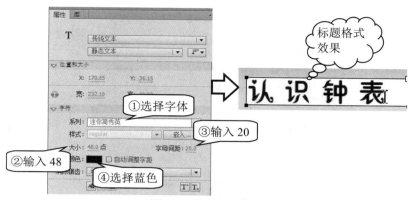

图3-11 设置标题格式

03 **输入正文** 在舞台上输入正文内容，并设置文字格式为"幼圆、18 号、#CC0066 红色"，效果如图 3-12 所示。

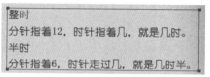

图3-12 正文文字效果

■ 制作时钟

该电子时钟是与计算机时间相一致的电子钟，指针是半成品，已经存在于"库"面板中，制作时只需要导入钟的圆盘，然后加以美化即可。

01 **导入图像** 选择"文件"→"导入"→"导入到库"命令，导入"小狗.gif""云.gif"和"钟表面.jpg" 3 张图片至"库"面板。

02 **拖动图像到舞台** 选中"钟的表面"图层的第 1 帧，按图 3-13 所示操作，将图像"钟表面.jpg"拖到舞台左侧。

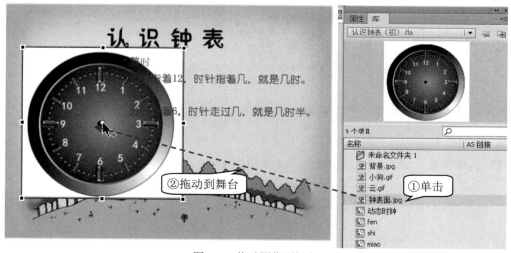

图3-13 拖动图像到舞台

03 调整图像大小 按图 3-14 所示操作，适当调整图像大小。

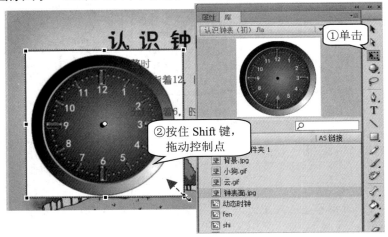

图3-14 调整图像大小

 按住 Shift 键的同时，调整图片大小，可以实现等比例缩放。

04 分离图像 单击"选择"工具 ，选中"钟表面.jpg"图像，选择"修改"→"分离"命令，将图像分离，分离后的图像效果如图 3-15 所示。

图3-15 分离图像

 分离位图是将图像中的像素分散到离散的区域中，这样可以分别选中这些区域并进行修改。

05 去掉背景 按图 3-16 所示操作，去掉图像背景。

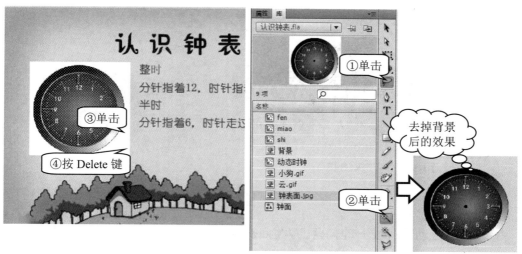

图3-16 去掉背景

06 清除背景杂质 按图 3-17 所示操作,清除图像背景中的杂质。

图3-17 清除背景杂质

07 清除其他杂质 用上面同样方法,继续清除图像背景中的其他杂质。
08 转换元件 单击"选择"工具 ,按图 3-18 所示操作,将图像转换为图形元件,以便调整其透明度。

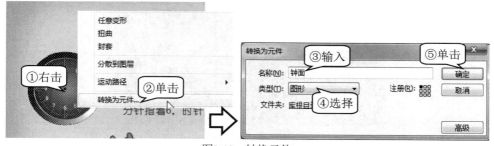

图3-18 转换元件

09 设置透明度 展开"属性"面板,按图 3-19 所示操作,修改元件的透明度。
10 调整时钟 从"库"面板中拖动"动态时钟"元件到"钟面"对象的中间位置,并适当调整大小,效果如图 3-20 所示。

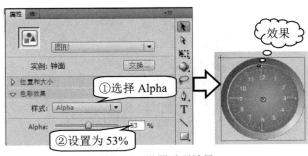 

图3-19 设置透明效果　　　　　　　　　图3-20 时钟效果

■ **制作问答题**

为增加课堂互动性，设置一个问题让学生回答，该问题由两个图形对象和一个文本框组成。

01 设置标注　将"库"面板中的图像"标注.gif"拖到舞台右侧，并适当调整大小，效果如图3-21所示。

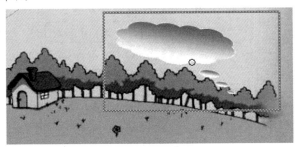

图3-21 设置标注

02 翻转标注　选择"修改"→"变形"→"水平翻转"命令，将"标注"框水平翻转，效果如图3-22所示。

图3-22 翻转标注

03 输入标注文字　选择"文本"工具 T，按图3-23所示操作，输入文字，并设置字体格式。

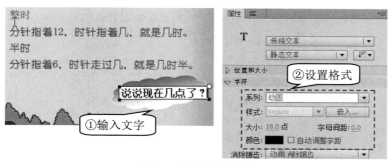

图3-23　输入标注文字

04　旋转文字　按图 3-24 所示操作，旋转标注文字。

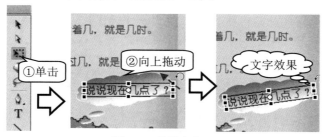

图3-24　旋转文字

05　调整小狗对象　将"库"面板中的图像"小狗.gif"拖到舞台上，并移到适当位置，效果如图 3-25 所示。

图3-25　放置小狗图片

06　测试并保存课件　测试效果，以"认识钟表(终).fla"为名保存。

创新园

01　打开"英语对话练习(初).fla"文件，将素材文件夹中的水果图片导入舞台，制作如图 3-26 所示的课件效果。

图3-26 课件"英语对话练习"效果图

02 新建一个Flash文档,利用"素材"文件夹中的图片,制作"平面镜成像"课件,效果如图3-27所示,将文件以"平面镜成像.fla"为名保存。

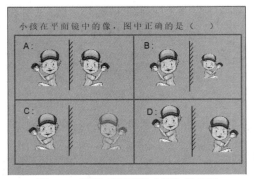

图3-27 课件"平面镜成像"效果图

3.2 添加动画

在Flash课件中,除了可以插入静态图片,为了增强课件的动画效果,还可以添加一些现有的动画素材,如GIF动画、SWF动画。

3.2.1 导入GIF动画

添加GIf动画

GIF动画是让多张静态图片按一定规律快速、连续播放运动的画面。若要在Flash课件中加入GIF动画,可以将其作为一个元件导入。导入后的系列静态图片也会显示在"库"面板中,可以作为素材在课件中调用。

实例3 清明

课件"清明"是初中主题班会课的内容,本实例主要制作在课件中导入GIF图片作为装饰图片,从而在调试课件中,呈现动态画面的效果,如图3-28所示。

图3-28　课件"清明"效果图

制作此课件，需要先导入课件中所要用到的素材，然后将图片和文字内容放到舞台的适当位置，最后再设置声音。

■ 制作背景

先将课件要用到的背景素材导入"库"面板中，然后将图片拖到舞台上，并适当调整图片的大小和位置。

01 新建文档　运行Flash软件，按图3-29所示操作，新建一个Flash文档。

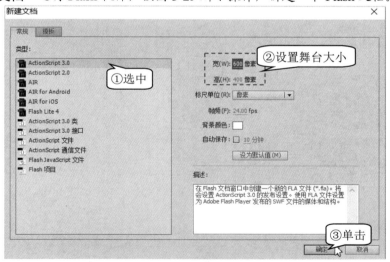

图3-29　新建文档

02 设置舞台背景色　按图3-30所示操作，设置舞台背景的颜色。

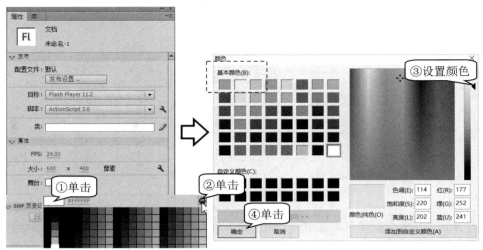

图3-30 设置舞台背景色

03 导入素材 选择"文件"→"导入"→"导入到库"命令,将"素材"文件夹中的"山.jpg""燕子.jpg"素材全部导入"库"面板。

04 拖入山图片 按图3-31所示操作,从"库"面板中将"山"图像拖入舞台,并适当调整其大小和位置。

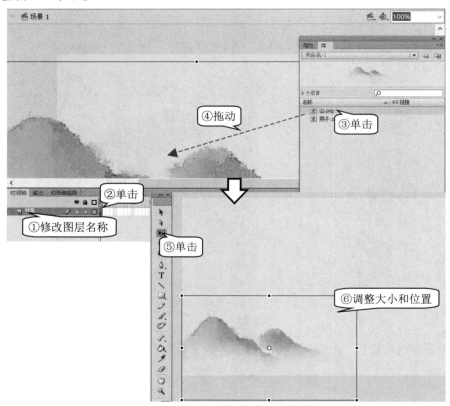

图3-31 拖入背景图像

05 拖入燕子图片 按同样的方法，在舞台中拖入"燕子"图片，效果如图 3-28 所示。

■ 添加文字

完成背景的制作后，在课件上添加标题和文字内容。添加文字时，要根据需求将文字设置为相应的属性。

01 添加图层 在"背景"图层上方，新建一个图层，并修改图层名称为"文字"。

02 输入标题 选择"文本"工具 T，在课件左上方添加文字"八年级音乐欣赏课件"，并在"属性"面板中设置字体格式为"迷你简卡通、30点、黑色"，效果如图 3-32 所示。

图3-32 输入标题

03 粘贴文字内容 选择"文本"工具 T，在舞台上拖出一个文本框，再打开文本文件"清明介绍.txt"，将其中的文字内容复制并粘贴到文本框中，按图 3-33 所示操作，设置文字格式。

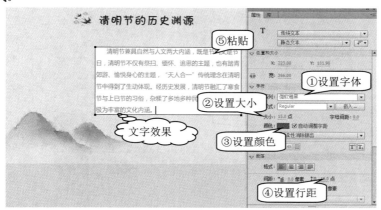

图3-33 粘贴并设置文字内容

■ 添加动画

课件的文字和图片部分制作完成后，将 GIF 动画文件作为元件导入舞台中，并插入相应的图层中即可。

01 插入新建元件 选择"插入"→"新建元件"命令，按图 3-34 所示操作，添加动画元件。

02 导入动画素材 选择"文件"→"导入"→"导入到舞台"命令，按图 3-35 所示操作，导入"骑牛的牧童图.gif"至元件舞台区。

图3-34 插入新建元件　　　　　　　图3-35 导入动画素材

 导入舞台后的静态图片会同时导入"库"中，可在制作动画时，对其进行调用。

03 拖入动画到舞台　按图3-36所示操作，拖入"动画"影片剪辑至舞台，并将其调整为合适的大小和位置。

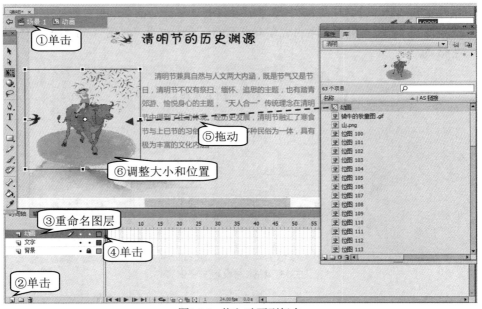

图3-36 拖入动画到舞台

 影片剪辑元件的动画效果，必须在测试动画时才能预览。

04 测试并保存课件　测试课件，以"清明.fla"为名保存文件。

知识库

1. 元件的特性

Flash 中创建的元件会保存在"库"面板中，只需要创建一次，即可在整个文档中重复使用。在文档中使用元件会使文件明显减小。

当修改元件的内容后，所修改的内容会运用到所有包含此元件的文件中，这样就使得用户对动画的编辑更加容易。

2. 元件的类型

创建 Flash 元件时，有图形、按钮、影片剪辑 3 种类型可供选择，如图 3-37 所示。在创建时，需要根据不同的需求，选择不同的元件。

图3-37　元件的类型

- 图形元件：适用于静态图像的重复使用，或者是创建与主时间轴相关联的动画。其不能提供实例名称，也不能在动作脚本中被引用。
- 按钮元件：它可以在影片中响应鼠标单击、滑过或其他动作，然后将响应的事件结果传递给互动程序进行处理。它是Flash动画中创建互动功能的重要组成部分。
- 影片剪辑元件：影片剪辑是包含在Flash动画中的影片片段，有自己的时间轴和属性。其具有交互性，可以包含交互控制、声音及其他影片剪辑的实例，也可以将其放置在按钮元件的时间轴中制作成动画按钮。它是Flash动画中用途最广、功能最多的部分。

创新园

01 新建一个 Flash 文档，将"素材"文件夹中的素材导入舞台，制作如图 3-38 所示的课件效果，将文件以"数学引入.fla"为名保存。

图3-38　课件"数学引入"效果图

02 打开"做情绪的主人(初).fla"文件，利用"素材"文件夹中的图片，完成动画表情的制作，效果如图 3-39 所示。

图3-39 课件"做情绪的主人"效果图

3.2.2 编辑GIF动画

将 GIF 动画导入元件后，可以在元件中对动画进行修改，再从"库"面板中将其拖到舞台上，从而灵活地运用于 Flash 课件中。

实例4 化学离子键

课件"化学离子键"是高中化学的主要内容，本实例主要是在课件中导入 GIF 动画，并根据需求进行适当修改，以满足课件制作的需求，效果如图 3-40 所示。

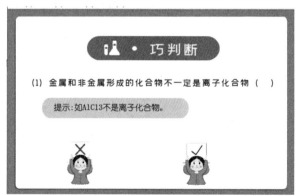

图3-40 课件"化学离子键"效果图

制作此课件，需要先导入课件中所要用到的素材，然后对库中的元件进行适当修改，再根据需求拖入舞台的适当位置。

 跟我学

■ **制作标题**

制作标题文字前，需要先绘制一个圆角矩形，再从库中将图片素材拖入舞台，最后添加相应的文字。

01 **导入素材** 打开"化学离子键(初).fla"半成品文件,选择"文件"→"导入"→"导入到库"命令,将"素材"文件夹中的素材全部导入"库"面板中。

02 **绘制矩形** 添加一个新图层,命名为"标题",选中"标题"图层的第1帧,按图3-41所示操作,绘制一个圆角矩形。

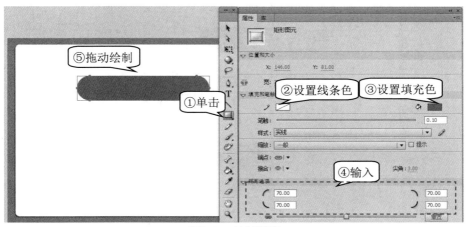

图3-41　绘制矩形

03 **拖入背景图像** 按图3-42所示操作,从"库"面板中将"烧瓶.png"图像拖入舞台,并通过"任意变形"工具,将其调整至适当的大小和位置。

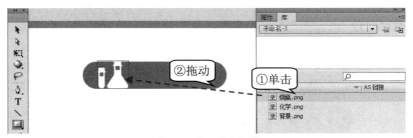

图3-42　拖入背景图像

04 **输入标题** 按图3-43所示操作,在"属性"面板中设置字体和颜色,然后在舞台区的相应位置输入标题文字"巧判断"。

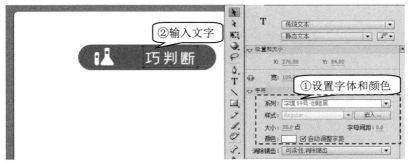

图3-43　输入标题文字

05 绘制装饰圆 在"标题"图层上方添加一个新图层，命名为"圆形"，按图 3-44 所示操作，绘制一个白色装饰圆形，并通过"属性"面板修改其大小。

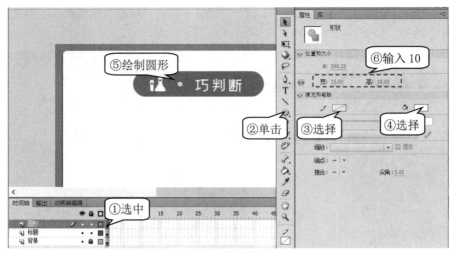

图3-44 绘制装饰圆

■ 添加课件文字

课件中的文字内容是必不可少的，添加文字后，要根据需求设置相应的属性。有时，也可能通过绘制一些形状，为文字添加装饰。

01 输入题目内容 在"圆形"图层上方，新建一个图层，命名为"文字"。选中"文字"图层的第一帧，选择"文本"工具 T，在课件上方添加题目的文字内容，并在"属性"面板中设置字体格式为"字魂59号-创粗黑、20点、黑色"，效果如图 3-45 所示。

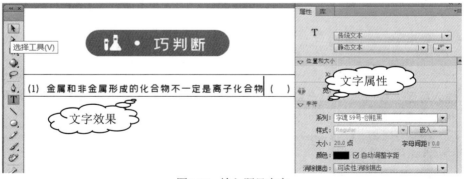

图3-45 输入题目内容

02 绘制形状 按图 3-46 所示操作，绘制一个圆角矩形。

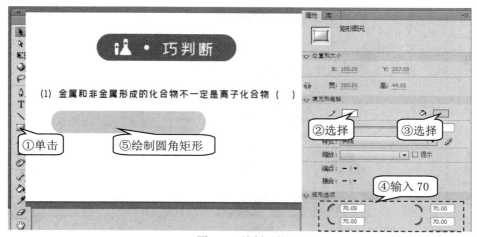

图3-46 绘制形状

03 输入理由文字 选择"文本"工具 T，在矩形中添加理由文字内容，并在"属性"面板中设置字体格式为"幼圆、17点、黑色"，效果如图3-47所示。

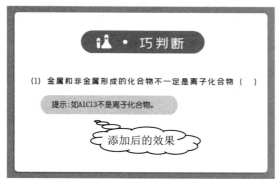

图3-47 输入理由文字

■ 添加判断动画

课件中需要两个动画效果，一个显示"×"，一个显示"√"，这就需要重新编辑GIF动画效果，并根据需要合理添加。

01 插入"举错误牌"元件 选择"插入"→"新建元件"命令，插入一个"举错误牌"影片剪辑元件。

02 导入动画素材 选择"文件"→"导入"→"导入到舞台"命令，导入"女孩手举牌.gif"至元件舞台区。

03 插入"举正确牌"元件 按同样的方法，插入一个"举正确牌"影片剪辑，按图3-48所示操作，导入"女孩手举牌.gif"至元件舞台区。

04 修改元件 按图3-49所示操作，打散元件图形，使用Delete键删除"×"符号，并使用"线条"工具，绘制"√"符号。

图3-48 插入新建元件

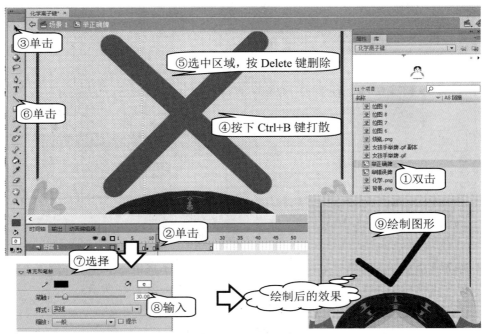

图3-49 修改元件

05 添加动画元件 选中"动画"图层的第 1 帧,按图 3-50 所示操作,从"库"面板中拖动动画元件至场景的舞台区。

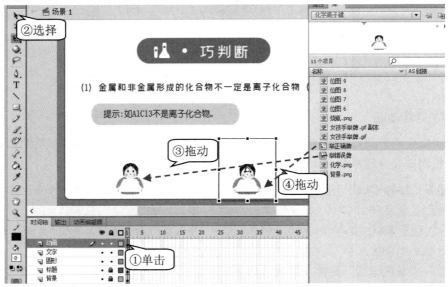

图3-50 添加动画元件到舞台

06 测试并保存课件 测试课件,以"化学离子键(终).fla"为名保存文件。

创新园

01 新建一个 Flash 文档，利用"素材"文件夹中的素材，制作数学课件"画垂线"，效果如图 3-51 所示，并将文件以"画垂线.fla"为名保存。测试课件，课件播放时，动画中不仅能画出线，而且能标识垂直符号。

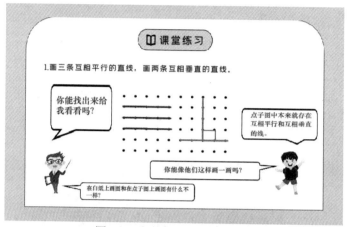

图3-51　课件"画垂线"效果图

02 新建一个 Flash 文档，利用"素材"文件夹中的素材，制作书法演示课件，效果如图 3-52 所示，将文件以"书法练习.fla"为名保存。测试课件，课件播放到最后毛笔消失。

图3-52　课件"书法练习"效果图

3.3　添加音频

在多媒体课件中，声音是一个非常重要的表现元素，经常需要根据内容在课件中插入音频素材。Flash 课件中声音的选择一定要与课件内容贴切，否则可能会对教学造成干扰，反而画蛇添足。

设置声音

3.3.1 导入音频

在 Flash 课件中加入声音，一般需要将音频文件导入文档，导入后的声音文件会显示在"库"面板中，可以作为素材在课件中进行播放。另外，Flash 软件自带的"公用库"中也提供了一些声音素材，可以根据需要选择使用。

实例5　音乐欣赏

课件"音乐欣赏"是人教版初中八年级《音乐》下册第三单元的内容，本实例主要是在音乐课件中导入声音，制作课件播放时，钢琴声响起的效果，如图3-53所示。

图3-53　课件"音乐欣赏"效果图

制作此课件，需要先设置舞台的背景色，然后导入课件中所要用到的背景图片素材，再添加适当的文字内容，最后在时间轴上添加导入的声音。

■ 添加图片

先将课件要用到的所有素材都导入"库"面板中，然后将图片拖到舞台上，并适当调整图片的大小和位置。

01 新建文档　运行 Flash 软件，按图 3-54 所示操作，新建一个 Flash 文档。

02 导入素材　选择"文件"→"导入"→"导入到库"命令，将素材文件夹中的素材全部导入"库"面板。

03 拖入背景图像　按图 3-55 所示操作，从"库"面板中将背景图像拖入舞台。

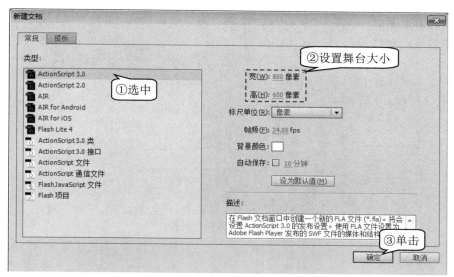

图3-54 新建文档

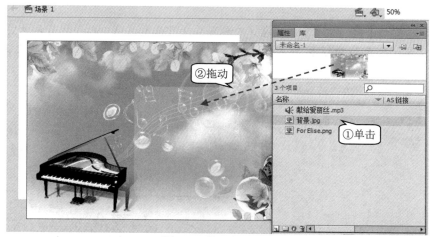

图3-55 拖入背景图像

04 调整大小和位置 按图3-56所示操作,在"属性"面板中输入舞台上背景图片的大小、位置的参数值,使图片正好与舞台等大,位置正好在舞台中央。

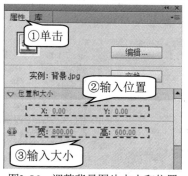

图3-56 调整背景图片大小和位置

05 拖入其他图像 按图 3-57 所示操作，从"库"面板中拖动其他图像到舞台，并适当调整其大小和位置。

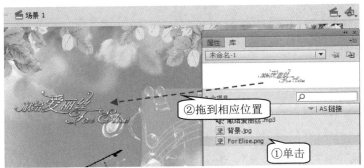

图3-57 拖入其他图像

■ 添加文字

除了图片，还需要在课件上添加标题和文字内容，将标题文字放置在课件左上角，音乐作品介绍文字放在半透明的圆角矩形中。

01 输入标题 选择"文本"工具 T，在课件左上方添加文字"八年级音乐欣赏课件"，并在"属性"面板中设置字体格式为"方正卡通简体、40点、黑色"，效果如图 3-58 所示。

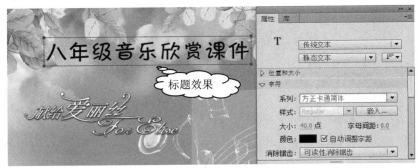

图3-58 输入标题

02 粘贴文字内容 选择"文本"工具 T，在背景图片中的圆角矩形上拖出一个等宽的文本框，再打开文本文件"献给爱丽丝.txt"，将其中的文字内容复制并粘贴到文本框中，按图 3-59 所示设置文字格式。

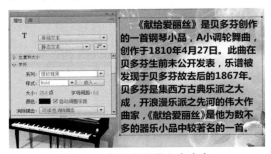

图3-59 粘贴并设置文字内容

■ 添加声音

课件的文字和图片部分制作完成后,将之前导入的声音文件应用到时间轴上的第1帧即可。

01 添加声音 在"时间轴"面板上单击"图层1"的第1帧,按图3-60所示操作,在关键帧上添加声音。

图3-60 添加声音

02 测试并保存课件 测试课件,以"音乐欣赏.fla"为名保存文件。

创新园

01 新建一个Flash文档,利用"素材"文件夹中的素材,制作语文课件"雨巷",效果如图3-61所示,将文件以"雨巷.fla"为名保存。测试课件,当课件播放时,深情的"雨巷"歌曲响起。

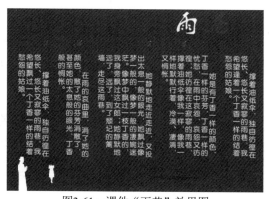

图3-61 课件"雨巷"效果图

02 新建一个Flash文档,利用"素材"文件夹中的素材,制作英语课件封面,效果如图3-62所示,将文件以"英语课前开场曲.fla"为名保存。测试课件,当课件播放时,欢乐的英语歌曲响起。

图3-62　课件"英语课前开场曲"效果图

3.3.2 编辑音频

在制作课件时,通常还应根据需要对声音进行编辑和调整。编辑声音的过程主要是利用"编辑封套"对话框,为声音添加一些效果,如淡入、淡出、左右声道切换等。

实例6　荷花

课件"荷花"是小学人教版《语文》教材第三册的教学内容。本实例主要制作荷花课文配乐朗诵的效果,效果如图3-63所示。

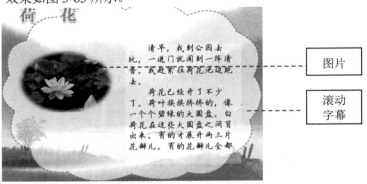

图3-63　课件"荷花"效果图

制作此课件,先打开半成品课件文件,然后将"库"面板中已经存放制作好的"字幕"影片剪辑直接拖入场景中使用,再将导入的音频素材应用到时间轴并进行适当的编辑。

跟我学

■ **制作"内容"图层**

"内容"图层包括一些图片素材和已经制作好的影片剪辑元件"字幕",将这些素材放置在舞台的合适位置即可。

01 更改图层名称　打开半成品课件"荷花(初).fla",双击"图层 1",修改图层名称为"内容"。

02 **导入素材** 选择"文件"→"导入"→"导入到库"命令,导入"素材"文件夹中的全部素材到"库"面板。

03 **制作背景** 从"库"面板中拖动图片元件"背景.jpg"到舞台,并设置图片坐标为"X:0.0,Y:0.0",图片大小为"宽:550,高:400"。

04 **拖动荷花图片** 从"库"面板中将图片素材"荷花.png"拖到舞台,使用"任意变形"工具调整大小后放置在舞台背景图片左侧,效果如图3-63所示。

05 **添加朗读音频** 在"库"面板中双击"字幕"影片剪辑的图标,按图3-64所示操作,在"朗读"图层的第100帧处为"字幕"元件添加课文朗读音频。

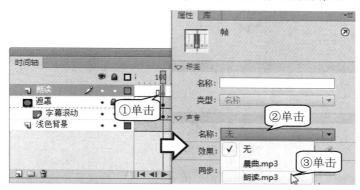

图3-64 添加朗读音频

06 **拖动字幕元件** 单击 场景1按钮,从"库"面板中将"字幕"影片剪辑元件拖到舞台中的合适位置,效果如图 3-63 所示。

■ **制作"音乐"图层**

添加一个单独的图层用于存放背景音乐文件,再通过"属性"面板将音乐应用到时间轴上,并对音乐进行简单的编辑。

01 **新建图层** 在"内容"图层上方,添加一个新图层并命名为"音乐"。

02 **添加音乐** 按图 3-65 所示操作,为"音乐"图层添加声音。

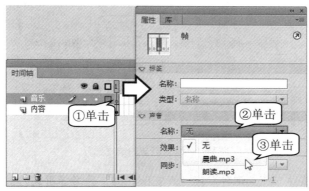

图3-65 添加音乐

03 编辑声音的开始部分 观察"字幕"元件的时间轴发现,朗读从4.2秒开始,到170.2秒结束。按图3-66所示操作,编辑声音"晨曲"开始部分的音量变化。

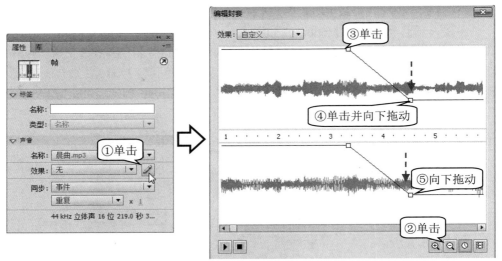

图3-66 编辑声音的开始部分

 "晨曲"作为背景音乐,不能冲淡朗读的主题,因此当课件中的"朗读"音频开始播放时,背景音乐的音量应适当减小。

04 编辑声音的结尾部分 按图3-67所示操作,编辑声音的结尾部分。

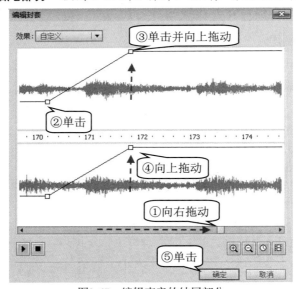

图3-67 编辑声音的结尾部分

05 测试并保存课件 测试课件,以"荷花(终).fla"为名保存文件。

 声音在课件中的重复播放和循环播放都可以在"属性"面板中进行设置,重复播放的次数可以指定;循环播放则不限次数,声音到课件播放结束时才停止。

知识库

1. 设置声音同步选项

通过对 Flash 中声音同步选项的设置，可以控制声音的播放形式，以满足 Flash 中对声音的不同需求。具体设置选项如下。

- 事件：事件声音独立于时间轴播放，即使动画停止，声音也会继续播放。一般在不需要控制声音播放的地方选择该选项，如用在按钮或背景音乐上。
- 开始：与事件声音相似，区别是，如果声音正在播放，使用"开始"选项不会播放新的声音。
- 停止：使指定的声音静音，如使事件声音停止播放。
- 数据流：该方式下，声音和时间轴同步播放。与事件声音不同，数据流声音的播放时间完全取决于它在时间轴中占据的帧数，动画停止，声音也将停止。制作音乐动画、音乐短剧等需要影片和声音同步播放的动画时，应选择该选项。

2. 编辑封套

通过"编辑封套"对话框可以设置声音的长度和音量。"编辑封套"对话框中各选项的作用如下。

- 声音起点控制轴：拖动声音起点控制轴，可设置声音开始播放的位置。
- 声音终点控制轴：拖动声音终点控制轴，可设置声音结束播放的位置。
- 效果：在该下拉列表中可设置声音效果，如左声道、淡出等效果。
- 节点：上下拖动节点可以调整音量的大小，音量指示线位置越高，音量越大；单击音量指示线，在单击处会增加节点，最多可以有8个节点；用鼠标将节点拖到编辑区的外边，可删除节点。
- "放大"按钮 / "缩小"按钮：单击这两个按钮，可以改变对话框中声音显示范围，从而方便编辑声音。
- "秒"按钮 / "帧"按钮：单击这两个按钮，可以改变对话框中声音显示的长度单位，有"秒"和"帧"两种。
- "播放声音"按钮：单击该按钮，可以试听编辑后的声音。
- "停止声音"按钮：单击该按钮，可以停止正在播放的声音。

创新园

01 打开"一去二三里.fla"文件，利用"库"面板中的素材，制作情景课文朗读动画，每出现一行文字，一个动听的声音就会将课文内容朗诵出来。图 3-68 所示是课件运行时的一个画面。

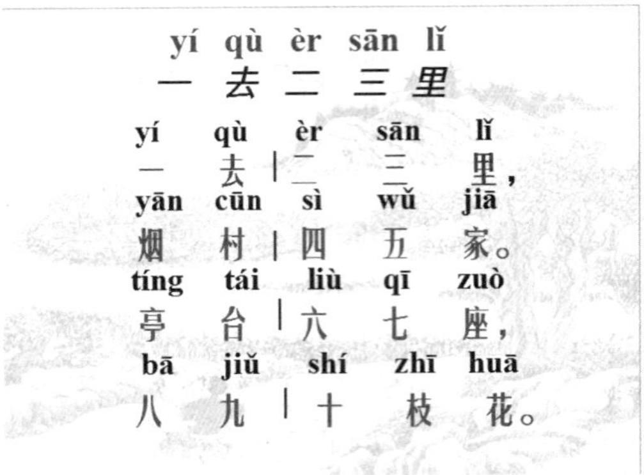

图3-68　课件"一去二三里"效果图

02　新建一个Flash文档,利用"素材"文件夹中的素材,制作古诗配乐朗诵动画,并将文件以"春晓.fla"为名保存。测试课件,当课件播放时,随着轻音乐声音的逐渐进入,一个动听的声音将古诗内容朗诵出来,古诗文字也随着朗诵的节奏逐步变为红色。图3-69所示是课件"春晓"运行时的一个画面。

图3-69　课件"春晓"效果图

3.4　添加视频

视频是Flash课件中经常使用的媒体素材,它可以将一些现象直观地反映出来,从而更真实地演示教学内容。在制作多媒体课件时,有些生活现象或实验现象用视频来表现是一种很好的方式。

插入视频

3.4.1　使用元件添加视频

视频素材导入舞台后,会自动延长时间轴以适应自己的时间长度,这样常常会改变场景中原来图层间的同步效果。因此在制作含有视频的课件时,一般先添加一个影片剪辑元件,然后将视频导入元件中,最后再将元件放入场景。

实例7　铁的性质

课件"铁的性质"是人教版《化学》九年级上册的教学内容。本实例主要制作"铁在氧气中燃烧"的视频演示课件，从而了解 Flash 软件中导入并使用视频的方法，效果如图 3-70 所示。

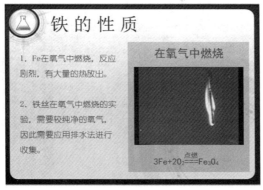

图3-70　课件"铁的性质"效果图

本课件的制作过程：先编辑好课件的文字部分，再导入课件所需要的视频素材作为一个影片剪辑元件，然后将元件拖放到舞台中。

■ **制作内容**

先导入背景图片并设置图片的大小和位置，然后输入课件文字并设置好文字格式，最后绘制一个半透明的矩形用于放置包含视频的元件。

01　导入背景图片　新建一个 Flash 文档，选择"文件"→"导入"→"导入到舞台"命令，将图像"背景.jpg"导入舞台。

02　设置大小和位置　按图 3-71 所示操作，设置背景图片的大小和位置。

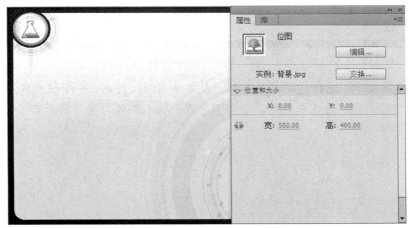

图3-71　设置背景图片的大小和位置

03 绘制矩形 新建一个名为"矩形"的图形元件,按图 3-72 所示操作,设置颜色并绘制一个矩形,再回到场景 1,将元件拖到如图 3-70 所示的大致位置。

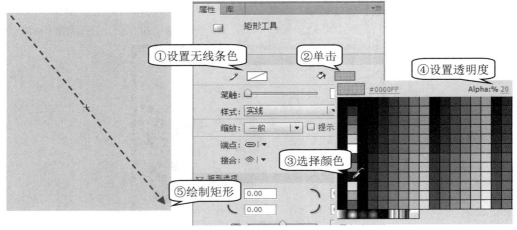

图3-72 绘制"矩形"元件

04 输入标题 按图 3-73 所示操作,设置好标题文字格式,并输入标题文字。

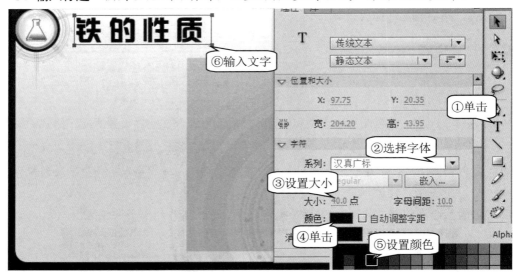

图3-73 输入标题文字

05 编辑内容文字 选择"文本"工具,在舞台左侧位置拖出一个适当宽度的文本框,输入文字内容,再在矩形的上方和下方分别输入其他文字并设置文字格式,效果如图 3-74 所示。

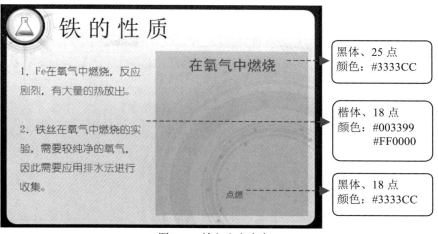

图3-74 输入文字内容

06 输入化学方程式 按图 3-75 所示操作,在文字"点燃"下方输入化学方程式。

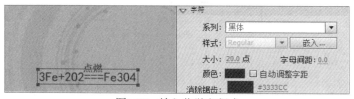

图3-75 输入化学方程式

07 设置字符下标 按图 3-76 所示操作,将"O"后面的"2"设置为下标。

图3-76 设置下标

08 设置其他字符下标 按同样的方法,将"Fe3O4"中的"3"和"4"设置为下标,效果如图 3-77 所示。

图3-77 化学方程式效果

■ 制作影片剪辑

先新建一个影片剪辑元件，然后将视频片段导入该影片剪辑元件中，最后将元件拖到舞台。

01 新建元件 选择"插入"→"新建元件"命令，新建一个"细铁丝在氧气中燃烧"影片剪辑元件。

02 选择命令 选择"文件"→"导入"→"导入到舞台"命令，准备导入"细铁丝在氧气中燃烧.flv"视频文件。

03 导入视频 按图3-78所示操作，根据向导提示导入视频到元件的舞台。

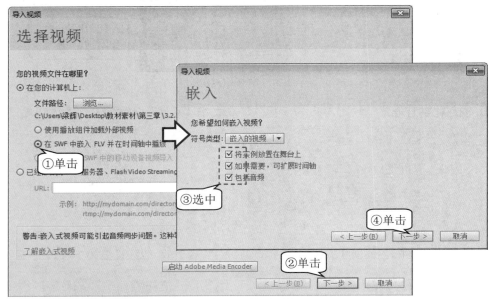

图3-78 导入视频

04 返回场景1 单击 场景1 按钮，返回"场景1"的舞台。

05 完成课件 按图3-79所示操作，从"库"面板中将视频元件"细铁丝在氧气中燃烧"拖到舞台右侧，并适当调整大小。

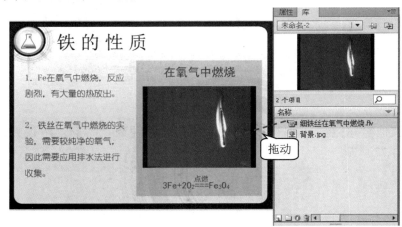

图3-79 将元件放入场景舞台

06 测试并保存课件 测试课件，以"铁的性质.fla"为名保存文件。

 嵌入的视频不宜过大，否则在下载播放的过程中会占用过多的系统资源，而且时间较长的视频文件通常容易出现音视频难以同步的问题，影响播放效果。

创新园

01 新建 Flash 文档，利用"素材"文件夹中的素材，制作数学故事演示课件，当课件运行到此场景时，视频自动播放，图 3-80 所示是课件运行时的一个画面。

图3-80 课件"数学小故事"效果图

02 新建 Flash 文档，利用"素材"文件夹中的素材，制作英语演示课件，当课件运行时会播放视频"英语月份歌"，图 3-81 所示是课件运行时的一个画面。

图3-81 课件"英语月份歌"效果图

3.4.2 使用播放组件添加视频

将视频直接导入舞台或通过元件插入视频的方法都比较简单，但在演示课件时这些视频在默认情况下会自动播放，很难人为控制。在 Flash 课件中，使用播放组件添加视频，能够自由控制其播放进度。

实例8 植物的光合作用

课件"植物的光合作用"是初中《生物》教材中的内容。本实例主要介绍利用 Flash "播放组件"加载外部视频的方法,使得课件中的视频在播放时可以控制播放或暂停等操作,课件效果如图 3-82 所示。

制作本课件时,先制作课件背景,包括背景边框和文字信息,然后再利用组件加载视频素材。

图3-82 课件"植物的光合作用"效果图

跟我学

■ 编辑背景

导入背景图片,并绘制一个空心的矩形元件作为背景的边框。

01 新建文档 运行 Flash 软件,新建一个 Flash 文档,设置文档的宽和高分别为 640 像素和 480 像素。

02 新建元件 按 Ctrl+F8 键,新建一个名为"边框"的图形元件。

03 选择矩形颜色 单击工具箱中的"矩形"工具 ,按图 3-83 所示操作,设置矩形属性。

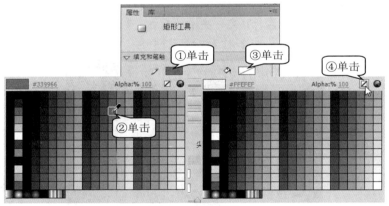

图3-83 选择颜色

04 绘制矩形 按图 3-84 所示操作,在舞台上绘制一个空心矩形,并且相对于舞台水平居中和垂直居中。

05 拖动元件到舞台 将"边框"元件从"库"面板中拖到舞台,并适当调节大小。

06 导入图片 将图片文件"背景.jpg"导入舞台,然后右击图片,选择"排列"→"移至底层"命令,将图片置于"边框"元件下方,再设置图片的大小和位置(效果如图 3-82 所示)。

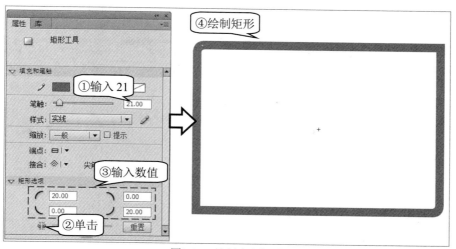

图3-84 绘制空心矩形

■ 输入文字

导入装饰图片后,设置图片的大小和位置,再在图片右边输入课件标题,并设置相应的字体格式。

01 导入图片 将图片"树叶.png"导入舞台,并设置图片的大小和位置,效果如图 3-85 所示。

02 输入课件标题 在装饰图片的右边输入课件标题"植物的光合作用",并设置字体格式为"华文新魏、50点、蓝色",效果如图 3-85 所示。

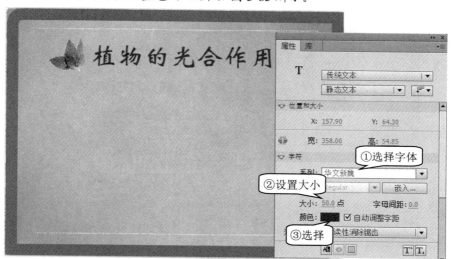

图3-85 装饰图片和标题文字的设置效果

■ 添加视频

将存放于素材文件夹中的视频文件导入 Flash 课件中,并设置使用播放组件进行播放。

01 导入视频 选择"文件"→"导入"→"导入视频"命令,按图 3-86 所示操作,导入视频。

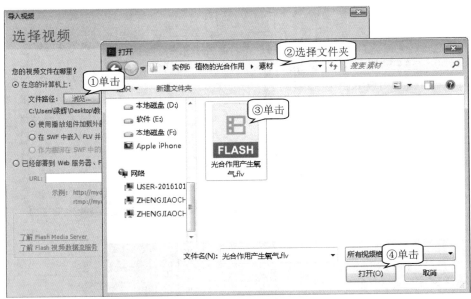

图3-86　导入视频

02 选择播放外观　单击 下一步> 按钮，按图 3-87 所示操作，选择视频播放组件的外观和颜色。

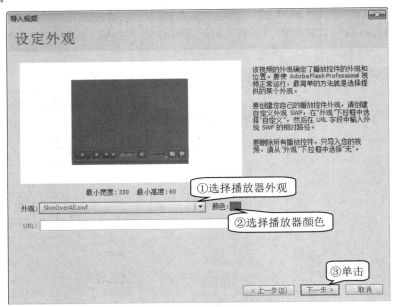

图3-87　选择外观

03 完成导入　单击 完成 按钮，完成视频的导入过程，再适当调整动画播放窗口在舞台中的大小和位置。

04 测试并保存课件　测试课件，以"植物的光合作用.fla"为名保存文件。

使用播放组件在课件中播放视频的过程需要读取视频文件的路径，因此通常将课件源文档和视频文件放在同一目录中，以便于课件的测试和移植。

创新园

01 新建 Flash 文档，利用"素材"文件夹中的素材，制作演示地理课程的动画，当课件运行时，通过播放器的控制按钮，可以控制视频播放，图 3-88 所示是课件运行时的一个画面。

图3-88　课件"昼夜长短变化"效果图

02 新建 Flash 文档，利用素材文件夹中的素材，制作生物演示课件"开花和结果"，当课件运行时，可以根据需要控制播放视频，图 3-89 所示是课件运行时的一个画面。

图3-89　课件"开花和结果"效果图

3.5　小结和习题

3.5.1　本章小结

本章通过一些具体实例，介绍在 Flash 课件中添加多媒体素材的常用方法和过程，并进一步学习如何对音频和视频素材进行简单的加工和处理，具体包括以下内容。
- **添加图像**：介绍了如何向Flash中导入图像素材，然后将图像从"库"面板应用到舞台，并学习了对图像进行简单编辑与加工的方法。
- **添加动画**：介绍了如何向Flash中导入GIF动画素材，并学习了如何在元件中对GIF动画进行简单编辑与加工，以及将元件应用到舞台的方法。
- **添加音频**：介绍了将外部的音频素材导入"库"面板中，然后再对音频进行编辑等操作的过程。
- **添加视频**：介绍了通过影片剪辑元件插入视频的方法，以及使用播放组件添加视频的过程。

3.5.2 强化练习

一、选择题

1. 在"编辑封套"对话框中，Flash 允许添加( )个控制柄。
    A. 7   B. 8   C. 9   D. 10
2. 若要使动画时间轴与声音很好地同步播放，可以选择( )声音同步类型。
    A. 事件   B. 数据流式   C. 数字   D. 模拟
3. 在 Flash 中，下面关于导入视频说法错误的是( )。
    A. 在导入视频片段时，可以选择Web上的视频
    B. 用户可以将包含嵌入视频的文档发布为Flash动画
    C. 导入的视频文件不可以再嵌入Flash动画中，只能独立播放
    D. 用户可以让嵌入的视频片段的帧频率同步匹配主场景的帧频率
4. 打开"创建新元件"对话框的快捷键是( )。
    A. Ctrl+K   B. Shift+F2   C. Ctrl+F3   D. Ctrl+F8
5. 使用元件插入视频文件时，元件的类型必须是( )。
    A. 图形   B. 图像   C. 按钮   D. 影片剪辑

二、判断题

1. MP3 格式的声音文件不能被导入 Flash 中。 ( )
2. 在 Flash 中，声音素材都被保存在"库"面板中。 ( )
3. Flash 中使用的声音文件的音量是不可更改的。 ( )
4. 使用影片剪辑元件插入的视频在舞台上的尺寸是可调节的。 ( )
5. 舞台上的多个对象的叠放次序是由它们拖入舞台的顺序决定的，对象间的上下层顺序不可更改。 ( )

第 4 章　Flash课件对象操作

Flash 课件对象有 5 种类型，分别为影片剪辑、按钮元件、图形元件、图像及形状，在制作课件的过程中，需将对象添加到舞台上，而编辑舞台上的对象是制作课件动画的基本工作，只有熟练掌握了编辑对象的操作技巧，才能在后面的动画制作中得心应手。本章主要介绍了 Flash 课件对象的操作和相关知识，通过学习可以对添加到舞台上的对象进行复制、对齐、缩放、组合等操作，为制作课件做准备。

■ **本章内容**
- 排列与对齐对象
- 变形对象
- 合并对象
- 编组对象

4.1 排列与对齐对象

如果同一画面中出现了多个图形、图像等对象，为了增加画面的美感，就需要将这些对象排列整齐。Flash 提供了"对齐"面板，可以根据需要将被选择的多个对象进行各种形式的排列和对齐。

排列对象

4.1.1 对齐对象

在 Flash 中，使用"对齐"面板既可以快速统一设置对象的宽、高，也可以按照水平或垂直方向对齐选中的多个对象，还可以将各对象间距离设置为相等。

实例 1　民间艺术剪纸

本实例是小学《美术》第八册第十课课件"民间艺术剪纸"中的一页，展示民间艺术的剪纸作品，课件效果如图 4-1 所示。在本例中主要使用了"对齐"面板中的各种命令对图片进行排列。

图4-1　课件"民间艺术剪纸"效果图

在课件半成品的基础上，添加图像对象到舞台上，使用"匹配宽和高"命令，将舞台上所有图像对象调整成相同大小，再使用"对齐"面板，使对象整齐排列，画面更美观。

■ **添加位图对象**

选择"窗口"→"库"命令，打开"库"面板，可采用拖动的方法，将库中的位图等对象拖到舞台上。

01 打开课件　运行 Flash 软件，选择"文件"→"打开"命令，使用"打开"对话框，打开"民间艺术剪纸(初).fla"文件。

02 添加对象　打开"库"面板，依次将"库"面板中的"1.png""2.png""3.png""4.png""5.png""6.png"图像拖到舞台上，效果如图 4-2 所示。

图 4-2　添加图像

■ 对齐所选对象

利用"对齐"面板中的各项功能，可以精确地对齐对象，"对齐"面板还有调整对象间距和匹配大小等功能。

01 匹配宽和高　选择"窗口"→"对齐"命令，打开"对齐"面板，按图 4-3 所示操作，将选中的对象设置为相同宽度与高度。

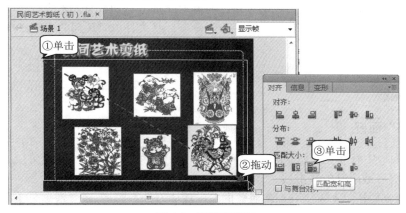

图 4-3　匹配宽和高

02 对齐第一行图像　按图 4-4 所示操作，将第一行图像设置为顶对齐、水平居中分布。

图4-4　对齐第一行图像

鼠标单击可以选中舞台上的对象;按住 Shift 键单击对象,可以同时选中多个对象;在舞台空白处单击,可以取消对象的选中状态。

03 对齐第一列图像 按图 4-5 所示操作,将第一列图像设置为左对齐。

图 4-5 对齐第一列图像

04 对齐其他图像 用上面同样的方法,将舞台上的 6 个图像分别对齐。

05 保存文件 选择"文件"→"另存为"命令,将文件以"民间艺术剪纸(终).fla"为名保存。

1. "对齐"面板

"对齐"面板中有 4 类按钮(对齐、分布、匹配大小和间隔),每个按钮上的方框表示对象,直线表示对象对齐或隔开的基准线。

- 垂直对齐按钮：分别将对象向左、居中及向右对齐。
- 水平对齐按钮：分别将对象向上、居中及向下对齐。
- 垂直分布按钮：分别将对象按顶部、中点及底部,在垂直方向等距离排列。
- 水平分布按钮：分别将对象按左侧、中点及右侧,在水平方向等距离排列。
- 匹配大小按钮：分别将对象进行水平、垂直或等比例缩放。匹配是以宽度和高度的最大值为基准的。
- 间隔按钮：使对象在垂直或水平方向上间隔距离相等。

2. 相对于舞台对齐

在"对齐"面板上还有 选项,如果没有选择这个选项,则舞台上的多个对象对齐操作与舞台没有位置关系,只是和各图形之间的相对位置有关。如果要实现各个对象相对于舞台的位置对齐,则需要选择"对齐"面板上的 选项。

创新园

01 打开"古代手工业的进步.fla"文件,将舞台上的两个图片对象设置为相同大小,且顶端对齐,图片和文字居中对齐,效果如图 4-6 所示。

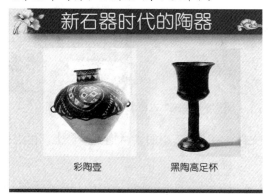

图4-6 课件"古代手工业的进步"效果图

02 打开"大自然的语言.fla"文件,将舞台上的按钮对象设置为左对齐,并将按钮间距设置为相同大小,效果如图 4-7 所示。

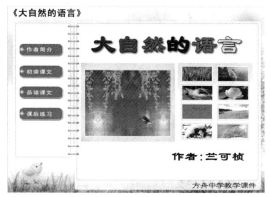

图4-7 课件"大自然的语言"效果图

4.1.2 排列对象

在 Flash 中,同一图层上,各对象在叠放时有上下顺序之分,上面的对象可以覆盖下面的对象。对象的上下顺序与创建时的次序有关,后创建的对象在先创建的对象上面。通过"排列"操作,可以很方便地调整对象的上下顺序。

实例2 古诗二首

本例是对应小学二年级语文《古诗二首》中的内容,利用课件向小学生展示春天池塘风景,体会到"小荷才露尖尖角,早有蜻蜓立上头。"的美妙画面,课件效果如图 4-8 所示。通过本例的学习,掌握调整舞台上对象的排列顺序的方法。

图 4-8　课件"古诗二首"效果对比图

课件是半成品,打开文件,将"库"中的素材拖到舞台上,再根据实际情况,使用"排列"命令调整对象的排列顺序。

跟我学

01 打开文件　运行 Flash 软件,打开"古诗二首(初).fla"文件。

02 调整"水面"对象的排列顺序　按图 4-9 所示操作,将对象"水面"移到舞台最底层。

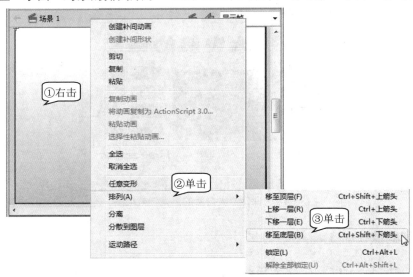

图4-9　调整"水面"对象的排列顺序

　调整对象的排列顺序,可以使用快捷键,如选中对象按 Ctrl+Shift+↑ 键可将对象移到顶层,按 Ctrl+↑ 键上移一层,按 Ctrl+↓ 键下移一层,按 Ctrl+Shift+↓ 键移到底层。

03 调整"边框"对象排列顺序　选中"边框",选择"修改"→"排列"→"移至顶层"命令,将"边框"移至顶层。

04 调整顺序　用同样的方法,调整舞台上各对象的排列顺序。

05 调整位置　使用鼠标拖动舞台上的对象,将舞台上的所有对象放置到合适位置。

06 **播放并保存文件** 按 Ctrl+Enter 键，播放动画，查看效果，并以"古诗二首(终).fla"为名保存文件。

创新园

01 打开"长颈鹿.fla"文件，调整舞台上的对象的排列顺序，效果对比如图 4-10 所示。

图4-10 课件"长颈鹿"效果对比图

02 打开"小蝌蚪找妈妈.fla"文件，调整舞台上对象的排列顺序，效果对比如图 4-11 所示。

图4-11 课件"小蝌蚪找妈妈"效果对比图

4.2 变形对象

制作 Flash 课件时，针对对象的编辑，很难做到一步到位，通常需要使用"任意变形"工具对对象不断地进行修改或细微的调整，才能得到理想的效果。将对象任意变形，可以单独执行某个操作，也可以将缩放、旋转、倾斜和扭曲等多个变形操作组合在一起执行。

对象的变形操作

4.2.1 缩放对象

缩放对象是将选中的图形对象按照需求缩小或放大，可以通过鼠标拖曳来缩放对象，也可以在"变形"面板中输入相应的宽度和高度百分比来缩放图形对象。

[实例3] 找规律

本例是小学一年级数学课件"找规律"的一个页面，通过本课件制作，学习使用"任意变形"工具和"属性"面板来缩放图形对象的方法，课件效果如图4-12所示。

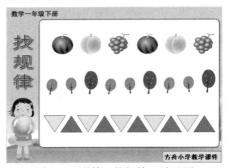

图4-12 课件"找规律"效果图

在 Flash 中，外部的图像可以导入"库"面板或直接导入舞台，"库"面板中的图像可以反复使用，拖到舞台上的对象可以使用变形工具或"属性"面板来缩放大小。

跟我学

■ 粗略缩放对象

选择工具箱中的"任意变形"工具，或者选择"修改"→"变形"→"缩放"菜单命令，对选中的对象进行缩放。

01 **打开文件** 运行 Flash 软件，打开"找规律(初).fla"文件。

02 **新建图层** 选中"背景"图层，单击"时间轴"面板上"新建图层"按钮，新建图层，命名为"水果"。

03 **添加对象** 单击"水果"图层的关键帧，打开"库"面板，将图像"西瓜"从库中拖到舞台的左侧。

04 **缩小对象** 按图 4-13 所示操作，将"西瓜"图像缩放到合适大小。

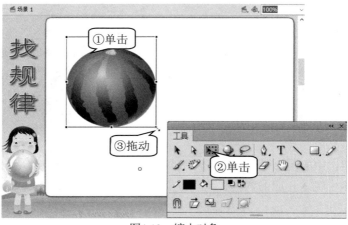

图4-13 缩小对象

在缩放对象的时候，按住 Shift 键拖动可以进行等比例缩放，或者在"属性"面板上，选中"约束纵横比"，即可以进行等比例缩放。

05 添加其他水果　用上面同样的方法，添加其他水果，并缩放到合适大小。
06 对齐对象　选中所有的水果，使用"对齐"面板，将水果对齐，效果如图 4-12 所示。

■ 精确缩放对象

在"属性"面板的"位置和大小"选区中，可以输入对象的高与宽，精确设置对象的大小。

01 新建图层　在"水果"图层上方新建图层，命名为"小树"。
02 添加对象　选中"小树"图层的关键帧，将图像"树 1"拖到舞台上。
03 缩小对象　按图 4-14 所示操作，选中"锁定宽度与高度值"，并将对象高度设置为"80"。

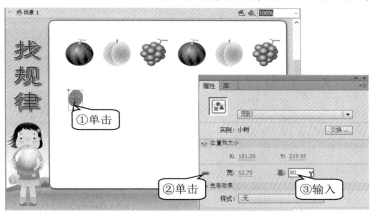

图4-14　缩小对象

 "属性"面板的"位置和大小"选区中，按钮""表示宽度值与高度值不锁定在一起，单击该按钮，即变成""，表示宽度值与高度值锁定。

04 添加其他树木　用上面同样的方法，添加其他树木，并缩放到合适大小。
05 对齐树木对象　选中所有的树木，使用"对齐"面板，将树木对齐。
06 添加形状对象　在"小树"图层上方新建图层，命名为"形状"，选中"形状"图层的关键帧，添加形状对象，效果如图 4-12 所示。
07 播放并保存文件　播放动画，查看效果，并以"找规律(终).fla"为名保存。

知识库

1. 缩放变形框

工具箱中的"任意变形"工具与"修改"菜单中的"变形"命令的功能相同，都可以对图形对象进行缩放、旋转、倾斜、扭曲等变形操作。选中图形对象后，在图形的四周显示出变形框，上面有 8 个控制点，在所选对象的周围移动鼠标，指针会发生变化，提示可以进行何种变形功能。如果将指针指向变形框四角的某个控制点时，可以缩小或放大图形对象；如果将指针指向变形框四角的某个控制点外部，并且与该控制点保持一定的距离，则可以对图形进行旋转。

2. 通过"变形"面板缩放对象

通过"变形"面板也可以缩放对象。选中要缩放的图形对象，选择"窗口"→"变形"命令，弹出"变形"面板，按图4-15所示操作，输入对象的长宽百分比后，按Enter键，即可缩放图形对象。

3. 通过"信息"面板缩放对象

选中要缩放的图形对象，选择"窗口"→"信息"命令，在弹出的"信息"面板中，按图4-16所示操作，输入气球的宽度和高度，从而缩放图形对象。

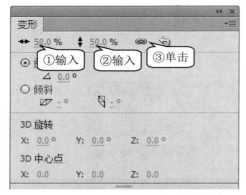

图4-15 使用"变形"面板缩放图形对象

图4-16 在"信息"面板中输入图形对象的大小

创新园

01 打开"挖掘机.fla"文件，将舞台上的对象缩放到合适大小，效果如图4-17所示。

图4-17 课件"挖掘机"缩放效果图

02 打开"火箭.fla"文件，将舞台上的对象缩放到合适大小，效果如图4-18所示。

图4-18 课件"火箭"缩放效果对比图

4.2.2 旋转和倾斜对象

旋转和倾斜是比较常用的操作,可以通过"任意变形"工具拖曳变形框控制点,或者在"变形"面板中输入数值来旋转和倾斜所选对象。

实例4 种上一片太阳花

本例是小学四年级语文课件"种上一片太阳花"中的一个动画,如图4-19所示,通过图形的旋转,让学生直观感知太阳花的美。通过本实例的学习,掌握 Flash 中舞台上对象的旋转和倾斜的方法。

图4-19 课件"种上一片太阳花"效果图

每朵向日葵由 12 朵花瓣组成,制作时,先绘制一朵花瓣,再将"花瓣"图层复制 11 次,使用"旋转"命令或"变形"面板,将花瓣分别进行旋转,即可组成向日葵花图案。对每朵向日葵元件倾斜一定的角度,即可做出不同角度的向日葵。

跟我学

■ 制作花芯

若要制作向日葵花朵,应先添加一个元件,然后利用"椭圆"工具绘制花盘,再通过"线条"工具绘制方格,完成花芯的绘制。

01 打开文件 运行 Flash 软件，打开"种上一片太阳花(初).fla"文件。
02 新建元件 选择"插入"→"新建元件"命令，按图 4-20 所示操作，新建一个图形元件。

图4-20　新建图形元件

03 绘制椭圆 按图 4-21 所示操作，绘制一个椭圆。

图4-21　绘制椭圆

04 绘制线条 按图 4-22 所示操作，在椭圆上绘制线条，完成花芯的绘制。

图4-22　绘制线条

■ 制作"向日葵"元件

向日葵由 12 个花瓣、一个花芯、一个花茎组成，用复制图层的方法，让每个花瓣在一个图层上，并为图层命名，为后面制作动画做准备。

01 新建元件 选择"插入"→"新建元件"命令，新建一个"向日葵"图形元件。
02 添加花芯元件 在"向日葵"图形元件中，重命名"图层 1"为"花芯"，选中"花芯"图层的第 1 个关键帧，将"库"面板中的"花芯"元件拖到舞台上。
03 添加花瓣对象 在"花芯"图层上方，新建"花瓣 1"图层，选中"花瓣 1"图层的第 1 个关键帧，将"库"面板中的"花瓣"元件拖到舞台上，如图 4-23 所示。

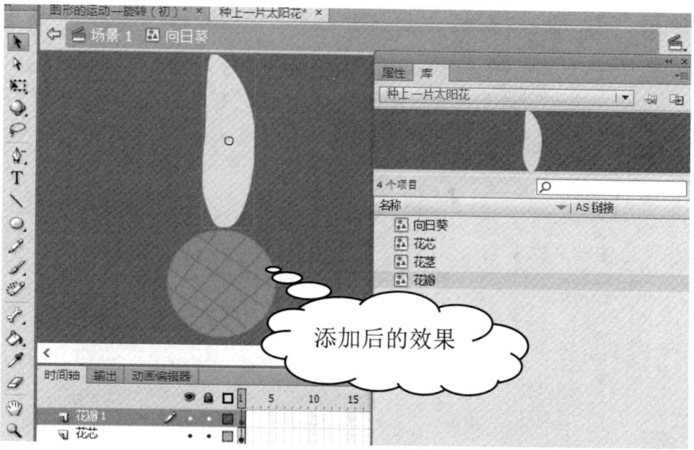

图4-23 添加对象

04 调整花瓣大小与位置 按图4-24所示操作，缩放花瓣到合适的大小，并调整到适当位置。

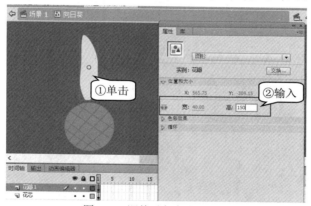

图4-24 调整对象大小与位置

05 复制图层 按图4-25所示操作，复制图层，并修改图层的名称为"花瓣2"。

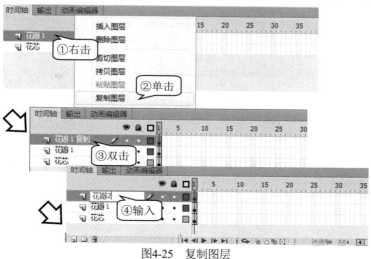

图4-25 复制图层

06 复制其他图层　用上面同样的方法，复制得到其他 11 个图层，并重新命名，效果如图 4-26 所示。

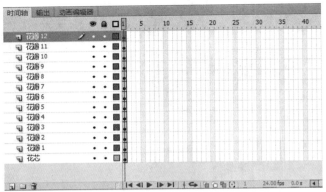

图4-26　复制其他图层

07 调整对象变形点　选中"花瓣 12"图层的关键帧，按图 4-27 所示操作，调整花瓣对象的旋转变形点。

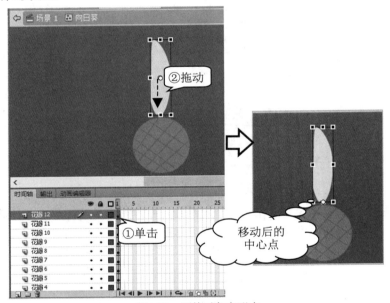

图4-27　调整对象变形点

08 旋转花瓣对象　选择"窗口"→"变形"命令，打开"变形"面板，按图 4-28 所示操作，将花瓣旋转"-30°"。

在 Flash 中，旋转的角度是 0°～360°，也可以表示为 0°～180°、-180°～0°，即 -72° 也可以表示为 288°。

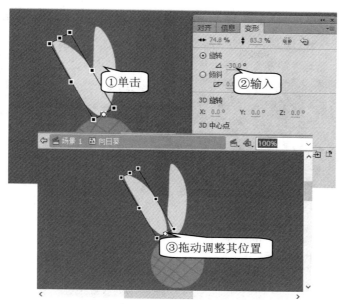

图4-28 旋转花瓣对象

09 旋转其他花瓣 用上面同样的方法，分别选中其他图层中的花瓣，分别设置它们的旋转度数为"-60°、-90°、-120°、-150°、-180°、150°、120°、90°、60°、30°"，再适当调整其位置，效果如图4-29所示。

图4-29 旋转其他花瓣

■ **完成课件制作**

在舞台中添加装饰及文字，再添加"向日葵"元件，并对其进行复制及变形，完成课件中不同形态向日葵的制作。

01 添加对象 在"文字"图层下方新建一个图层，重命名为"向日葵"，按图4-30所示操作，将"库"面板中的"花茎"元件和"向日葵"图形元件拖到舞台上，并适当调整其位置和大小。

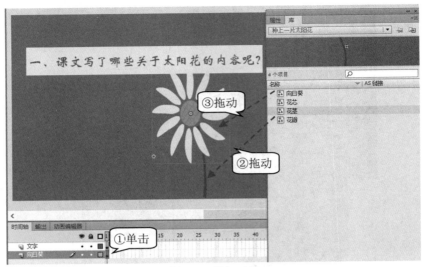

图4-30　添加对象

02 **倾斜对象**　选择"窗口"→"变形"命令,打开"变形"面板,按图 4-31 所示操作,将花瓣旋转 -20°。

图4-31　倾斜对象

03 **复制图层**　选中"向日葵"图层,复制该图层,并修改图层名为"向日葵 1""向日葵 2",效果如图 4-32 所示。

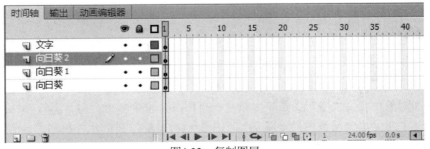

图4-32　复制图层

04 调整向日葵大小及位置　选中"向日葵 1"图层的第 1 个关键帧，利用"任意变形"工具，调整其大小和位置，按图 4-33 所示操作，修改其倾斜角度。

图4-33　调整对象大小及位置

05 调整其他对象大小及位置　按同样的方法，选中"向日葵 2"图层的第 1 个关键帧，调整该图层上花朵和花茎的大小和位置，如图 4-19 所示。

06 播放并保存文件　播放动画，查看效果，并以"种上一片太阳花(终).fla"为名保存文件。

1. 通过"变形"面板旋转

通过"变形"面板可以对图形和对象进行缩放、旋转、倾斜等操作，它变形的效果与使用"任意变形"工具和"变形"命令相同，更重要的是它可以对图形对象进行重置选区和变形操作。

选中要旋转和倾斜的图形对象，选择"窗口"→"变形"命令，打开"变形"面板，输入要旋转的角度和倾斜的角度，即可完成图形对象的旋转和倾斜，如图 4-34 所示。

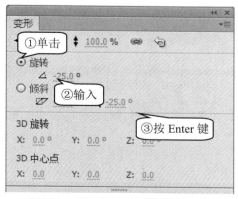

图4-34　使用"变形"面板旋转对象

2. 变形点

当选择旋转和倾斜后，除出现了变形框和控制点，在变形框的中央位置还有一个白色实心的圆，称为变形点。

所有的组、实例、文本和图像都有一个变形点，其主要作用是定位和变形。在默认情况下，每个对象的变形点就是对象实际的位置。若在旋转和倾斜前改变变形点的位置，则在旋转或倾斜时围绕的中心点会发生变化。

3. "3D旋转"工具

Flash 软件工具箱中还有"3D 旋转"工具，也可以旋转倾斜对象，只不过"3D 旋转"工具只适用于影片剪辑元件，并且只有在 ActionScript 3.0 文档中才能使用。

在工具箱中选择"3D 旋转"工具，可以在舞台上旋转影片剪辑元件，如图 4-35 所示，使用 3D 控件可以绕 x 轴、y 轴和 z 轴旋转。

图4-35 "3D旋转"影片剪辑对象

创新园

01 打开"雪花.fla"文件，用给定的图形，旋转后得到"雪花"图案，效果如图 4-36 所示。

图4-36 课件"雪花"效果图

02 打开"花瓣.fla"文件，用给定的图形，通过旋转制作出五瓣花的图案，效果如图 4-37 所示。

图4-37　课件"五瓣花"效果图

4.2.3 翻转对象

制作课件时，经常需要对课件进行翻转，对翻转的对象可以沿图形水平或垂直方向翻转；翻转的方法也有多种，通过拖曳、命令或是"变形"面板都可以翻转对象。

实例5 轴对称图形

本例是北师大版三年级《数学》下册第二单元"轴对称图形"课件中的一个画面，效果如图4-38所示，通过复制翻转半个蝴蝶图案，得到一个完整的蝴蝶，让学生体会轴对称图形的特点。

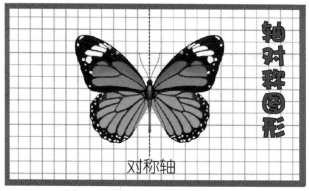

图4-38　课件"轴对称图形"效果图

新建图层，将已有的半个蝴蝶图案复制到新建图层上，再通过"修改"→"变形"→"水平翻转"命令，得到蝴蝶图案的另一半，再通过移动命令、"对齐"面板调整对象，得到完整的蝴蝶图案。

跟我学

- **01 打开文件**　打开"轴对称图形(初).fla"文件。
- **02 添加图层**　在"左半"图层上方添加一个新图层"右半"。
- **03 复制图案**　复制"左半"图层中的图案，并粘贴到"右半"图层中。
- **04 翻转对象**　选中"右半"图层的关键帧，选择"修改"→"变形"→"水平翻转"命令，将复制的图案水平翻转，效果如图4-39所示。

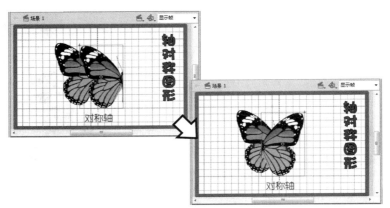

图4-39　水平翻转对象

 拖曳变形框垂直线中心处的控制点，可以沿水平方向翻转对象；拖曳水平线中心的控制点可以沿垂直方向翻转对象。

05 调整对象位置　选中翻转后的图案，拖到合适位置。

06 对齐对象　按图 4-40 所示操作，将选中的两个图案顶端对齐。

图4-40　对齐对象

07 保存文件　播放动画，查看效果，并以"轴对称图形(终).fla"为名保存文件。

1. 通过"变形"面板翻转对象

选中要翻转的图形对象，选择"窗口"→"变形"命令，打开"变形"面板。在"水平倾斜"参数框中输入 180°，可以水平翻转对象；在"垂直倾斜"参数框中输入 180° 可以垂直翻转对象，如图 4-41 所示。

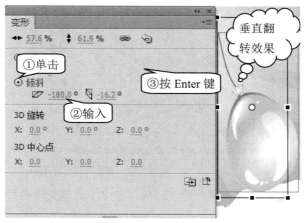

图4-41 垂直翻转对象

2. 通过命令翻转对象

选中舞台上的对象，选择"修改"→"变形"→"水平翻转"命令，可以水平翻转对象；选择"修改"→"变形"→"垂直翻转"命令，可以垂直翻转对象。

3. 使用"任意变形"工具翻转对象

选中舞台上的对象，单击工具箱中的"任意变形"工具，按图 4-42 所示操作，可实现水平翻转对象，用这种方法也可实现对象的垂直翻转。

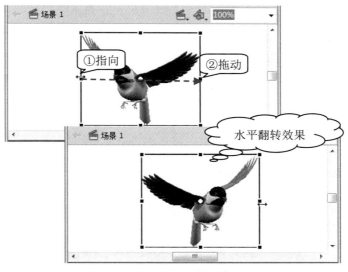

图4-42 水平翻转对象

创新园

01 打开"轴对称图形(剪纸).fla"文件，用给定的图形复制、翻转得到如图 4-43 所示的效果。

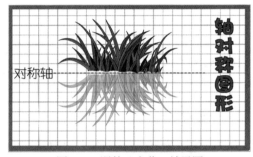

图4-43　课件"轴对称图形(剪纸)"效果图

02 打开"水草.fla"文件,复制水草图案,使用命令垂直翻转图案后,设置其透明度属性,效果如图4-44所示。

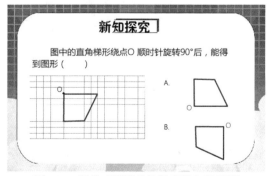

图4-44　课件"水草"效果图

4.2.4　扭曲对象

Flash中有时需要对选定的对象进行一些特殊的变形,这就需要用到"扭曲"工具。对选定的对象进行扭曲变形时,可以拖动边框上的角手柄或边手柄,移动该角或边,从而实现对象的变形需求。

| 实例6　图形的旋转变换

本例是人教版五年级《数学》下册"图形的旋转变换"课件中的一个画面,效果如图4-45所示。通过对矩形执行扭曲操作,可轻松地得到所需要的不规则四边形,从而让学生掌握快速变形对象的方法。

图4-45　课件"图形的旋转变换"效果图

新建图层，绘制一个矩形，再选择"修改"→"扭曲"命令，通过鼠标拖动图形锚点，从而得到需要的形状。

01 **打开文件**　打开"图形的旋转变换(初).fla"文件，选择"视图"→"标尺"命令，调出标尺，在右上角选择显示比例为 200%。

02 **添加辅助线**　按图 4-46 所示操作，添加四条辅助线。

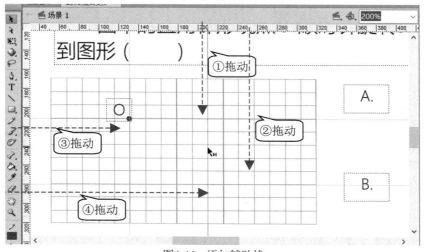

图4-46　添加辅助线

03 **新建图层**　在"文字"图层上方，新建一个图层，重命名为"梯形"。

04 **绘制图形**　选择"视图"→"贴紧"→"贴紧至辅助线"命令，选择"梯形"图层的第 1 帧，按图 4-47 所示操作，在参考线的交叉处绘制矩形。

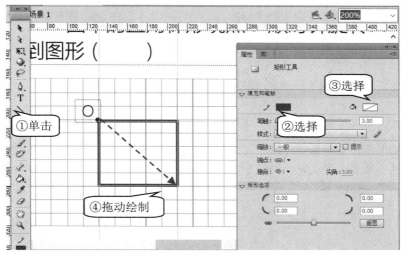

图4-47　绘制矩形

使用"贴紧至辅助线"命令，则在绘制图像时，可自动捕捉网格的边和角，从而更准确、方便地绘制图形。

05 扭曲矩形 按图4-48所示操作，选择"修改"→"变形"→"扭曲"命令，拖动锚点，扭曲矩形，使其变为一个梯形。

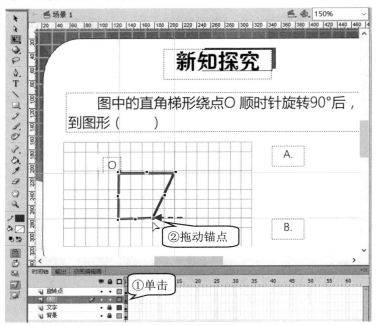

图4-48 扭曲矩形

06 复制图层 选中"梯形"图层，复制两个图层，分别重命名为"梯形1""梯形2"，效果如图4-49所示。

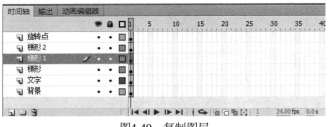

图4-49 复制图层

07 调整梯形1位置与形状 选中"梯形1"图层的第1帧，按图4-50所示操作，将梯形拖至适当位置，并选择"修改"→"变形"→"垂直翻转"命令，翻转梯形，并添加字母O来标识文字。

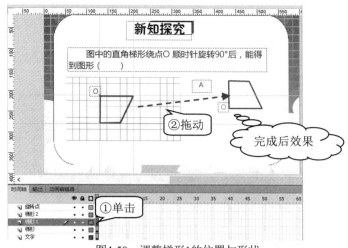

图4-50　调整梯形1的位置与形状

08 调整梯形2位置与形状　按同样的方法，调整梯形2的位置，选择"修改"→"变形"→"顺时针旋转90°"命令，旋转梯形，并添加O点标识文字，效果如图4-45所示。

09 保存文件　播放动画，查看效果，并以"图形的旋转变换(终).fla"为名保存文件。

创新园

01 打开"力的作用(初).fla"文件，绘制羊角锤图形，效果如图4-51所示。

02 打开"实验器具(初).fla"文件，使用绘图工具，绘制试管架和试管，并设置属性，效果如图4-52所示。

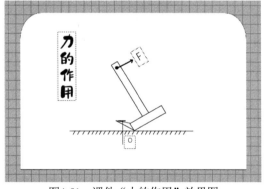

图4-51　课件"力的作用"效果图

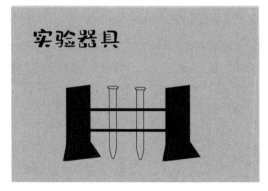

图4-52　课件"实验器具"效果图

4.2.5　封套对象

使用"封套"命令，可以通过调整封套的点和切线手柄弯曲或扭曲对象，快速地将一个形状扭曲成另一个形状。封套包含一个或多个对象，更改封套的形状会影响该封套内对象的形状，但其不能修改元件、位图、视频对象、声音、渐变、对象组或文本。

实例7　人工诱导多倍体的方法

本例是高中生物课件"人工诱导多倍体的方法"中的内容，如图 4-53 所示，通过本实例的学习，掌握不规则图形的绘制方法。

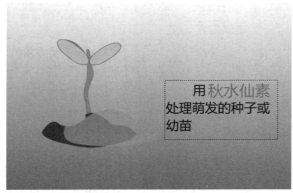

图4-53　课件"人工诱导多倍体的方法"效果图

课件为半成品，在现有基础上，绘制土壤。绘制土壤时，可先绘制一个椭圆，再利用封套工具，通过拖动锚点，对该椭圆进行变形，然后适当添加元件和文字，完成课件制作。

■ 绘制土壤

绘制一个椭圆，修改其边框和填充色后，再执行"封套"命令，对椭圆图形进行变形，直到满足所需即可。

01　打开文件　运行 Flash 软件，打开"人工诱导多倍体的方法(初).fla"文件。

02　绘制图形　在"背景"图层上方，新建一个图层，修改名称为"土壤1"，选择"土壤1"图层的第 1 帧，画出一个椭圆。

03　封套椭圆　按图 4-54 所示操作，选择"封套"工具，变形椭圆。

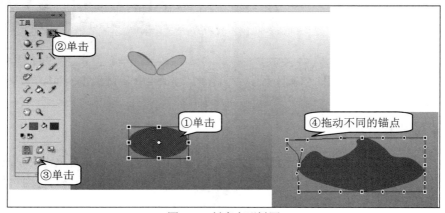

图4-54　封套变形椭圆

选择"封套"命令后,图形周围会出现方形和圆形两种形状的控制点,其中方形控制点是定位锚点,圆形控制点作为手柄用于扭曲图形。

04 绘制土壤2　在"土壤1"图层上方,新建一个图层,修改名称为"土壤2"。选择"土壤2"图层的第 1 帧,按同样的方法,画出一个椭圆,按图 4-55 所示操作,调整土壤 2 的形状。

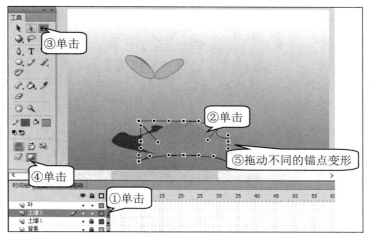

图4-55　绘制土壤2

 结束图形的封套过程,重新选择"封套"工具后,将重置锚点和手柄,允许更大限度地扭曲图形。

05 设置透明度　选中"土壤2",选择"修改"→"转换为元件"命令,将其转换为"土壤2"图形元件,然后按图 4-56 所示操作,修改其透明度为 75%。

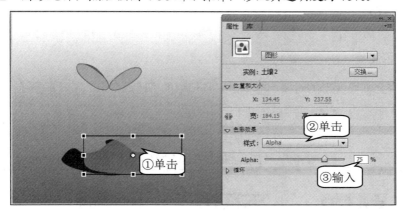

图4-56　设置透明度

 元件不能直接执行封套命令。若想对元件进行进一步变形,要先进入元件编辑状态,才能使用"封套"工具。

■ 完成课件内容

土壤绘制成功后，根据需求，适当添加花茎和文字，并修改其大小和位置即可。

01 添加花茎 在"背景"图层上方，新建一个图层，修改名称为"花茎"。选择"花茎"图层的第1帧，从"库"面板中拖入"花茎"图形元件，并适当调整其大小和位置，如图4-57所示。

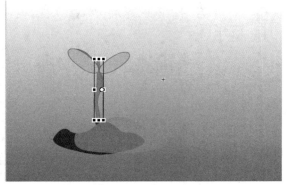

图4-57 添加花茎

02 调整叶片大小和位置 选中"叶"图层，利用"任意变形"工具，适当调整叶片的大小和位置。

03 添加文字 新建"文字"图层，添加文字"秋水仙素"，将其属性设置为"微软雅黑、30点、红色"；再添加文字"用   处理萌发的种子或幼苗"，将其属性设置为"微软雅黑、25点、黑色"，效果如图4-53所示。

04 保存文件 以"人工诱导多倍体的方法(终).fla"为名保存文件。

知识库

1. 任意变形工具

先选择舞台上需要变形的对象，再单击工具箱中的"任意变形"工具，在工具箱下方会显示"旋转与倾斜"工具、"缩放"工具、"扭曲"工具和"封套"工具4个选项。选择其中一个选项，即可对对象进行相应的变形，各选项的变化效果如表4-1所示。

表4-1 "任意变形"工具各选项变化效果

旋转与倾斜				
	原始图	水平倾斜	垂直倾斜	旋转

(续表)

缩放	原始图	放大	缩小	
扭曲	原始图	扭曲	扭曲	
封套	原始图	调整形状	调整形状	

2. 渐变变形工具

工具箱中的"渐变变形"工具 ,能够对具有渐变效果的对象的填充颜色进行调整,具体操作效果如表 4-2 所示。

表4-2 "渐变变形"工具各选项变化效果

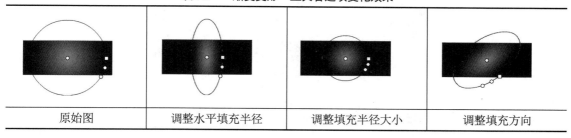

原始图	调整水平填充半径	调整填充半径大小	调整填充方向

创新园

01 新建文件,使用封套等命令,绘制图形,效果如图 4-58 所示,并将文件以"溶解.fla"命名保存。

图4-58 课件"溶解"效果图

02 打开"细胞的显微结构(初).fla"文件,使用封套命令绘制细胞核,再添加相应的文字,效果如图4-59所示。

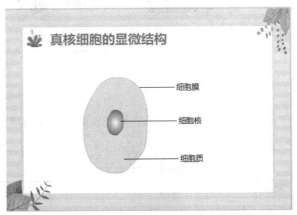

图4-59 课件"细胞的显微结构"效果图

4.3 合并对象

在 Flash 中,合并对象是通过命令实现的,通过对多个图形对象进行联合、交集、打孔、裁剪等操作,可以绘制出更复杂的图形对象。

合并对象

4.3.1 联合对象

使用"联合"命令,可以将两个或多个图形对象合并成为单个图形对象,用户可以很方便地对联合在一起的对象进行编辑。

实例 8 求阴影部分的面积

本例是六年级《数学》上册第四单元"圆的面积"课件中"求阴影部分的面积"页面内容，课件效果如图 4-60 所示。通过计算阴影部分面积，让学生复习正方形面积及圆形面积的计算方法。通过本实例的学习，掌握联合对象的方法。

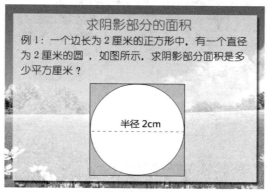

图4-60 课件"求阴影部分的面积"效果图

使用"矩形"工具与"椭圆"工具绘制圆形与正方形，再使用"属性"面板精确设置圆形与正方形的大小，将两个对象重叠起来，再使用"联合"命令，得到所需要的图形。

跟我学

■ 绘制图形

新建一个图层，修改图层名称，单独存放需要进行合并操作的两个图形对象。

01 打开文件 打开"求阴影部分的面积(初).fla"文件。
02 新建图层 在"文字"图层上方建立一个新图层，并命名为"图案"。
03 绘制正方形 选择"图案"图层的关键帧，按图 4-61 所示操作，绘制一个正方形。

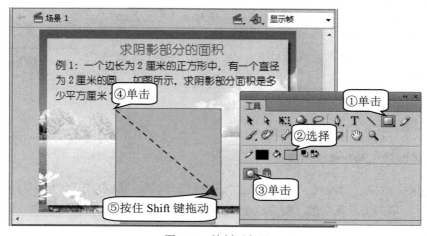

图 4-61 绘制正方形

单击"对象绘制"按钮 后，Flash 将每个图形创建为独立的对象，可以分别进行处理，互相不受影响。

04 修改正方形大小 按图 4-62 所示操作，将图案的大小修改为"宽：200，高：200"。

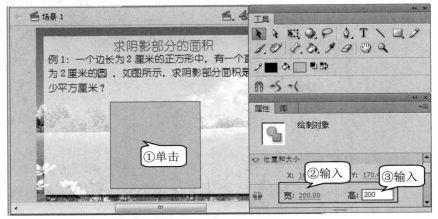

图4-62　修改正方形大小

05 绘制圆形 按步骤 03 的方法，选择"椭圆"工具 ，并将填充色设置为"白色"，按住 Shift 键拖动鼠标，在舞台上绘制一个圆形。

06 移动位置 拖动白色圆形，将图形移动到正方形的上方。

07 修改圆形大小 用上面同样的方法，将圆形的大小修改为"宽：198，高：198"。

■ 联合对象

选中绘制的两个图形，利用"联合"命令，可将两个对象快速地合并为一个新对象。

01 联合对象 同时选中正方形与圆形这两个对象，选择"修改"→"合并对象"→"联合"命令，将两个图形联合为一个新对象。

02 添加标注 在图形中添加红色虚线及文字标注"半径2cm"，效果如图 4-63 所示。

03 保存文件 播放动画，查看效果，以"求阴影部分的面积(终).fla"为名保存文件。

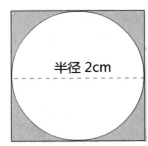

图4-63　添加标注

知识库

1. 合并绘制模式和对象绘制模式

Flash 提供了两种绘制模式，分别是合并绘制模式与对象绘制模式。切换这两种模式需要在绘制图形时，单击工具箱中的"对象绘制"按钮 。

- 合并绘制模式：在合并绘制模式下重叠绘制的图形时，会自动进行合并。如果选择的图形已与另一个图形合并，移动它则会永久改变其下方的图形形状。

- 对象绘制模式：在对象绘制模式下允许将图形绘制成独立的对象，并且在叠加时不会自动合并。分离或重排重叠图形时，也不会改变它们的外形。

2. 网格与辅助线

Flash 提供了标尺辅助参考线功能，使用网格和参考辅助线，可以快速确定图形位置，为整体动画设计布局提供了便利。右击场景边灰色区域，使用快捷菜单可以显示网格和辅助线，也可以在"视图"菜单中选择显示和隐藏网格、辅助线。

创新园

01 新建文件，绘制如图 4-64 所示图形，并以"三角烧瓶.fla"为名保存。

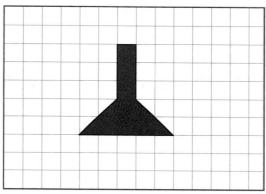

图4-64　绘制三角烧瓶

02 新建文件，绘制如图 4-65 所示图形，并以"圆底烧瓶.fla"为名保存。

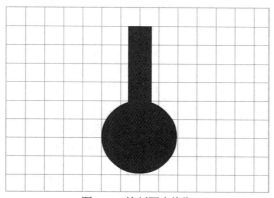

图4-65　绘制圆底烧瓶

4.3.2　交集对象

使用"交集"命令，可以创建两个或多个对象的交集，生成的形状由重叠的部分组成，并保留堆叠的最上层形状的填充和笔触，其余部分则会自动删除。

实例9　凸透镜的三条特殊光线作图

本例是北师大版八年级《物理》第六章第二节的课件"凸透镜成像"中"凸透镜的三条特殊光线作图"的画面内容，向学生展示了凸透镜三条特殊光线作图的情景，效果如图4-66所示。通过本实例的学习，掌握利用"交集"命令合成新图像的方法。

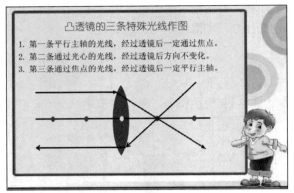

图4-66　课件"凸透镜的三条特殊光线作图"效果图

课件为半成品，在已有部分的基础上，使用绘图工具绘制两个椭圆形，再将两个椭圆重叠起来，使用"交集"命令，得到凸透镜的图案，完成作图。

跟我学

■ 绘制图形

新建一个图层，修改图层名称，单独存放需要进行合并操作的两个图形对象。

01　打开文件　运行Flash软件，打开"凸透镜的三条特殊光线作图(初).fla"文件。

02　新建图层　在"文字"图层上方新建图层，并命名为"凸透镜"。

03　绘制椭圆　选中"凸透镜"图层上的关键帧，按图4-67所示操作，绘制椭圆形。

图4-67　绘制椭圆

04 复制椭圆 选中椭圆，按住 Ctrl 键拖动，复制得到另一个椭圆，效果如图 4-68 所示。

图4-68 复制椭圆

■ **交集对象**

选中绘制的两个椭圆形，使用"交集"命令，可快速地将两个图形合并为一个新的形状。

01 移动对象 拖动一个椭圆对象到另一个椭圆上，使它们有部分重合。

02 对齐对象 按图 4-69 所示操作，同时选中两个椭圆对象，将对象设置为顶端对齐。

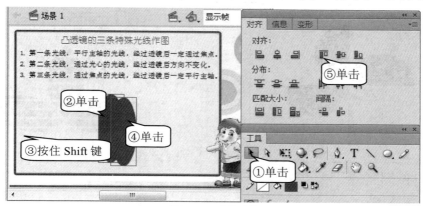

图4-69 对齐对象

03 移动对象 选中一个椭圆，使用方向键左右微调，使得两个图形之间的交集接近需要的凸透镜形状。

04 交集对象 同时选中两个椭圆形对象，选择"修改"→"合并对象"→"交集"命令，交集后形成一个凸透镜形状。

05 绘制光线 在"凸透镜"图层上方新建图层，命名为"光线"，绘制光线如图 4-70 所示。

06 调整大小与位置 选择"编辑"→"变形"→"缩放"命令，修改凸透镜的大小，并将其拖放到合适位置。

07 保存文件 播放动画，查看效果，以"凸透镜的三条特殊光线作图(终).fla"为名保存文件。

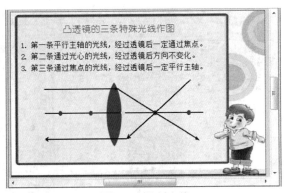

图4-70　绘制光线

01　新建文件，绘制图形后，选择"修改"→"合并对象"→"交集"命令进行合并，效果如图4-71所示，并以"风车.fla"为名保存文件。

02　新建文件，绘制图形后，选择"修改"→"合并对象"→"交集"命令进行合并，效果如图4-72所示，并以"标志.fla"为名保存文件。

图4-71　绘制风车图形

图4-72　绘制标志

4.3.3　打孔对象

当两个对象有交集时，使用"打孔"命令，可删除最上面的对象覆盖在下面所选对象的交叠部分，并完全删除最上面的形状，合并成为一个图形对象。

实例10　凹透镜的三条特殊光线作图

本例是北师大版八年级《物理》第二章第三节的课件"透镜成像"中"凹透镜的三条特殊光线作图"的画面内容，向学生展示凹透镜三条特殊光线作图的情景，效果如图4-73所示。通过本实例的学习，掌握利用"打孔"命令合成新图像的方法。

制作时，首先绘制两个椭圆形和一个长方形，并将这3个图形设置成相同高度；其次将两个椭圆中间留部分空，联合起来成为一个图形；最后将这个图形重叠到一个相同高度的长方形上，使用"打孔"命令，即可得到新的凹透镜图形。

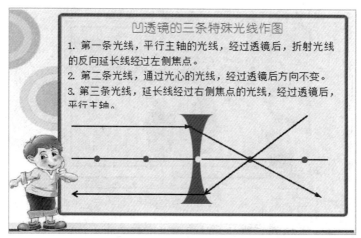

图4-73 课件"凹透镜的三条特殊光线作图"效果图

■ 绘制图形

新建一个图层,修改图层名称,单独存放需要进行合并操作的两个图形对象。

01 打开文件 运行软件,打开"凹透镜的三条特殊光线作图(初).fla"文件。

02 新建图层 在"文字"图层上方新建一个图层,并命名为"凹透镜"。

03 绘制椭圆 选中"凹透镜"图层上的关键帧,按图4-74所示操作,绘制椭圆形。

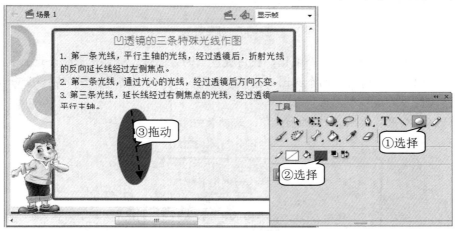

图4-74 绘制椭圆

04 复制椭圆 选中椭圆形,按住Ctrl键拖动,复制得到另一个椭圆,效果如图4-75所示。

图4-75 复制椭圆

05 对齐对象 按图 4-76 所示操作,将两个椭圆形设置为顶端对齐。

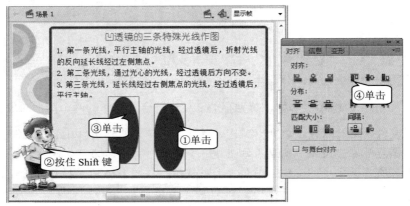

图4-76 对齐对象

06 移动位置 选中其中一个椭圆,使用键盘上的方向键,微移图形到合适位置。

07 联合对象 同时选中两个椭圆,选择"编辑"→"合并对象"→"联合"命令,将两个椭圆合并成一个图形。

08 绘制长方形 按图 4-77 所示操作,绘制长方形。

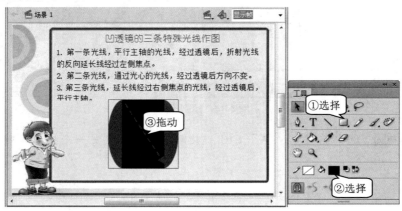

图4-77 绘制长方形

09 设置长方形的高度　选中长方形,按图4-78所示操作,将长方形的高度设置为与椭圆的高度相同。

图4-78　设置长方形的高度

■ **打孔对象**

选中绘制的两个图形,选择"打孔"命令,可将这两个图形合并为一个凹透镜图形。

01 对齐对象　同时选中两个椭圆与长方形对象,按图4-79所示操作,设置对象按顶端对齐。

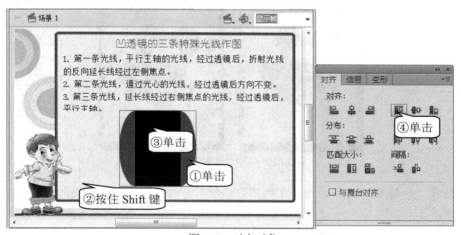

图4-79　对齐对象

02 排列图形位置　按图4-80所示操作,将长方形调整到椭圆形的下方。

03 打孔对象　按住Shift键,同时选中两个椭圆和长方形对象,选择"修改"→"合并对象"→"打孔"命令,合并图形为一个凹透镜形状。

04 调整大小与位置　选择"编辑"→"变形"→"缩放"命令,修改凹透镜的大小,并拖到适当位置。

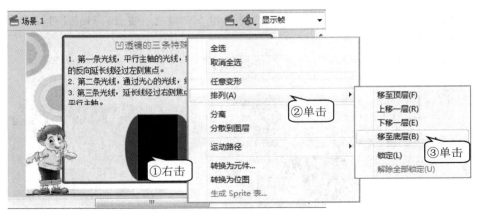

图4-80 排列图形位置

05 绘制光线 在"凹透镜"图层上方新建一个"光线"图层,用于绘制光线,效果如图4-73所示。

06 保存文件 播放动画,以"凹透镜的三条特殊光线作图(终).fla"为名保存文件。

创新园

01 打开"邮票.fla"文件,用给定的红色图形给白色矩形打孔,制作出如图4-81右图所示的效果。

图4-81 课件"邮票"效果图

02 打开"封面.fla"文件,用给定的图形,使用"打孔"命令,制作出如图4-82所示的效果。

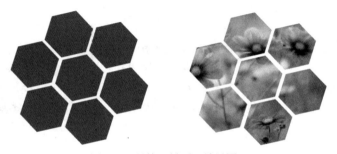

图4-82 课件"封面"效果图

4.3.4 裁切对象

使用"裁切"命令，可以删除最上面图形覆盖的形状部分，并完全删除最上面的图形形状。

实例 11　认识化学仪器

本例是九年级化学课件"认识化学仪器"的封面，为突出化学仪器的特点，在封面上特地使用了烧瓶等仪器，效果如图4-83所示。通过本实例的学习，掌握化学仪器烧瓶的绘制方法。

图4-83　课件"认识化学仪器"效果图

课件为半成品，在现有基础上，首先绘制圆形与矩形，使用"联合"命令，得到烧瓶的外形，其次通过"复制""粘贴"命令，得到另一个烧瓶，缩放后，选中两个图形，使用"打孔"命令，得到空烧瓶；最后绘制圆形与矩形，使用"裁切"命令得到瓶中液体。

跟我学

■ 制作空烧瓶

通过复制得到一个新的图形对象，并修改其大小、颜色，用新图形"打孔"原先的图形，得到一个空烧瓶。

01 打开文件　运行 Flash 软件，打开"认识化学仪器(初).fla"文件。

02 绘制图形　选择工具箱中的"椭圆"工具与"矩形"工具，分别绘制矩形与圆形，再选择"修改"→"合并对象"→"联合"命令，将两个图形合并为一个烧瓶图形，效果如图 4-84 所示。

03 复制图形　选中烧瓶图形，按住 Ctrl 键，拖动复制出一个新的图形。

04 修改图形颜色　按图 4-85 所示操作，修改新复制的图形对象颜色为"蓝色"。

图4-84　绘制图形

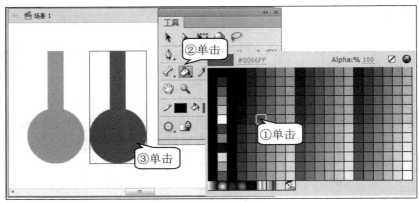

图4-85 修改图形颜色

05 缩小图形 选择"任意变形"工具 ，拖动缩小蓝色图形，如图4-86所示。

06 制作空烧瓶 将蓝色烧瓶移到橙色烧瓶的正上方，同时选中这两个对象，选择"修改"→"合并对象"→"打孔"命令，效果如图4-87所示。

图4-86 缩小图形

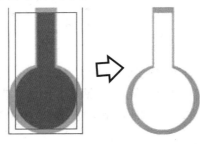

图4-87 制作空烧瓶

■ **制作瓶中液体**

"裁切"操作可用上面的图形删除下面图形的某些部分，利用"裁切"操作制作出玻璃烧瓶中液体的效果。

01 绘制圆形 选择"椭圆"工具，选择蓝色填充色，按住Shift键，拖动鼠标，绘制圆形。

02 绘制矩形 选择"矩形"工具，选择黄色填充色，按住Shift键，拖动鼠标绘制矩形。

03 制作烧瓶中的液体 同时选中两个对象，选择"修改"→"合并对象"→"裁切"命令，效果如图4-88所示。

04 移动对象 移动烧瓶中的液体至空烧瓶内，并调整大小和位置，效果如图4-89所示。

05 保存文件 以"认识化学仪器(终).fla"为名保存文件。

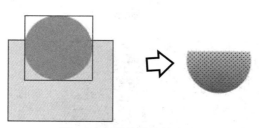

图4-88　制作烧瓶中的液体　　　　　　　图4-89　绘制好的烧瓶图形

创新园

01　新建文件，使用联合、打孔、裁切等命令绘制烧瓶图形，效果如图4-90所示。
02　新建文件，使用联合、打孔、裁切等命令绘制三角烧瓶图形，效果如图4-91所示。

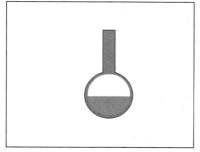
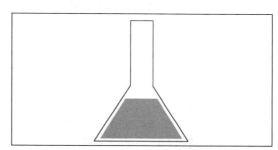

图4-90　制作烧瓶效果　　　　　　　　图4-91　制作三角烧瓶效果

4.4　编组对象

Flash 编组对象包括对图形对象的组合和分离两种操作。组合后的对象可以同时被移动、复制、缩放等。"分离"命令与"组合"命令的作用正好相反，它将已有的整体图形分离为可以进行编辑的矢量图形块，使用户可以对其再进行编辑。

组合与分离对象

4.4.1　创建对象组

将多个对象编组为一个整体，可以很方便地进行移动、复制、变形、旋转等操作。编组后的每个对象还能保持自己的属性及与其他对象的关系，如果要编辑组合中的某个对象，也可以在取消组合后再进行单个编辑。不仅是对象与对象之间可以编组，组与组之间也可以编组，一个组包含另一个组，就称为"嵌套"。

实例12　实验室制乙烯

在课件"实验室制乙烯"中，需要用到多个"导管"图形，这些图形并非一个整体，如果要逐个做移动、复制、变形等操作比较麻烦，在本实例中将学习如何将多个对象编组成一个对象，如图4-92所示。

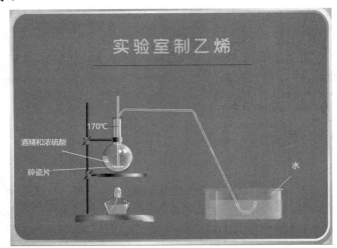

图4-92　课件"实验室制乙烯"效果图

跟我学

01 新建图层　运行Flash软件，打开"实验室制乙烯(初).fla"文件，在"标题"图层上方，新建一个图层，重命名为"试管"图层。

02 添加试管对象　选中"试管"图层的第1个关键帧，依次将"库"面板中的试管相关元件拖到舞台上。

03 修改大小与位置　调整各试管对象的大小与位置，效果如图4-92所示。

04 创建对象组　按图4-93所示操作，依次选择各个导管，选择"修改"→"组合"命令，创建一个对象组，使试管中的各个元件成为一个整体。

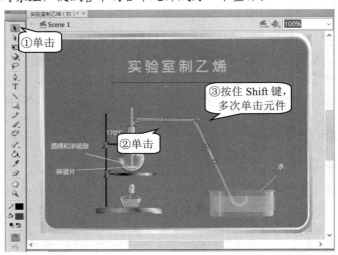

图4-93　创建对象组

05 保存文件 以"实验室制乙烯(终).fla"为名保存文件。

创新园

01 打开"实验天平.fla"文件,创建"天平"对象组,效果如图4-94所示。

图4-94 创建"天平"对象组

02 打开"有趣的半圆.fla"文件,将课件中的文字进行组合,并从"库"面板中拖入"鸭子"的相关元件至舞台,并创建"鸭子"对象组,效果如图4-95所示。

图4-95 课件"有趣的半圆"中的"鸭子"对象组

4.4.2 编辑对象组

组合后的对象可以作为一个整体进行移动、复制、变形,也可以进入编辑状态,逐一编辑对象组中的单个对象。

实例 13 What time is it?

本例是小学四年级英语课件"What time is it?"中的一个画面,效果如图4-96所示。通过本实例的学习,掌握对象组的相关编辑操作,如复制、旋转等。

图4-96　课件"What time is it?"效果图

打开文件,将时钟上各个对象组合为一个整体后,将其复制到其他文件中,然后双击对象组,可以进入并重新编辑。

■ **缩放对象组**

零散的时钟对象在进行缩放时,需要逐一操作,而将其组合为一个对象,整体执行缩放操作时,可以方便地调整时钟对象的大小。

01 选中对象　打开半成品课件"What time is it?(初).fla",框选组成时钟的所有对象,每个对象都显示蓝色边框。

02 创建对象组　选择"修改"→"组合"命令,创建一个对象组。

03 缩放对象组　按图4-97所示操作,将时钟缩放至舞台中央。

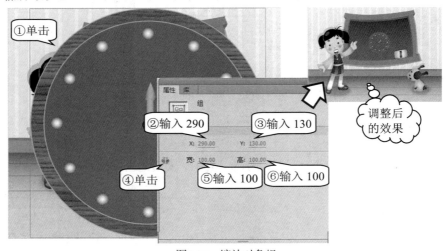

图4-97　缩放对象组

 编组的对象可以是形状、分离的位图或组等。如果想将对象组重新转换为单个的对象,则选中该对象组,选择"修改"→"取消组合"命令即可,快捷键为Ctrl+Shift+G。

■ 编辑对象组

对象组中单个对象也可以进行编辑，可以在组中添加新的对象，也可以调整时钟对象组中的时针和分针的角度，根据要求设定好时间。

01 **打开项目组**　单击"选择"工具，选择"编辑"→"编辑所选项目"命令，进入对象组。

02 **添加装饰**　将库面板中的"鹰.jpg"图像拖到时钟位置，并适当调整其大小和位置。

03 **旋转分针**　按图 4-98 所示操作，选择"任意变形"工具，当鼠标指针变成形状时，旋转调整分针的位置。

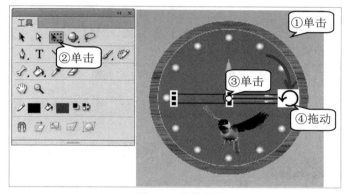

图4-98　旋转分针

 此时舞台上的其他非对象组中的元素会变成半透明状，表示无法编辑，只有属于时钟组的对象显示正常，处于可编辑状态。

04 **旋转时针**　用上面同样的方法，调整时针的位置，效果如图 4-99 所示。

图4-99　旋转时针

05 **返回主场景**　编辑完成后，双击舞台上的其他区域或单击 场景1 按钮，返回主场景。

06 **添加标题**　在当前的图层上方添加一个新图层，命名为"标题"，输入"What time is it?"，并设置为"Rockwell Extra Bold、22、白色"。

07 **保存文件**　以"What time is it?（终）.fla"为名保存文件。

创新园

01 打开"小黄花.fla"文件,编辑"花朵"组,将其中的部分花换成其他颜色,效果如图 4-100 所示。

图4-100　修改花的颜色前后对比图

02 打开"校园防疫小课堂.fla"文件,双击背景组合,将多余的内容删除,并适当更改标题文字位置,效果如图 4-101 所示。

图4-101　"校园防疫小课堂"课件修改前后对比图

4.4.3　分离对象组

分离对象,即分离组件,使用"分离"命令可以将组、文本、图像、元件、实例等从外部嵌入的对象转换为可以编辑的对象。

实例 14　风筝

本例制作的是人教版小学《语文》三年级上册"风筝"课件的封面,效果如图 4-102 所示。通过本实例的学习,可掌握图像与文字分离的操作方法。

使用"修改"→"打散"命令(或按 Ctrl+B 键)可分离图像与文字,分离后的图像与文字,可以使用工具重新编辑。

图4-102　课件"风筝"效果图

■ 分离位图

选中位图对象，使用"编辑"→"分离"命令，可以分离位图，再使用 工具，删除选中的背景。

01 打开文件 运行 Flash 软件，打开"风筝(初).fla"文件。
02 修改图层名称 在"作者"图层上方新建图层，修改图层的名称为"风筝"。
03 添加图像 选中"风筝"图层的第 1 个关键帧，打开"库"面板，将图像"风筝"拖到舞台上。
04 分离图像 选中"风筝"图像，选择"修改"→"分离"命令，将图像分离。
05 删除白色背景 按图 4-103 所示操作，删除白色背景。

图4-103　删除白色背景

 分离可使用"修改"→"分离"命令，也可以用鼠标右击对象，在快捷菜单中选择命令，或者使用组合键 Ctrl+B。

06 修改大小 选中"风筝"图像，单击工具箱中的"任意变形"工具，修改大小，并将其拖放到合适位置。

■ 分离文字

对文字图层进行两次分离操作，将文字对象打散，转换成轮廓，便于制作出特殊效果的文字。

01 新建图层 在"风筝"图层上方新建一个图层，命名为"标题"。
02 输入标题 选中"标题"图层中的第 1 个关键帧，使用工具箱中的"文本"工具 **T**，在舞台上输入文本"风筝"。
03 设置标题格式 选中文本"风筝"，设置标题的格式为"汉仪大黑简、120点、黄色"。

04 分离文字 选中文字,选择"修改"→"分离"命令,执行两次后,将文字打散为形状轮廓,效果如图 4-104 所示。

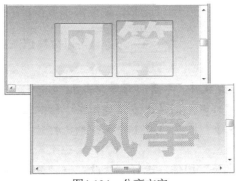

图4-104 分离文字

当一个对象包含多个整体对象或是经过多次组合时,需要执行多次分离操作才能完全分离成点状。

05 颜色描边 按图 4-105 所示操作,选择工具箱中的"墨水瓶"工具 ,用蓝色给标题文字描边。

图4-105 颜色描边

06 保存文件 以"风筝(终).fla"为名保存文件。

1. "分离"操作对对象产生的影响

尽管可以在分离对象后立即选择"编辑"→"撤销"命令取消操作,但是分离操作不是完全可逆的,它会对对象产生以下影响。

- 对文本进行分离时，会将每个字符分离成单独的文本块。
- 对单个文本字符分离时，则会将字符转换为轮廓。
- 切断元件与实例到其主元件的链接。
- 放弃动画元件中除当前帧之外的帧。
- 将图像转换为填充。

2. 颜色填充工具

在工具箱中，Flash 提供了两个颜色填充工具：①"颜料桶"工具 ，可以为图形填充选择的"填充颜色"；②"墨水瓶"工具 ，可以用选择的颜色为图形填充笔触颜色。这两个工具可以通过按住按钮在弹出的菜单中进行切换。

创新园

01 打开"My family.fla"文件，将家庭图像打散，并去除背景，效果如图 4-106 所示。
02 打开"数星星的孩子.fla"文件，为标题添加描边，效果如图 4-107 所示。

图4-106　课件"My family"封面效果图

图4-107　课件"数星星的孩子"封面效果图

4.5　小结和习题

4.5.1　本章小结

本章从介绍 Flash 中对象的基本操作开始，由浅入深地详细讲解了对象的选择、移动、复制和删除操作，还着重讲解了对象的编组、合并、变形，以及排列和对齐的操作方法及技巧，具体包括以下主要内容。

- **排列与对齐对象**：结合实例，主要介绍了精确对齐、排列对象的操作方法。
- **变形对象**：通过美术课件的制作，介绍了最基本的缩放、旋转和倾斜、翻转、扭曲、封套对象的操作方法。
- **合并对象**：通过绘制化学仪器，介绍了利用对象的联合、交集、打孔、裁切等操作实现复杂图形的制作方法。

- **编组对象**：主要介绍了创建对象、编辑对象，以及分离对象组的操作方法，还讲解了取消组合与分离的不同之处。

4.5.2 强化练习

一、选择题

1. 使用工具箱中的( )工具可以对文本块进行变形操作，就像对其他对象进行变形一样。
   A. 颜色　　　　　　B. 任意变形　　　C. 查看　　　　　D. 填充变形
2. 移动对象时，在按方向键的同时按住 Shift 键可大幅度移动对象，每次移动距离为( )像素。
   A. 1　　　　　　　B. 8　　　　　　　C. 10　　　　　　D. 20
3. 在对有很多字符的文本进行分离后( )。
   A. 每个文本块中只包含1个字符
   B. 每个文本块中只包含2个字符
   C. 每个文本块中只包含3个字符
   D. 每个文本块中只包含4个字符
4. 下列中用来选择不规则区域的工具是( )。
   A. 套索工具　　　　B. 选项工具　　　C. 选择工具　　　D. 钢笔工具
5. 在 Flash 中，以下复制对象的方法有误的是( )。
   A. 在舞台上选中对象之后按住Shift键直接拖动
   B. 右键选择"复制"和"粘贴"命令
   C. 选中对象，按Ctrl+D键复制
   D. 选择"编辑"→"复制"命令和"粘贴到中心位置"命令
6. 以下不属于分离操作对被分离对象造成的后果的是( )。
   A. 切断元件的实例和元件之间的关系
   B. 如果分离的是动画元件，则只保留当前帧
   C. 将图像转换为填充对象
   D. 将图像转换为矢量图形

二、判断题

1. 在 Flash 中，使用快捷键 Ctrl+G，可分离选中的图形对象。　　　　　　　　　　( )
2. 选中两个图形对象后，使用"对齐"面板中的"匹配宽度"按钮，可使这两个图形对象变得一样宽。　　　　　　　　　　　　　　　　　　　　　　　　　　　　　　( )
3. 在其他工具被激活时，按 Ctrl 键即可暂时切换到"选择"工具。　　　　　　　( )
4. 打开"对齐"面板的方法是选择"窗口"→"对齐"命令。　　　　　　　　　　( )
5. 群组对象功能可以将一些对象组合为一个整体，以后对这个整体的操作就像是对单个对象一样的简单。　　　　　　　　　　　　　　　　　　　　　　　　　　　　( )

第 5 章　制作课件动画效果

　　Flash 课件动画是多媒体教学的有益补充手段之一，具有兼容性好、趣味性强、交互性强、操作简单等优点，它能将一些抽象的原理、难以说清的现象和道理，以动画的效果直观清晰地表现出来，有效地帮助学生理解课堂教学中的重难点。使用 Flash 软件可以制作"逐帧动画""运动补间动画""形状补间动画""引导动画"和"遮罩动画"等几种常见动画，复杂的课件也是由这几种动画组成的。

■ 本章内容
- 制作逐帧动画
- 制作补间动画
- 制作引导和遮罩动画

5.1 制作逐帧动画

在课件制作过程中，经常有需要逐步呈现或表现细腻的动画，如课件中解说文字的打字效果、人物的连贯动作或火焰燃烧等动画。这些效果可以使用逐帧动画来完成，其原理是在"连续的关键帧"中分解动画动作，即在 Flash 时间轴上的每一帧按照一定的规律都有所变化。逐帧动画具有非常大的灵活性，几乎可以表现任何想表现的内容。

制作逐帧动画

5.1.1 文字逐帧动画

利用 Flash 中的逐帧动画，可以让文字逐个以打字的形式显示出来，此类动画可用于增强课件中文字显示的动感效果。

实例 1　机械功

本例制作物理学科中"机械功"课件中的文字显示动画，要制作的是在两个木箱推动的过程中，下面将功定义的文字一个一个地逐个在舞台上显示出来，效果如图 5-1 所示。

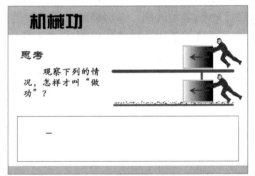 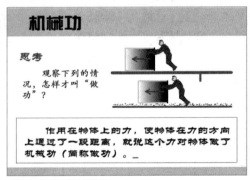

图5-1　课件"机械功"的文字显示效果图

在课件半成品的基础上添加图层，先制作好课件背景中所要用到的图片和图形，然后再制作文字逐一显示的逐帧动画，最后添加声音效果。

■ **制作"背景"图层**

"背景"图层包含标题文字、思考题文字和一个图形对象，制作时可以利用"文本"工具制作文字，并从"库"面板中拖动"水平面"元件到舞台。

01 输入标题　打开半成品课件"机械功(初).fla"，按图 5-2 所示操作，输入标题文字并设置字体格式。

图5-2 输入标题并设置格式

02 输入思考题 继续在舞台中输入思考题的相关文字，参照图 5-3 所示，设置文字格式。

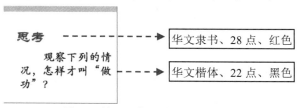

图5-3 输入思考题并设置文字格式

03 拖动"水平面"元件 按图 5-4 所示操作，将"库"面板中的"水平面"元件拖到舞台适当位置。

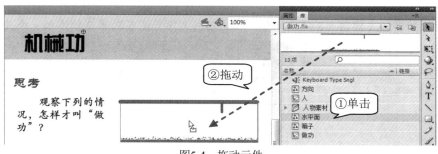

图5-4 拖动元件

04 拖动"做功"元件 按图 5-5 所示操作，将"库"面板中的"做功"元件拖到舞台上，效果如图 5-5 所示。

图5-5 "做功"对象的位置

■ 制作动态文字

动态文字是将文字逐个在舞台上显示，在制作时，可以采用每帧显示一个文字的方法。

01 添加图层 在"背景"图层上方添加一个新图层，并重新命名为"动态文字"。

02 添加文本框 按图5-6所示操作，在"动态文字"图层的舞台上绘制一个文本框。

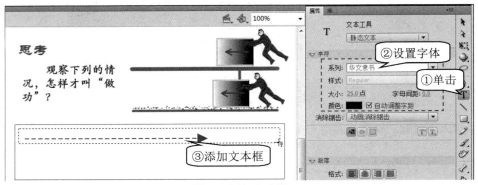

图5-6 添加文本框

03 添加空格和下画线 按图5-7所示操作，在文本框内添加两个空格，然后再输入一条下画线。

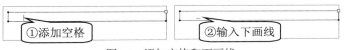

图5-7 添加空格和下画线

04 添加关键帧 按图5-8所示操作，在"动态文字"图层的第2帧添加一个关键帧。

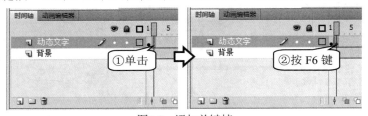

图5-8 添加关键帧

05 输入第1个字 选中"动态文字"图层的第2个关键帧，按图5-9所示操作，在下画线的前面输入第1个字"作"。

图5-9 输入第1个字

06 输入第2个字 在"动态文字"图层的第3帧添加一个关键帧，并在下画线"_"的前面输入第2个字"用"。

07 输入其他字 重复步骤06，每添加一个关键帧，在下画线"_"的前面添加一个汉字或标点符号，最终的时间轴和舞台效果如图5-10所示。

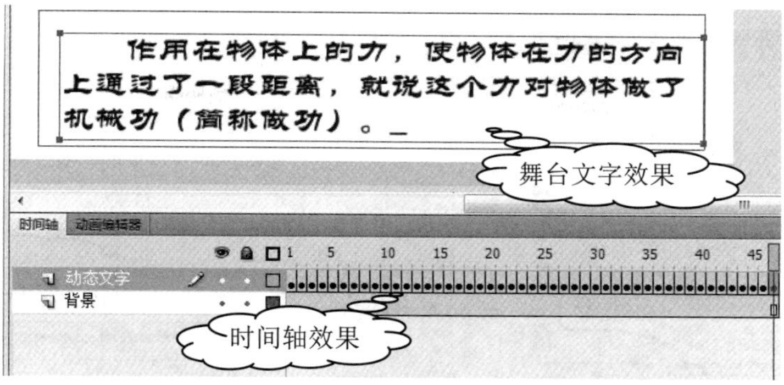

图5-10　输入其他文字

08 添加代码　按图5-11所示操作，在"动态文字"图层的最后一帧添加停止代码"stop( );"。

图5-11　添加停止代码

■ 制作"声音"图层

在"声音"图层添加一些声音效果，让动态文字在出现时配上打字的声音，这样会使课件更生动。

01 添加图层　在"动态文字"图层上方添加一个新图层，并命名为"声音"。

02 添加声音　单击"声音"图层的第 1 帧，按图 5-12 所示操作，给图层添加声音效果，并设置声音属性，让声音重复播放 47 次。

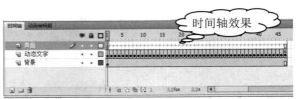

图5-12 添加声音

03 测试并保存课件 选择"控制"→"测试影片"命令，播放并测试课件，再选择"文件"→"保存"命令保存课件。

1. 逐帧动画

逐帧动画的制作，实际上就是改变连续帧内容的过程。帧代表着时刻，不同的帧即是不同的时刻，画面随时间的变化而变化，就形成了动画。在逐帧动画中，需要在每一帧上创建一个不同的画面，连续的帧组合成连续变化的画面，从而形成动画视觉效果。

2. 帧频

帧的速度是指动画播放的速度，帧速的单位是 f/s(帧/秒)，即每秒钟播放的帧数。帧速决定了动画播放的连贯性，帧速太慢，就会明显感觉动画播放的停顿；帧速太快，则会忽略动画的部分细节。

动画播放的连贯性还取决于计算机的处理速度和动画的复杂程度。同样的帧速在不同的计算机上播放，会产生不同的效果。Flash 默认的动画帧速为 5f/s，若需改变，可以通过选择"修改"→"文档"命令，在打开的"文档属性"对话框中设置"帧频"的值，如图 5-13 所示。

图5-13 修改帧频

创新园

01 参照图 5-14 所示的效果,制作人教版七年级《语文》上册中"少年正是读书时"课件的一部分,课件中的说明文字逐个在舞台上显示出来。

图5-14　课件"少年正是读书时"效果图

02 打开"倒计时(初).fla"文件,参照图 5-15 所示的效果,制作英语课件 5 秒倒计时效果,使数字 5~1 逐个在舞台上显示出来,并最终停在英语课件的封面上,字母呈现跳动效果。

图5-15　课件"倒计时"效果图

5.1.2　图形逐帧动画

　　Flash 还可以制作出图形逐帧动画,该动画具有非常高的灵活性,例如,在课件制作过程中涉及的走路的动作、说话时的口型及实验过程中火焰的燃烧等,都可以用图形逐帧动画来完成。

实例2　氧气的制取

　　本例制作初中化学学科中的"氧气的制取"课件中酒精灯的燃烧动画,如图 5-16 所示。课件中通过逐帧动画演示了酒精灯上火焰的燃烧过程,充分显现了使用 Flash 动画模拟演示课件的生动性,再现了科学实验和生活场景的无穷魅力。

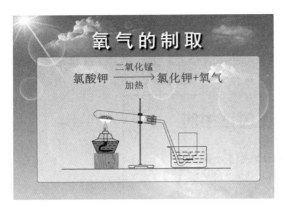

图5-16　课件"氧气的制取"效果图

课件主要是制作酒精灯燃烧的火焰，火焰包括外焰、中焰和内焰。利用逐帧动画制作技术完成火焰的燃烧动画。课件的其他素材从"库"面板直接拖到舞台中使用即可。

跟我学

■ 制作"火焰"

运用"铅笔"工具先绘制第 1 帧"火焰"，重复插入其他关键帧，分别调节每个关键帧上的"火焰"图形，形成逐帧动画效果。

01 新建影片剪辑　打开半成品课件"氧气的制取(初).fla"，选择"插入"→"新建元件"命令，按图5-17所示操作，新建一个名为"火焰"的影片剪辑。

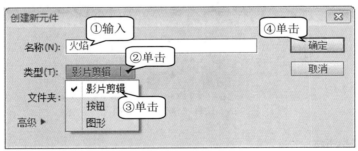

图5-17　新建影片剪辑

02 添加图层　在"图层1"上方添加"图层2"和"图层3"，并分别将3个图层命名为"外焰""内焰"和"焰心"，图层效果如图 5-18 所示。

图5-18　图层效果

03 设置外焰颜色 打开"颜色"面板,按图 5-19 所示操作,设置笔触色和填充色。

图5-19 设置外焰颜色

04 绘制外焰 单击"外焰"图层,在舞台上绘制矩形,并利用"封套"工具对其进行变形,变形后的效果如图 5-20 所示。

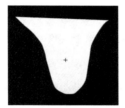

图5-20 外焰效果

05 添加普通帧 单击"外焰"图层的第 30 帧,按 F5 键添加普通帧,延长时间轴。

06 设置内焰颜色 按图 5-21 所示操作,在"颜色"面板中,设置笔触色为"无",填充色为"径向渐变"。

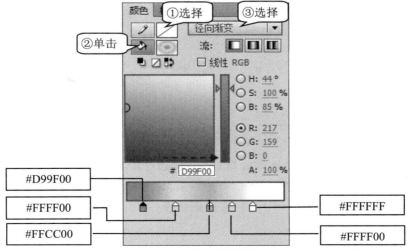

图5-21 设置内焰颜色

07 绘制火焰形状 按图 5-22 所示操作，选中"内焰"图层，选择"铅笔"工具绘制出火焰形状，使用"渐变变形"工具调整填充色使其逼真。

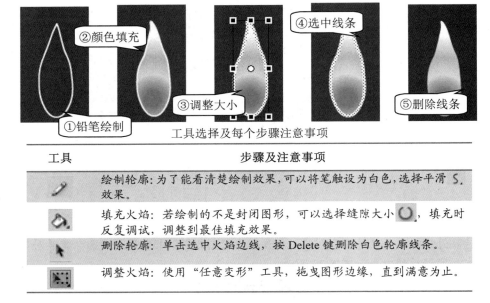

图5-22 绘制火焰内焰的步骤

 绘制"内焰"图层的图形时，为了防止误操作，无意中改变了绘制好的"外焰"，可以单击"锁定图层"按钮，将"外焰"图层锁定。

08 插入关键帧 分别在"内焰"图层的第 5、10、15、20 和 25 帧处按 F6 键插入关键帧，图层效果如图 5-23 所示。

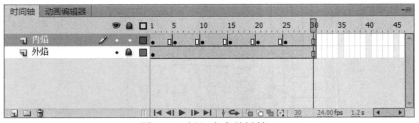

图 5-23 插入多个关键帧

 "内焰"的 6 个关键帧，就构成了一个逐帧动画。由于这些关键帧的图形都一样，并不能形成火焰燃烧的效果，因此需要修改每个关键帧中的图形。

09 打开"绘图纸外观" 按图 5-24 所示操作，选中第 1 帧，打开"绘图纸外观"。拖动"起始绘图纸外观"和"结束绘图纸外观"标记的指针至第 1、5 帧之间。

第 5 章 制作课件动画效果 | 171

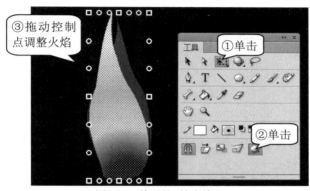

图5-24 调整"绘图纸外观"

 此时舞台上显示出两帧形状，其中第 5 帧图形显示在前，第 1 帧图形以暗色调显示在后，因为形状重叠，只能看到第 2 帧上的图形。

10 **修改第 5 帧火焰** 选中第 5 帧图形，按图 5-25 所示操作，选择"任意变形"工具中的"封套"工具，调整节点修改火焰的形状，然后用"任意变形"工具修改填充色的中心和大小。

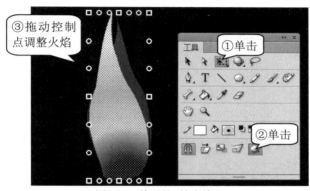

图5-25 修改第5帧火焰

11 **完成其他火焰** 按同样的方法，编辑各关键帧上的形状，效果如图 5-26 所示。

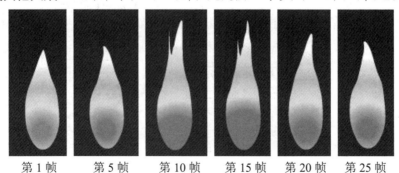

图5-26 各关键帧上火焰的形状效果

12 **测试火焰动画** 选择"控制"→"测试场景"命令，观察逐帧动画效果，如果对某一帧不满意，可以参考以上方法进行调整修改。

13 **绘制"焰心"** 选中"焰心"图层，调整填充颜色，利用"铅笔"工具，绘制一个"焰心"，效果如图 5-27 所示。

图5-27　焰心效果

■ **制作"酒精灯"**

"酒精灯"包括火焰、灯体和灯芯,在绘制灯体时可以先绘制多个矩形,然后再将矩形调整成梯形。灯芯的绘制可以使用"铅笔"工具完成。

01 创建影片剪辑　插入"酒精灯"影片剪辑,并建好图层,效果如图 5-28 所示。

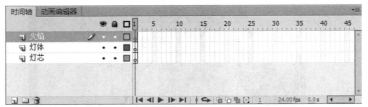

图5-28　"酒精灯"影片剪辑的图层效果

02 绘制"灯体"　单击"灯体"图层第 1 帧,在舞台中央绘制图形,图形属性和效果如图 5-29 所示。

03 绘制灯芯　锁定"灯体"图层,选择"铅笔"工具,在"灯芯"图层绘制出灯芯形状,使用"颜料桶"工具,将其填充为"#666666"灰色,效果如图 5-30 所示。

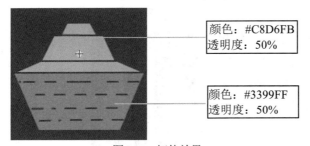

图5-29　灯体效果

图5-30　灯芯效果

"颜料桶"工具只能填充相对封闭的图形,所以在利用"铅笔"工具绘制灯芯时,要首尾相接,两端不留缝隙。

04 完成"酒精灯"制作　按图 5-31 所示操作,将"火焰"元件从"库"面板拖到舞台上,并适当调整其大小和位置。

05 返回主场景　单击 按钮,返回主场景。

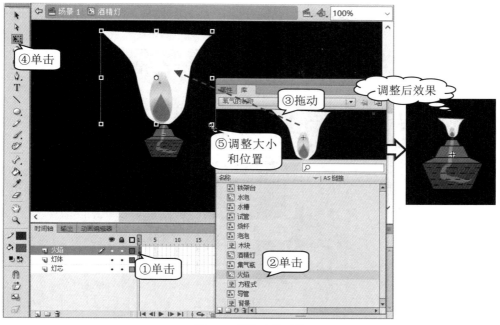

图5-31 添加火焰元件

■ 制作"背景"图层

该课件的"背景"图层内容包括背景图片、标题文字和化学反应式,为了简化操作,这里的化学反应式采用图片方式存储在"库"面板中。

01 重命名图层 将"图层1"重命名为"背景"。

02 拖动图片到舞台 按图5-32所示操作,从"库"面板中拖动"背景"图片到舞台,并设置图片的大小和位置。

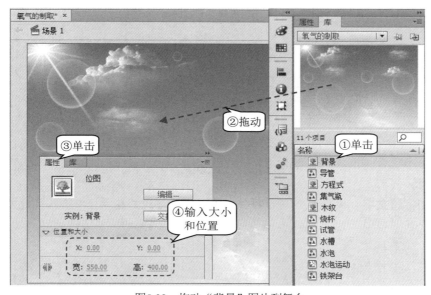

图5-32 拖动"背景"图片到舞台

03 设置矩形颜色 按图 5-33 所示操作，选择"矩形"工具，并设置矩形的笔触和填充效果。

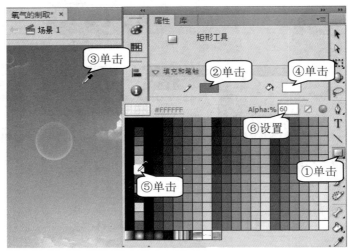

图5-33 设置矩形颜色

04 绘制矩形 按图 5-34 所示操作，设置矩形选项，并在舞台适当的位置绘制一个矩形。

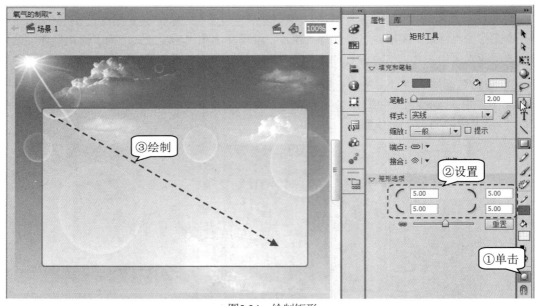

图5-34 绘制矩形

05 添加标题文字 按图 5-35 所示操作，设置字体格式并在舞台中输入标题文字。

图5-35　添加标题文字

06 设置标题滤镜　按图5-36所示操作，为标题文字设置滤镜效果。

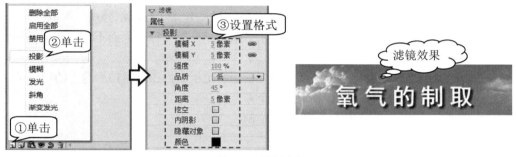

图5-36　设置滤镜

■ 布置"内容"

在场景1中添加"内容"图层，然后从"库"面板中拖动所有需要的元件到舞台上，调整位置组合成完整的课件。

01 添加图层　在"背景"图层上方添加一个图层，并命名为"内容"。

02 添加元件　从"库"面板中拖出所有需要的元件至"内容"图层，元件名称如图5-37所示。

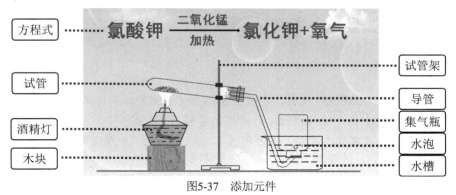

图5-37　添加元件

03 测试动画　选择"控制"→"测试影片"命令，测试动画，可以看到"蜡烛燃烧"的动画效果。

利用元件嵌套功能创建的动画，直接拖动"播放头"是看不到动画效果的，必须要通过影片测试才能查看，按 Ctrl+Enter 键可以测试整个影片。

04 保存课件 根据测试时查看的效果，对课件进行调试并保存。

1. "绘图纸外观"功能

通常情况下，Flash 在舞台中一次只显示动画序列一个帧的内容。使用"绘图纸外观"功能可以在舞台中一次查看多个帧。

选择"绘图纸外观"功能后，时间轴标题中出现了一对带有圆形的括号，那是"起始绘图纸外观"和"结束绘图纸外观"标记，拖动它们可以改变包含"绘图纸外观"的范围。

- 总是显示标记：会在时间轴标题中显示"绘图纸外观"标记，而不管"绘图纸外观"是否打开。
- 锚定绘图纸外观：会将"绘图纸外观"标记锁定于它们在时间轴标题中的当前位置。
- 绘图纸2：用于在当前帧的两边显示2个帧。
- 绘图纸5：用于在当前帧的两边显示5个帧。
- 绘制全部：用于在当前帧的两边显示所有帧。

2. 导入逐帧动画

逐帧动画是一种常见的动画形式，需要更改每一帧中的舞台内容，使每一帧中的图像都有所变化。在 Flash CS6 中，导入逐帧动画的方法有以下 3 种。

- 导入静态图片：分别在每帧中导入静态图片，建立逐帧动画，静态图片的格式可以是 JPG、PNG等。
- 导入序列图像：直接导入GIF格式的序列图像，该格式的图像中包含了多个帧，导入Flash 中后，将会把动画的每一帧自动分配到每个关键帧中。
- 导入SWF格式的动画：直接导入已经制作完成的SWF格式的动画，同样可以创建逐帧动画，或者导入第三方软件产生的动画序列。

01 打开"交通安全(初).fla"文件，参照图 5-38 所示的效果，利用库中的"红绿灯"元件，制作"交通安全日"课件中红绿灯闪烁的逐帧动画效果。

02 打开"看图说故事.fla"文件，参照图 5-39 所示的效果，利用逐帧动画，完成小鸟飞行的动画制作。

图5-38　课件"交通安全日"效果图

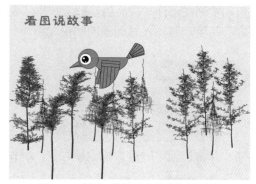
图5-39　课件"看图说故事"效果图

5.2　制作补间动画

补间动画是整个 Flash 动画设计的核心,也是 Flash 动画的最大优点。Flash 提供的补间特效,通过各种各样的手法,将课件中的动画表现得淋漓尽致。Flash 补间动画通常分为运动补间和形状补间两种形式,可以实现课件中需要物体的运动和形状发生变化的动画。

制作运动补间动画

5.2.1　运动补间动画

运动补间动画是指制作好若干关键帧的画面,由 Flash 自动生成中间各帧,使得画面从一个关键帧渐变到另一个关键帧的动画。在渐变动画中,Flash 存储的仅仅是帧之间的改变值,中间的动画由计算机自动处理。

实例3　运动和静止的相对性

本例制作初中物理学科中"运动和静止的相对性"课件中的游船运动动画,如图 5-40 所示。该课件中一只小船在水面上从左侧滑行到右侧,船上两人相对是静止的,而船与岸边的树则相对是运动的,进而描述运动和静止的相对性。

图5-40　课件"运动和静止的相对性"效果图

本实例在课件半成品的基础上制作，先添加好"游船"并制作好动画，然后再添加"文字内容"图层，并输入对动画的解说文字。

■ 制作"游船"图层

"游船"图层是一个运动渐变动画图层，先将对象拖到舞台左侧，然后在最后一帧添加关键帧，并将该帧中的对象拖到最右侧，制作动画。

01 新建图层 打开半成品课件"运动和静止的相对性(初).fla"，在"背景"图层上方添加一个新图层，命名为"游船"。

02 导入素材 选择"文件"→"导入"→"导入到库"命令，将素材"小船.swf"导入"库"面板中。

03 拖动元件 单击"游船"图层的第 1 帧，按图 5-41 所示操作，将元件"小船.swf"拖到舞台的左侧。

图5-41 拖动元件到舞台

04 再次拖动元件 按步骤 03 的方法操作，再拖动一个小船到舞台左侧，位置如图 5-42 所示。

05 翻转对象 选中下面一个小船，选择"修改"→"变形"→"垂直翻转"命令，将小船翻转过来，准备做上面小船的倒影，效果如图 5-43 所示。

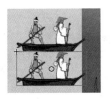

图5-42 小船位置

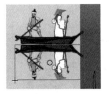

图5-43 翻转后的对象效果

06 设置透明效果 按图 5-44 所示操作，设置下面一个小船其透明效果"Alpha"的值为 20%。

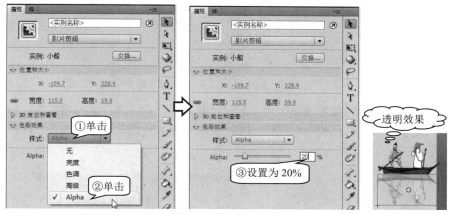

图5-44 设置透明效果

07 选中对象 按图 5-45 所示操作，同时选中两个小船。

08 组合对象 选择"修改"→"组合"命令，将小船和倒影组合成一个整体，效果如图 5-46 所示。

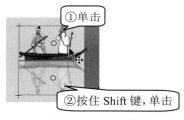

图5-45 选中小船

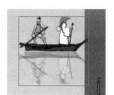

图5-46 组合小船

 若要制作运动渐变动画，则舞台上必须是一个对象，该对象可以是从"库"面板中拖出来的对象，也可以是几个对象的组合体。

09 制作最后一帧 按图 5-47 所示操作，在"游船"图层的第 270 帧添加关键帧，并将舞台上的游船对象移到舞台最右侧。

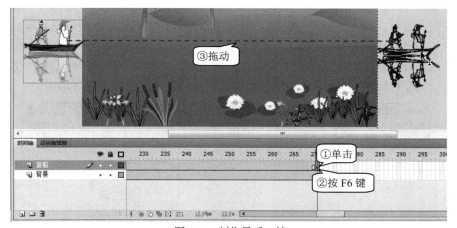

图5-47 制作最后一帧

10 创建动画 在"游船"图层的第 1~270 帧范围内右击,在弹出的快捷菜单中选择"创建传统补间"命令,创建动画。

■ 制作"文字内容"图层

添加一个文字图层,利用"文本"工具,在文字图层的舞台中输入相应的解说文字。

01 新建图层 在"游船"图层上方添加一个新图层,命名为"文字内容"。

02 输入文字 单击"文本"工具T,按图 5-48 所示操作,设置字体格式并在舞台中输入文字。

图5-48 输入文字

03 保存课件 测试并保存课件。

 知识库

1. 动作补间动画

在一个关键帧上放置一个元件,然后在另一个关键帧上改变该元件的大小、颜色、位置、透明度等,Flash 根据两者之间帧的值创建的动画称为"动作补间动画"。

- 构成动作补间动画的元素:构成动作补间动画的元素是元件,包括影片剪辑、图形、按钮、文字、位图、组合等,但不能是形状,只有把形状"组合"或转换成"元件"后才可以做"动作补间动画"。
- 动作补间动画在时间轴面板上的表现:动作补间动画建立后,"时间轴"面板的背景色变为蓝色,在起始帧和结束帧之间有一个长长的箭头,如图5-49所示。

图5-49 动作补间动画在时间轴上的表现

- 创建动作补间动画的方法：首先在"时间轴"面板上动画开始的帧，创建或选择一个关键帧并设置一个元件(一帧中只能放一个对象)；其次在动画要结束的帧，创建或选择一个关键帧并设置该元件的属性；最后单击开始至结束帧中间的任一帧，在"属性"面板上单击"补间"右边的▼按钮，在弹出的菜单中选择"动画"命令或右击，在弹出的菜单中选择"创建补间动画"命令，就建立了"动作补间动画"。

2. 动作补间动画的"属性"面板

在时间轴"动作补间动画"的起始帧上单击，帧的"属性"面板如图 5-50 所示。

- 缓动：双击"缓动"右边的数字，可以输入－100～100范围内的任意值。负值表示渐变动画将做加速运动，正值表示渐变动画将做减速运动，"0"(默认设置)表示匀速运动。
- 旋转：选择"无"(默认设置)可禁止元件旋转；选择"自动"可使元件在需要最小动作的方向上旋转对象一次；选择"顺时针"，并在后面输入数字，可使元件在运动时顺时针旋转相应的圈数；选择"逆时针"，并在后面输入数字，可使元件在运动时逆时针旋转相应的圈数。

图5-50　动作帧的"属性"面板

创新园

01 打开"运动与静止(初).fla"文件，参照图 5-51 所示的效果，利用动作补间动画，制作初中物理学科的"运动和静止的相对性"课件中的人物溜冰的动画。

图5-51　课件"运动和静止的相对性"效果图

02 新建一个 Flash 文档，参照图 5-52 所示的效果，制作高中物理学科的"单摆"课件中的重球摆动运动动画。

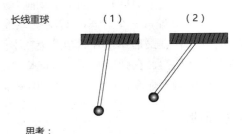

图5-52 课件"单摆"效果图

5.2.2 形状补间动画

形状补间动画是指舞台上的对象由一种形状变化到另一种形状,两个关键帧之间的帧也是由 Flash 自动生成,使得画面从一个关键帧渐变到另一个关键帧的动画。

实例 4 变形虫

本例制作生物学科中"变形虫"课件中的变形虫吞噬细菌的动画,课件运行界面如图 5-53 所示。该课件中左侧是一只变形虫的细胞结构图,右侧是变形虫吞噬细菌的动画。吞噬细菌的过程,由变形虫将伪足伸出来包围细菌的形状渐变动画来完成。

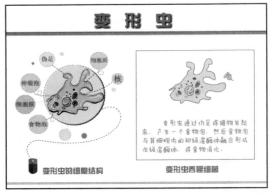 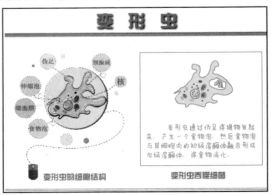

图5-53 课件"变形虫"效果图

本例在课件半成品的基础上制作,先制作好变形虫的"吞噬"动画,然后再将制作好的影片剪辑"吞噬"和其他元件添加到舞台。

■ 制作"吞噬"动画

新建一个影片剪辑,在影片剪辑内部制作变形虫吞噬细菌的形状渐变动画,其中的变形虫需要用"铅笔"工具绘制。

01 新建影片剪辑 打开半成品课件"变形虫.fla",插入一个"吞噬"影片剪辑,新建一个图层,并将图层命名为"变形虫"。

02 绘制变形虫 单击"变形虫"图层,选择"铅笔"工具,选择不同的颜色在舞台绘制一个变形虫,效果如图5-54所示。

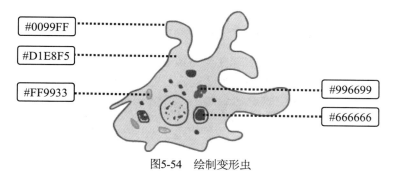

图5-54 绘制变形虫

03 添加关键帧 在"变形虫"图层的第20帧右击,在弹出的快捷菜单中选择"插入关键帧"命令。

04 显示锚点 选择"部分选取"工具 ,单击变形虫边框,显示如图5-55所示的"锚点"。

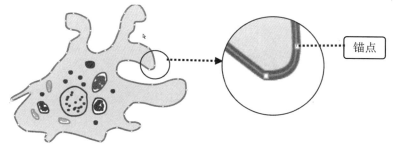

图5-55 图形锚点

05 调整形状 按图5-56所示操作,拖动锚点和锚点路径,调整变形虫的形状。

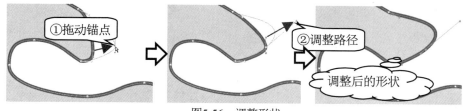

图5-56 调整形状

 变形虫形状的细微调整,还可以利用"选择"工具 将鼠标指针停留在曲线上,当鼠标指针变成 或 形状时,可以调整曲线的形状。

06 继续调整形状 继续调整变形虫的形状,变形虫伪足效果如图5-57所示。

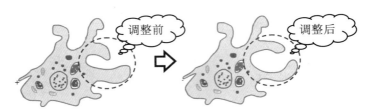

图5-57　变形虫伪足形状

07 制作动画　在"变形虫"图层的第1帧与第20帧之间右击,在弹出的快捷菜单中选择"创建补间形状"命令,制作形状渐变动画,图层效果如图5-58所示。

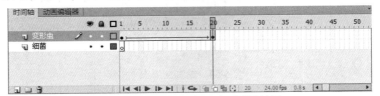

图5-58　"形状渐变"动画图层效果

08 继续制作动画　在"变形虫"图层第40帧处添加关键帧,将变形虫调整成如图5-59所示的形状,并创建第20帧至第40帧之间的形状补间动画。

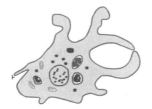

图5-59　继续制作变形虫动画

09 制作细菌动画　选择"细菌"图层,从"库"面板中拖动"细菌"元件到舞台,制作从第1帧到第40帧之间的传统补间动画,效果如图5-60所示。

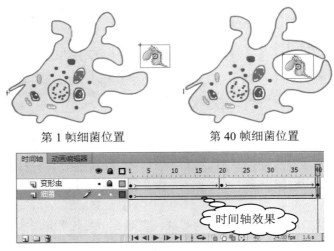

图5-60　细菌动画

10 添加普通帧　分别单击"变形虫"和"细菌"图层的第 60 帧，按 F5 键添加普通帧，作为动画的显示时间。

11 返回场景 1　单击 场景1 按钮，返回"场景1"，并保存文件。

■ 制作"内容"图层

"内容"图层的舞台内容包括变形虫的细胞结构图和前面制作的"吞噬"动画，将这些元件从"库"面板中拖到舞台上，然后添加说明文字。

01 添加图层　在"背景"图层上方添加一个新图层，命名为"内容"。

02 添加元件　从"库"面板中分别拖动元件"变形虫"和"吞噬"到舞台的适当位置，效果如图 5-61 所示。

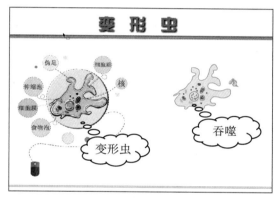

图5-61　添加元件

03 绘制矩形边框　单击"矩形"工具，按图 5-62 所示操作，设置颜色并在舞台中绘制一个矩形框。

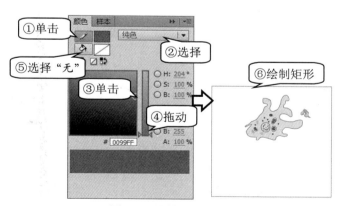

图5-62　绘制矩形边框

04 添加文字　单击"文本"工具，设置文字格式并在舞台中输入文字内容，效果如图 5-63 所示。

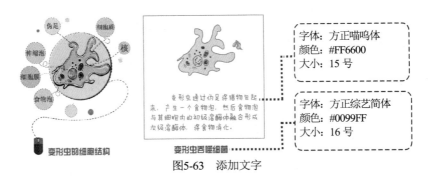

图5-63 添加文字

05 测试并保存课件 根据测试动画查看到的效果,对课件进行调试并保存。

1. 创建补间动画和创建传统补间

Flash 在创建动画时会出现创建补间动画、创建补间形状、创建传统补间 3 个选项,在制作动画时,不同的选项创建动画的方法是有一定区别的。

- 创建补间动画:首先确定开始帧;其次在该图层的关键帧上选择"创建补间动画"命令,此时,所在图层的时间轴会变成蓝色;最后在时间轴上选择需要添加关键帧的地方,直接拖动舞台上的元件,就会自动形成一个补间动画。补间动画的路径可以直接显示在舞台上,并且是有调动手柄可以调整的,添加后的效果如图5-64所示。
- 创建补间形状:其创建方法与创建补间动画的方法相同,创建后的时间轴效果与传统形状补间动画也一样,添加后的效果如图5-65所示。此方法多用于3D功能的动画。

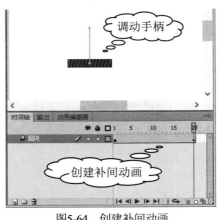

图5-64 创建补间动画

图5-65 创建补间形状

- 创建传统补间:顾名思义,就是传统的补间动画。其创建动画的方法是定头、定尾、做动画,即确定开始帧、结束帧,再创建动画,创建效果如图5-66所示。

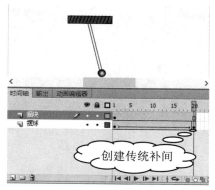

图5-66　创建传统补间

2. 补间动画

Flash 补间动画有两大类：动作补间动画和形状补间动画。制作补间动画过程中，选择不同的选项，时间轴上经常会出现不同的动画图示，如表 5-1 所示。

表5-1　时间轴上的动画图示及说明

帧显示状态	说明
	表示动作补间动画，关键帧用黑色的圆点表示，两个关键帧之间通过黑色的箭头连接，背景为淡蓝色
	表示形状补间动画，关键帧用黑色的圆点表示，两个关键帧之间也是通过黑色的箭头连接，背景为淡绿色
	虚线说明中间的过渡存在错误
	单独的关键帧以实心圆点表示，关键帧后面浅灰色帧表示内容没有发生变化，与关键帧中的内容相同，并且在范围的最后一帧有一个带矩形的黑色竖线
	如果某个关键帧单元格中有一个字母"a"，表示为该帧指定了动作，当动画运行到该帧时会执行相应的动作
	如果某个关键帧单元格中有一个小红旗，表示该帧包括了帧标签(起注释作用)

创新园

01 参照图 5-67 所示的效果，制作高中物理学科中"弹力"课件中的人物随安全带运动的动画。

图5-67 课件"安全带的作用"效果图

02 新建一个 Flash 文档,参照图 5-68 所示的效果,制作初中物理学科中"太阳能"课件中的太阳光线的运动动画。

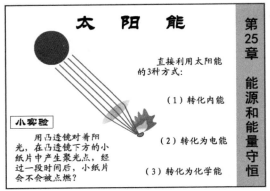

图5-68 课件"太阳能"效果图

5.3 制作引导和遮罩动画

"引导动画"在课件制作过程中,可以实现物体沿曲线运动的效果;应用"遮罩动画"可以只显示物体或动画的一部分,以实现类似蒙版"视窗"的效果。运用这种动画,可以使用 Flash 课件的呈现效果更加精彩。

制作引导动画

5.3.1 制作引导动画

Flash 提供了一种简便方法来实现对象沿着复杂路径移动的效果,这就是引导动画,也称路径动画。引导动画由引导层和被引导层组成,引导层用于放置对象运动的路径,被引导层用于放置运动的对象。通过对引导层和被引导层的编辑,可以轻松实现引导动画的制作。

实例 5　周长的认识

本例制作小学数学学科"周长的认识"课件中的计算树叶周长的动画,课件运行界面如图 5-69 所示。该课件以一只蚂蚁围绕树叶爬行的引导动画,形象地说明了如何测量不规则物体的周长。

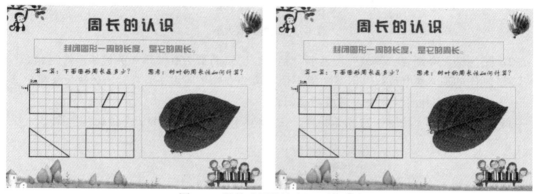

图5-69　课件"周长的认识"效果图

课件半成品中已经制作好"背景"图层,要完成整个作品的制作,需要先绘制几个规则的几何图形,然后再制作一个蚂蚁围绕树叶爬行的动画。

■ 制作"树叶"影片剪辑

在"树叶"影片剪辑中,需要沿树叶图片周边绘制一条树叶形状的曲线,然后制作蚂蚁绕曲线运动的引导动画。

01 新建影片剪辑　打开半成品课件"周长的认识(初).fla",插入一个"树叶"影片剪辑,新建一个图层,并对图层进行命名,效果如图 5-70 所示。

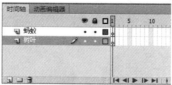

图5-70　影片剪辑的图层效果

02 添加元件　分别在"蚂蚁"和"树叶"图层中添加元件,效果如图 5-71 所示。

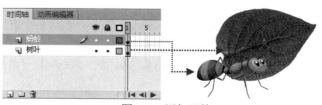

图5-71　添加元件

03 调整大小和位置 选择"任意变形"工具，按图 5-72 所示操作，调整蚂蚁大小。

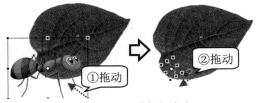

图5-72 调整蚂蚁大小

04 添加帧 分别在"蚂蚁"图层和"树叶"图层的第 200 帧添加关键帧和普通帧。

05 制作动画 在"蚂蚁"图层的第 1 帧与第 200 帧之间右击，在弹出的快捷菜单中选择"创建传统补间"命令，完成动画制作。

06 添加引导层 按图 5-73 所示操作，在"蚂蚁"图层上方添加一个传统引导层。

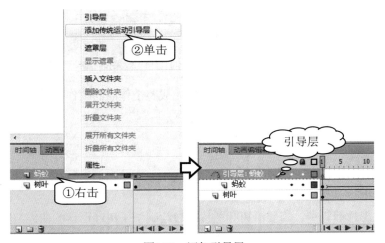

图5-73 添加引导层

07 绘制引导线 单击"铅笔"工具，在引导层舞台上沿树叶绘制一条首尾不封闭的曲线，效果如图 5-74 所示，然后在引导层的第 200 帧插入帧。

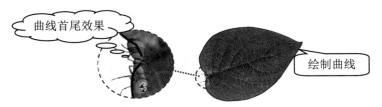

图5-74 引导线效果

08 调整蚂蚁开始位置 单击"选择"工具，并选中"紧贴至对象"选项，按图 5-75 所示操作，拖动蚂蚁吸附到曲线的起始位置。

09 调整蚂蚁结束位置 单击"蚂蚁"图层的第 200 帧，拖动蚂蚁吸附到曲线的终点，效果如图 5-76 所示。

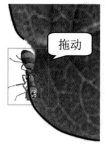
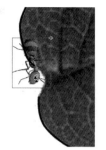

图5-75 调整位置　　　　　　　　　　　图5-76 蚂蚁终点效果

10 返回场景1 单击 场景1 按钮，返回"场景1"，并保存文件。

■ 制作"内容"图层

舞台上是几个常见的几何图形和"树叶"影片剪辑，几何图形包括正方形、长方形、平行四边形、三角形和L形等，这些形状可以利用绘图工具绘制。

01 添加图层 在"背景"图层上方添加一个新图层，并重新命名为"内容"。
02 绘制矩形 单击"矩形"工具，按图5-77所示操作，设置颜色并在舞台中绘制5个矩形。

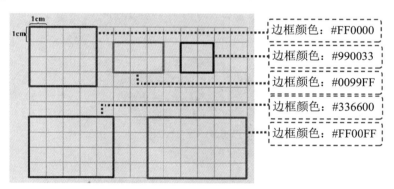

图5-77 绘制矩形

03 绘制平行四边形 选择"修改"→"变形"→"旋转和倾斜"命令，按图5-78所示操作，调整正方形的形状，使其变成平行四边形。

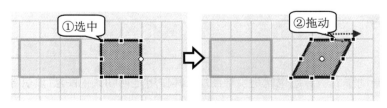

图5-78 绘制平行四边形

04 绘制三角形 单击"线条"工具，选择相应的颜色，按图5-79所示操作，在矩形上添加一条斜线，并删除多余的线条。

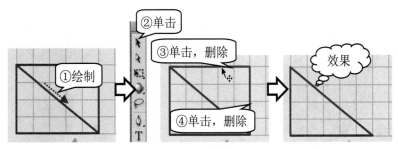

图5-79 绘制三角形

05 绘制L形 选择"线条"工具，按图5-80所示操作，绘制L形。

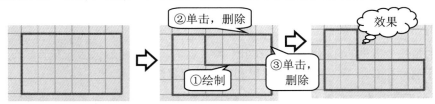

图5-80 绘制L形

06 拖动元件 从"库"面板中拖动"树叶"影片剪辑到舞台，效果如图5-81所示。

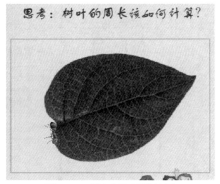

图5-81 "树叶"元件效果

07 保存动画 测试课件，不满意的地方再返回进行修改，保存课件。

1. 引导层

Flash中引导动画的引导层也就是引导图层，其作用是辅助其他图层(被引导层)中对象的运动或定位。

- 内容：只放置绘制的运动路径(引导线)。
- 作用：使对象沿着绘制的运动路径(引导线)运动。
- 图标：在引导层下方的图层称为"被引导层"，如图5-82所示，被引导层会比引导层往里缩进一些。

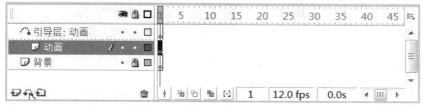

图5-82　引导层动画的图层关系

2. 引导线

引导层中的内容在动画播放时是看不见的，一般是用铅笔、线条、椭圆工具、矩形工具、画笔工具等绘制出来的线段作为运动轨迹。绘制引导线时需注意以下几点。

- 引导线不能封闭：引导线不能是封闭的曲线，要有起点和终点。比如想让对象做圆周运动、矩形运动或是任意文字形状运动，可以画个封闭线条，再用橡皮擦擦除一小块使封闭线段出现两个端点，效果如图5-83所示。

图5-83　各种不封闭引导线

- 线条必须连续：起点和终点之间的线条必须是连续的，不能间断，可以是任何形状。
- 转折处线条不宜过多：引导线转折处的线条弯转不宜过急、过多，否则Flash无法准确判定对象的运动路径。
- 引导线尽量平滑：引导线段尽可能平滑圆润，过于陡峭的引导线可能使引导动画失败。
- 重叠引导线：引导线允许重叠，比如螺旋状引导线，但在重叠处的线段必须保持圆润，让Flash能辨认出线段走向，否则会使引导失败。

3. 引导层动画的创建方法

引导层动画也可以由两个以上的图层组成，一个引导层下可以建立一个或多个被引导层。创建方法如下。

- 利用按钮：单击普通图层"时间轴"面板上的"添加引导层"按钮，该图层的上面就会添加一个引导层，该普通图层就缩进成为被引导层。
- 使用菜单命令：选中被引导层，选择"插入"→"时间轴"→"运动引导层"命令。
- 将普通图层转换为引导层：选中被引导层，右击，在弹出的菜单中选择"添加引导层"命令。

4. 多层引导动画

多层引导动画，就是利用一个引导层同时引导多个被引导层中的对象。一般情况下，创建引导层后，引导层只与其下的一个图层建立链接关系。如果要使引导层能够引导多个图层，可以将图层拖移到引导层下方,或者通过更改图层属性的方法添加需要被引导的图层。为一个引导层成功创建多个被引导层后,多层引导动画即创建完成。

创新园

01 参照图 5-84 所示的效果,制作人教版高中《化学》必修 2 中 "核外电子排布初步知识" 课件中的电子运动动画。

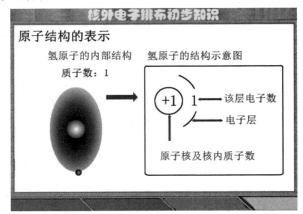

图5-84　课件 "核外电子排布初步知识" 效果图

02 打开 "干电池构造(初).fla" 文件,参照图 5-85 所示的效果,制作高中物理学科 "干电池构造" 课件中的运动动画。

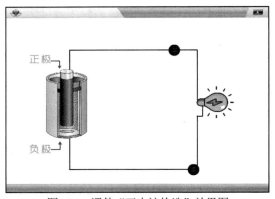

图5-85　课件 "干电池构造" 效果图

5.3.2　制作遮罩动画

遮罩动画是利用特殊的图层——遮罩层来创建的动画。使用遮罩层后,遮罩层下面图层的内容就像透过一个窗口显示出来一样,这个窗口的形状和大小就是遮罩层中的内容的形状和大小。在课件中制作遮罩动画能够将动画演示限制在一个形状或区域内,可以实现某些特殊的效果。

实例6 波的衍射

本例制作高中物理学科"波的衍射"课件中的波形动画,课件运行界面如图 5-86 所示。该课件演示了"波"通过不同大小的孔时,所表现出来的现象。

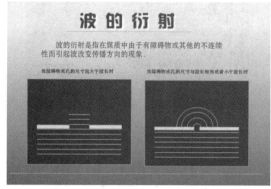 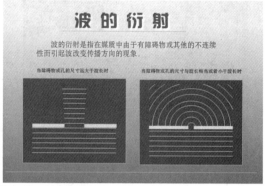

图5-86 课件"波的衍射"效果图

在课件半成品的基础上,制作两种波的衍射动画。这里的动画将用到前面学习过的运动补间动画,还将用到遮罩动画技术。

■ **制作水平波衍射**

"水平波衍射"影片剪辑是在"背景"图层的上方制作遮罩动画,由于波形需要循环播放,所以需要把"水平波纹"单独作为一个影片剪辑存放。

01 新建元件 打开半成品课件"波的衍射(初).fla",添加一个"水平波衍射"影片剪辑。

02 添加图层 修改"图层 1"名称为"背景",再添加两个图层,并分别为图层命名为"遮罩水平波"和"水平波",时间轴上图层效果如图 5-87 所示。

03 绘制背景 单击"背景"图层,利用"矩形"工具,在舞台上绘制背景图片,效果如图 5-88 所示。

 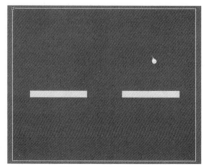

图5-87 图层效果　　　　　　　　图5-88 背景效果

04 添加水平波 从"库"面板中拖动"水平波"图形元件到"水平波"图层的第 1 帧，拖动后的位置效果如图 5-89 所示。

05 绘制遮罩图形 利用绘图工具，在"遮罩水平波"图层的舞台上绘制动画的遮罩区域，效果如图 5-90 所示。

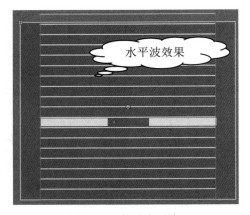

图5-89 拖动水平波　　　　　　　　图5-90 绘制遮罩图形

06 设置遮罩层 在"遮罩水平波"图层上右击，在弹出的快捷菜单中选择"遮罩层"命令，设置遮罩效果，图层效果如图 5-91 所示。

图5-91 遮罩层效果

■ 制作弧形波衍射

"弧形波衍射"是波通过小孔前后的衍射动画，分为两部分：一是在通过小孔前显示水平波纹；二是通过小孔后显示弧形波纹。

01 新建元件 插入一个"圆"影片剪辑，选择"椭圆"工具，在舞台上绘制一个圆。

02 调整大小和位置 在"图层 1"第 60 键，插入关键帧，按图 5-92 所示操作，设置圆的大小和位置。

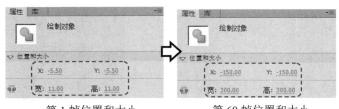

　　第 1 帧位置和大小　　　　　第 60 帧位置和大小

图5-92 调整圆的大小和位置

03 制作动画 右击"图层1"第1帧到第60帧之间的任意帧,在弹出的快捷菜单中选择"创建补间形状"命令,制作形状补间动画。

04 新建元件 插入一个影片剪辑,命名为"弧形波纹"。

05 制作图层1 从"库"面板拖动元件"圆"到舞台(坐标 X:0.00,Y:0.00),单击"图层1"的第60帧,按F5键,插入一个普通帧,延长时间轴的显示时间。

06 制作图层2 添加一个图层,名称默认为"图层2",在第5帧插入关键帧,拖动元件"圆"到舞台(坐标 X:0.00,Y:0.00),并在第60帧插入一个普通帧。

07 制作其他帧 参照上述步骤,制作其他图层,最终效果如图5-93所示。

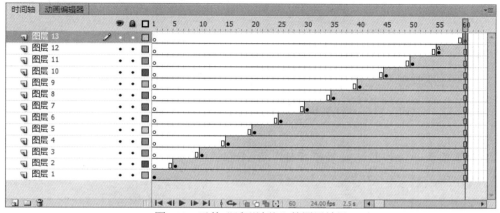

图5-93 元件"弧形波纹"的图层效果

08 复制元件 按图5-94所示操作,复制一个"弧形波衍射"影片剪辑。

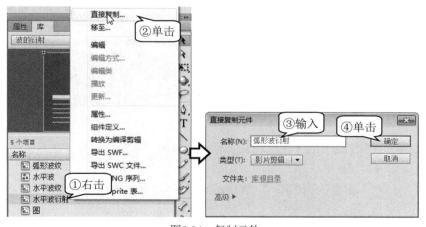

图5-94 复制元件

09 修改遮罩层 双击库面板中的"弧形波衍射"元件,按图5-95所示操作,调整"遮罩水平波"图层中的遮罩范围。

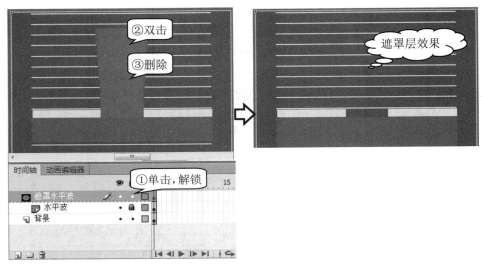

图5-95 修改遮罩层

10 **调整孔大小** 按图5-96所示操作,缩小通过波的小孔。

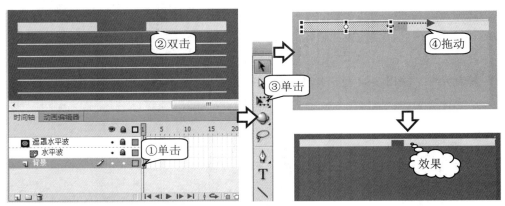

图5-96 缩小孔

11 **添加图层** 在"遮罩水平波"图层上方分别添加"弧形波"和"遮罩弧形波"图层,效果如图5-97所示。

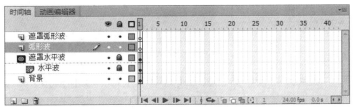

图5-97 图层效果

12 **添加图层内容** 按图5-98所示操作,分别在"弧形波"和"遮罩弧形波"图层中添加内容。

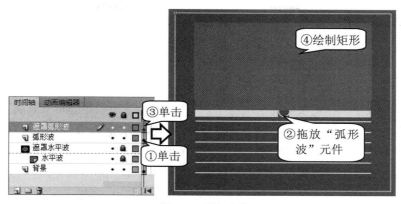

图5-98　添加内容

13　**设置遮罩层**　在"遮罩弧形波"图层上右击,在弹出的快捷菜单中选择"遮罩层"命令,设置遮罩效果。

14　**返回场景1**　单击  按钮,返回"场景1"。

15　**添加内容**　在"内容"图层中添加"水平波衍射"和"弧形波衍射"影片剪辑,并输入说明文字。

16　**测试并保存动画**　测试课件,不满意的地方再返回进行修改,保存课件。

知识库

1. "遮罩动画"原理

遮罩动画是Flash中的一个很重要的动画类型,很多效果丰富的动画都是通过遮罩动画来完成的。在Flash的图层中有一个遮罩图层类型,为了得到特殊的显示效果,可以在遮罩层上创建一个任意形状的"视窗",遮罩层下方的对象可以通过该"视窗"显示出来,而"视窗"之外的对象将不会显示。

2. 构成遮罩和被遮罩层的元素

遮罩层和被遮罩层的构成元素有相同点,也有不同点,制作遮罩动画时,需要特别注意,具体比较如表5-2所示。

表5-2　遮罩层和被遮罩层的元素比较

项目	图层	
	遮罩层	被遮罩层
相同点	对象内容包含按钮、影片剪辑、图形、位图、文字	
不同点	对象内容不能使用线条	对象内容可以使用线条
	播放时可见	播放时只有透过遮罩层中的对象可见

3. 应用遮罩技巧

遮罩在 Flash 中的应用非常广泛，很多美观的动画都是用遮罩做出来的，如"望远镜效果""探照灯效果"等，而遮罩层又是比较难以理解的。在制作遮罩动画时，需要注意以下事项。

- 被遮罩层只显示在遮罩层有东西的地方，能够透过遮罩层中的对象看到"被遮罩层"中的对象及其属性(包括它们的变形效果)，如火焰字动画效果。
- 遮罩层中的对象的许多属性如渐变色、透明度、颜色和线条样式等是被忽略的。
- 遮罩层只能是一个图层，而被遮罩层可以是多个图层。如果遮罩层的动画比较复杂，一个图层很难实现，则可把动画做到一个影片剪辑中。
- 因为线条不能做遮罩，所以如果是线条画出来的形状，则需先把线条转换为填充，选择"修改"→"形状"→"把线条转换为填充"命令即可。
- 文字要做遮罩，需要先把它打散为形状，即连续按Ctrl+B键两次再组合。
- 不能用一个遮罩层试图遮蔽另一个遮罩层。
- 动画既可以在遮罩层也可以在被遮罩层，在制作时可以灵活运用。
- 在制作过程中，遮罩层经常挡住下层的元件，影响视线，无法编辑，可以按下遮罩层"属性"面板中的"显示图层轮廓"按钮，使遮罩层只显示边框形状。在这种情况下，可以拖动边框调整遮罩图形的外形和位置。
- 当要在场景中显示遮罩效果或是测试影片时，必须锁定遮罩层和被遮罩层。

创新园

01 新建一个 Flash 文档，参照图 5-99 所示的效果，制作初中化学"燃烧与灭火"课件的封面，为封面中的文字填充动态燃烧火焰的效果。

02 参照图 5-100 所示的效果，制作初中地理学科"地球的自转"课件中的地球转动动画效果。

图5-99　课件"燃烧与灭火"效果图　　图5-100　课件"地球的自转"效果图

5.4 小结和习题

5.4.1 本章小结

利用 Flash 可以制作出界面美观、动静结合、声形并茂、交互方便的多媒体课件，而且其操作简便、易学、好用，同时又具有良好的兼容性。本章详细介绍了 Flash 课件的制作方法和技巧，具体包括以下主要内容。

- **制作逐帧动画**：主要介绍Flash逐帧动画的原理和制作方法，通过"文字逐帧动画"和"图形逐帧动画"实例，讲述了逐帧动画在课件中的运用。
- **制作补间动画**：通过"运动和静止的相对性"和"太阳能"两个课件实例，认识了补间动画分为"运动补间"和"形状补间"两种类型，并介绍了补间动画的制作方法和步骤。
- **制作引导和遮罩动画**：本节重点认识了Flash中的各种图层，其中运用"引导层"和"遮罩层"可以制作出物体沿引导线运动和遮罩的效果。通过实例课件制作，介绍了"引导""遮罩"动画在教学中的运用。

5.4.2 强化练习

一、选择题

1. 在 Flash 中，要选择一组非连续帧，可按下(　　)键，然后单击要选择的各帧。
   A. Shift　　　　　B. Alt　　　　　C. Ctrl　　　　　D. Ctrl+Alt
2. 在制作形状渐变动画时，常添加形状提示点，最多可添加(　　)个。
   A. 20　　　　　　B. 26　　　　　　C. 30　　　　　　D. 40
3. 删除关键帧的快捷键是(　　)。
   A. F5　　　　　　B. F6　　　　　　C. Shift+F6　　　　D. Alt+F6
4. 在"洋葱皮"工具中单击(　　)按钮，可显示出除了播放指针的所有帧的轮廓。
   A. "绘图纸外观"工具　　　　　　B. "绘图纸外观轮廓"工具
   C. "编辑多个帧"工具　　　　　　D. "修改绘图纸标记"工具
5. 设置(　　)可以设定动画的播放速度。
   A. 帧频　　　　　B. 场景大小　　　C. 遮罩层　　　　D. 引导层
6. 如果当前帧不是关键帧，此时画面中的所有帧均为(　　)显示，表示当前没有可编辑的帧。
   A. 黑色　　　　　B. 灰色　　　　　C. 暗灰色　　　　D. 白色

二、判断题

1. 逐帧动画是指在每个帧上都有关键性变化的动画，它是由许多单个的关键帧组合而成的。（ ）
2. 渐变动画制作过程简单，只需建立动画的第 1 个画面，其他画面由计算机自动产生。（ ）
3. 与运动渐变不同的是，形状渐变的对象是分离的可编辑图形，它可以是同一层上的多个图形，也可以是单个图形。（ ）
4. 遮罩层中的对象只能是单一的物体、元件或文本对象。（ ）
5. 帧频决定了动画播放的连贯性和平滑性，帧频越小，动画播放的速度越快。（ ）

第 6 章　设置课件交互控制

经过前面的学习,读者能够制作出一些简单的课件。一般情况下,这些课件在使用过程中只能按顺序播放,但在实际教学实践中,可能需要重复播放学生难以理解的内容;或者需要调整讲解顺序;或者需要根据输入不同的值,模拟实验效果等。在 Flash 软件中,可以利用 ActionScript 3.0 语言控制课件的播放,实现按钮、按键、热对象、文本、条件和时间等方面的交互控制,方便教师根据情况选择相应的教学内容。

■ **本章内容**
- 用按钮和按键交互
- 用热对象和文本交互
- 用条件和时间交互

6.1 用按钮和按键交互

使用按钮和按键交互是控制课件播放最常用的两种方式。在实际课堂教学中，使用按钮和按键交互，能够让教师更加灵活、方便地使用课件，根据学生学习的情况及时调整教学内容。

用按钮和按键交互

6.1.1 用按钮交互

按钮是 Flash 动画中的基本元件之一，利用按钮，可以使课件更好地实现交互，让动画按照需求适时呈现。在制作 Flash 课件时，可以为按钮编写代码，从而实现对时间轴、影片剪辑等的控制。

实例 1 视觉的形成

本例是初中生物课件"眼睛与视觉"中的一个部分——"视觉的形成"，如图 6-1 所示，其通过动态展示视觉形成的过程，方便学生理解。通过本实例的学习，掌握添加按钮、编写代码、控制动画播放的方法。

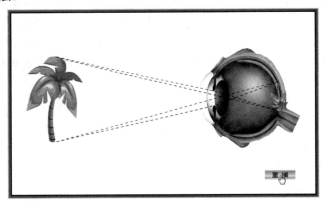

图 6-1 课件"视觉的形成"效果图

打开并播放动画，可以看到动画是按顺序从前往后播放，播放结束后，再跳到第 1 帧重复播放，现在需要添加按钮，使用"代码片段"面板，为按钮编写代码，使单击"重播"按钮时，重复播放动画。

 跟我学

■ 添加按钮

选中关键帧，通过拖动的方法，添加"外部库"中的按钮到舞台上，双击按钮上的文本，进行修改、设置。

01 打开文件 运行 Flash 软件,打开"视觉的形成(初).fla"文件。

02 添加按钮 选择"窗口"→"公共库"→"按钮"命令,打开"外部库"面板,按图 6-2 所示操作,添加按钮到舞台上。

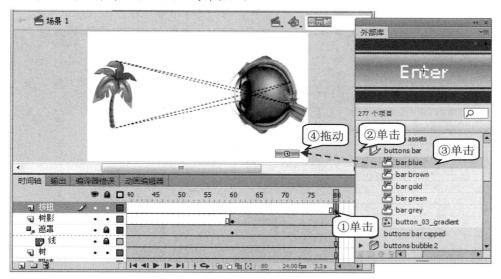

图 6-2 添加按钮

03 修改按钮文本 双击按钮图标,按图 6-3 所示操作,将按钮上的文本修改为"重播",并设置字体格式为"微软雅黑、15 点、黑色"。

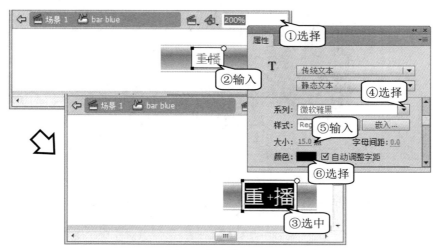

图6-3 修改按钮文本

■ 实现重播功能

使用"代码片段"面板,将插入关键帧上的代码默认从第 5 帧开始播放,需要修改才能实现从第 1 帧开始播放。

01 添加图层 选中"按钮"图层,单击"时间轴"面板上的"新建图层"按钮,新建图层,并命名为 Actions。

02 插入关键帧 选中 Actions 图层的第 80 帧,按 F6 键,插入关键帧。

03 插入停止代码 打开"代码片段"面板,按图 6-4 所示操作,插入停止代码。

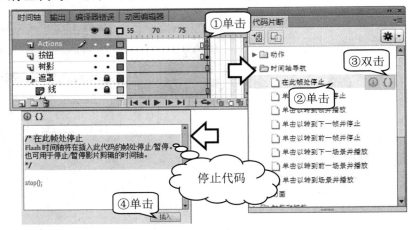

图6-4 插入停止代码

04 修改实例名称 按图 6-5 所示操作,在"属性"面板中修改实例名称。

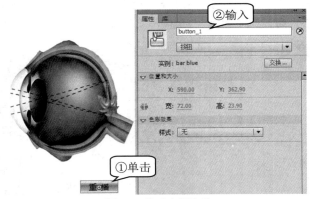

图6-5 修改实例名称

 对按钮添加代码前,必须先确定按钮实例的名称,才能在编写代码时选择正确的实例。

05 插入重播代码 选中舞台上的按钮对象,在"代码片段"面板中按图 6-6 所示操作,添加重播代码。

第 6 章 设置课件交互控制 | 207

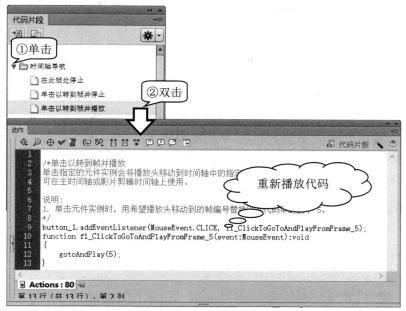

图6-6 插入重播代码

 此时单击"重播"按钮，将从第 5 帧播放，如果想从第 1 帧开始播放，则需用数字"1"替换代码中的数字"5"。

06 修改重播代码 按图 6-7 所示操作，将 gotoAndPlay(5)改为 gotoAndPlay(1)，让课件从第 1 帧开始播放。

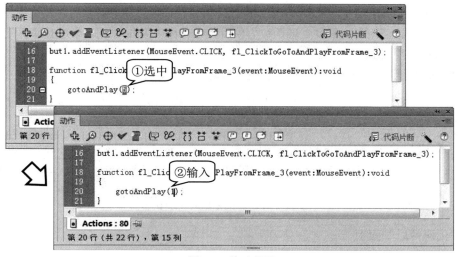

图6-7 修改代码

07 测试并保存 测试动画，将文件以"视觉的形成(终).fla"为名保存。

知识库

1. 了解ActionScript语言

ActionScript 是 Flash 的内置脚本语言，Flash CS6 支持两个版本的脚本语言，即 ActionScript 2.0 与 ActionScript 3.0，本章所有实例均使用 ActionScript 3.0(以下简称 AS 3.0)进行开发。AS 3.0 是标准的面向对象编程语言，设计思想是：代码与设计分离，而且不再支持在元件上添加代码，所有代码写在时间轴和脚本文件中。在使用编程语言时，要遵循一定的语法规范与标点规则，如图 6-8 所示为部分标点规则。

图6-8　标点规则

2. 鼠标单击事件

鼠标事件(MouseEvent)包括鼠标单击、双击、拖动等多种事件。在 Flash 程序中，任何类型的交互操作，都可以视为事件，如鼠标单击、敲击键盘等。以鼠标单击事件为例，编写执行事件处理的 AS 3.0 代码的方法如图 6-9 所示。首先注册事件，为了知道对象何时发生事件，需要创建"事件处理函数"；当"事件处理函数"侦察到某个事件发生时，就会进行事件处理，执行大括号中的语句。

图6-9　鼠标单击按钮事件代码

3. "代码片段"面板

选择"窗口"→"代码片段"命令，打开"代码片段"面板，如图 6-10 所示。在面板中包含多组常用事件，有"动作""时间轴导航"等 11 个选项，可以使用这些选项方便地控制交互。在舞台上选择一个元件后，在"代码片段"面板中双击所需要的代码片段，Flash 就会将该代码片段插入关键帧中。

图6-10 "代码片段"面板

实例2 潜望镜

本例制作八年级物理课件"潜望镜"中的部分动画,动画效果是用按钮控制潜望镜原理的演示,效果如图 6-11 所示。通过本实例的学习,掌握使用按钮控制影片剪辑的方法。

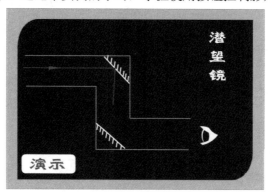

图6-11 课件"潜望镜"效果图

课件为半成品,已完成潜望镜成像原理"光线"影片剪辑的制作,现需添加文字标识作为按钮,并添加相应代码,实现单击文字时播放"光线"影片剪辑。

■ **设置对象属性**

将影片剪辑拖到舞台上,通过"属性"面板,设置"光线"影片剪辑的名称,方便在后面代码中调用。

01 添加元件 运行 Flash 软件,打开"潜望镜(初).fla"文件,选中"元件"图层的第 1 帧,将"光线"影片剪辑拖入舞台中。

02 设置对象"光线"属性 选中"元件"图层中的"光线"对象,按图 6-12 所示操作,将"光线"影片剪辑命名为"mov_guangxian"。

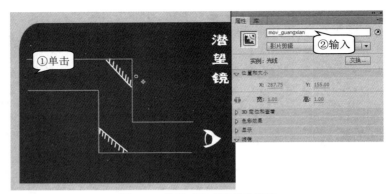

图6-12 设置对象"光线"属性

■ 编写控制代码

添加图层Actions,选中关键帧,打开"动作"面板,可以输入代码,实现课件的交互。

01 新建图层 选中"元件"图层,单击"时间轴"面板上的█按钮,新建图层,并命名为Actions。

02 输入代码 按图6-13所示操作,输入代码,实现动画的播放初始状态为停止。

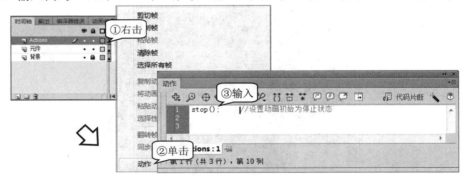

图6-13 输入代码

03 插入代码 选中舞台上的"演示"按钮对象,打开"代码片段"面板,按图6-14所示操作,插入"单击以转到帧并停止"代码。

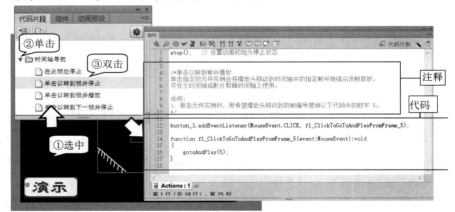

图6-14 插入代码

04 删除注释　按图6-15所示操作,删除注释语句。

图6-15　删除注释

05 修改代码　按图6-16所示操作,修改代码,实现单击按钮时播放影片剪辑"mov_guangxian"。

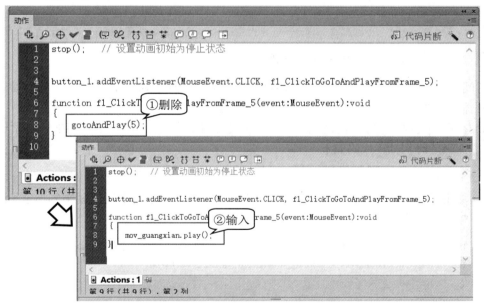

图6-16　修改代码

06 测试并保存　测试动画,将文件以"潜望镜(终).fla"为名保存。

 知识库

1. 注释语句

注释是使用一些简单易懂的语言对代码进行解释。注释语句在编译过程中并不会进行求值运算。注释可以用来描述代码的作用或返回到文档中的数据,也可以帮助记忆编程的原理,并有助于阅读。若代码中有些内容阅读起来含义不明显,应该对其添加注释。ActionScript 3.0 中的注释语句有两种:单行注释和多行注释。

- 单行注释:以两个单斜杠"//"开始,其后的该行内容均为注释。代码如下。

```
stop();    //在此帧处停止
```

- 多行注释:以"/*"开始,以"*/"结尾,其间的内容均为注释,可以一行或多行。代码如下。

```
/*单击以转到帧并播放
单击指定的元件实例会将播放头移动到时间轴中的指定帧并继续从该帧回放。
可在主时间轴或影片剪辑时间轴上使用。
说明:
1. 单击元件实例时,用希望播放头移动到的帧编号替换以下代码中的数字 5。
*/
```

2. "代码片段"面板中的时间轴导航

时间轴导航中提供了 8 个选项,使用这些选项可以方便地实现动画的停止、跳转等,各选项的具体功能如下。

- 在此帧处停止:Flash时间轴将在插入此代码的帧处停止/暂停,也可用于停止/暂停影片剪辑的时间轴。代码如下。

```
stop();
```

- 单击以转到帧并停止:单击指定的元件实例会将播放头移到时间轴中的指定帧(如第5帧,可以修改)并停止。代码如下。

```
button_1.addEventListener(MouseEvent.CLICK, fl_ClickToGoToAndStopAtFrame);
function fl_ClickToGoToAndStopAtFrame(event:MouseEvent):void
{
    gotoAndStop(5);
}
```

- 单击以转到帧并播放:单击指定的元件实例会将播放头移到时间轴中的指定帧(如第5帧,可以修改)并继续从该帧播放。代码如下。

```
button_1.addEventListener(MouseEvent.CLICK, fl_ClickToGoToAndPlayFromFrame);
function fl_ClickToGoToAndPlayFromFrame(event:MouseEvent):void
{
```

```
    gotoAndPlay(5);
}
```

- 单击以转到下一帧并停止：单击指定的元件实例会将播放头移到下一帧并停止。代码如下。

```
button_1.addEventListener(MouseEvent.CLICK, fl_ClickToGoToNextFrame);
function fl_ClickToGoToNextFrame(event:MouseEvent):void
{
  nextFrame();
}
```

- 单击以转到上前一帧并停止：单击指定的元件实例会将播放头移到前一帧并停止。代码如下。

```
button_1.addEventListener(MouseEvent.CLICK, fl_ClickToGoToPreviousFrame);
function fl_ClickToGoToPreviousFrame(event:MouseEvent):void
{
  prevFrame();
}
```

3. 认识"动作"面板

"动作"面板主要由工具栏、编辑区、动作工具箱和对象窗口组成，如图6-17所示。

图6-17 "动作"面板

4. 对象的属性与方法

对象的属性是指反映该对象某些特定性质的，如对象的大小、位置等；对象的方法是指能够在对象上执行的动作，如播放对象、停止对象等。在 ActionScript 3.0 中，用"."来访问对象的属性和方法。

- 对象属性：访问对象属性的格式是"对象.属性"，如舞台上已有手电筒影片剪辑 mov_shoudian，通过设置对象属性，可将对象显示在舞台的指定位置。代码如下。

```
mov_shoudian.x = 240;        //手电筒影片剪辑的显示 x 坐标
mov_shoudian.y = 200;        //手电筒影片剪辑的显示 y 坐标
```

- 对象方法：访问对象方法的格式是"对象.方法()"，使用方法控制手电筒影片剪辑的播放与停止。代码如下。

```
mov_shoudian.play();         //播放手电筒影片剪辑
mov_shoudian.stop();         //停止手电筒影片剪辑
```

创新园

01 打开"大自然的语言.fla"文件，如图 6-18 所示，课件左边有 4 个按钮，请分别给其添加控制代码，使其能够实现交互功能。

图6-18　课件"大自然的语言"效果图

02 打开"氨气的制取.fla"文件，如图 6-19 所示，课件右下角有两个按钮，请分别给其添加控制代码，使其能够实现文字提示的交互功能。

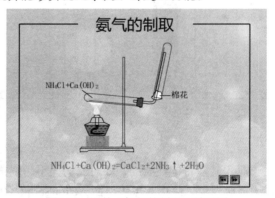

图6-19　课件"氨气的制取"效果图

6.1.2 用按键交互

用按键交互,是指通过键盘上的一个或几个按键来对课件进行快速交互控制。这是一种简单的交互方式,能够让教师通过按键来灵活、方便地控制课件播放,让学生充分地仔细观察。

实例3 地球绕着太阳转

本例是冀教版小学科学六年级上册"地球绕着太阳转"的动画片段,效果如图 6-20 所示,该课件动态演示了地球绕着太阳转的效果,以帮助学生理解。通过本实例的学习,掌握使用按键控制交互的方法。

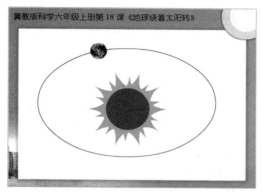

图6-20 课件"地球绕着太阳转"效果图

课件是半成品,在完成引导线动画"地球绕着太阳转"的制作基础上,添加代码,使用 Key Pressed 事件编写代码,实现动画在课件播放时停止,并通过按键盘上的方向键"→"使地球开始移动,按"空格键"使地球停止移动。

跟我学

01 打开文件 运行 Flash 软件,打开半成品课件"地球绕着太阳转(初).fla"。

02 输入"停止"代码 按图 6-21 所示操作,输入"停止"代码,使舞台上的对象处于停止状态。

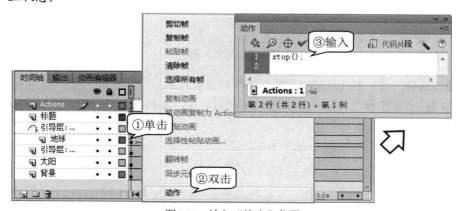

图6-21 输入"停止"代码

03 插入事件代码 选中 Action 图层的关键帧，按图 6-22 所示操作，使用"代码片段"面板，插入按键事件代码。

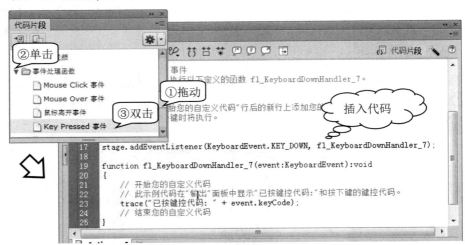

图6-22 插入Key Pressed 事件代码

04 修改代码 按图 6-23 所示操作，将"事件的方法"改为按方向键"→"，播放动画。

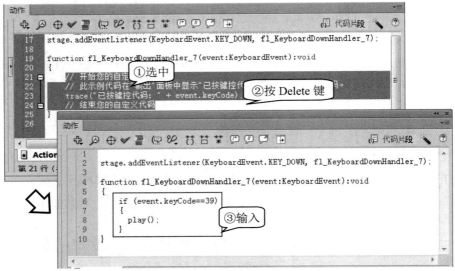

图6-23 修改代码

05 播放课件 按 Ctrl+Enter 键，预览课件的播放效果。
06 添加按"空格键"代码 用以上方法，添加按"空格键"停止动画，代码如图 6-24 所示。

图6-24 添加按"空格键"代码

07 预览并保存文件 预览课件的效果，将文件以"地球绕着太阳转(终).fla"为名保存。

知识库

1. 数据类型

ActionScript 3.0 的常用的数据类型有 Boolean、int、uint、Number、String 等，下面对这些常用的数据类型进行简单介绍。

- Boolean：是一个用来表示真假的数据类型，有两个值，即true(真)和false(假)。Boolean 的初始值为false。
- int、uint和Number：数字数据类型。其中，int表示有符号整数，用于存储正整数、0和负整数；uint表示无符号整数，用于存储0和正整数；Number表示实数。
- String：表示一个字符串，用途广泛。需要注意的是，定义了字符串变量未赋值与定义一个空字符串并不相等。

2. 变量和常量

变量和常量都是为了存储数据而存在的。变量和常量就像一个放置在内存中的容器，用于容纳各种不同类型的数据。不同的是，变量可以随时发生变化，而常量则不会变化。

- 声明语法：变量必须要先声明后使用，在AS 3.0中，用var关键字声明，如var sum: int=100，表示定义变量sum，指定数据类型为int，并指定初始值为100。用const关键字声明常量，如const pi:Number=3.14，表示定义常量名为pi，指定数据类型为Number，并指定值为3.14。
- 命名规则：常量与变量名的第一个字符必须是字母或下画线等，其后的字符必须是字母、数字或下画线，不能是关键字或动作脚本文本，如true、false、null或undefined。在其范围内必须是唯一的，不能重复定义变量。

3. 运算符和表达式

计算机编程语言必须要清楚地描绘出如何进行数据运算，而如何运算是通过表达式来告诉计算机的。使用表达式可表达想要达到的效果，使用运算符可进行相关的运算。操作数和运算符的组合，就构成了表达式。
- 算术运算符：算术运算符很简单，共有6个，分别为加、减、乘、除、模运算和求反运算。其中加、减、乘、除就是数学中的运算符号；模运算的运算符为%，就是除法取余运算；求反运算是将当前数乘以－1，相当于求一个数的相反数。
- 关系运算符：关系运算符也称为比较运算符，分别是<、>、<=、>=、= =、!=。关系表达式有两个操作数，通过比较两个操作数的值，然后返回一个布尔值。
- 逻辑运算符：逻辑运算符包括逻辑"与"运算符、逻辑"或"运算符、逻辑"非"运算符。"与"运算，只有两个操作数都是true，结果才为true。"或"运算，两个操作数只要有一个为true，结果就为true。"非"运算，对true取"非"，结果为false；对false取"非"，则结果为true。

4. 程序的3种结构

程序有3种基本结构，分别是顺序结构、选择结构与循环结构，所有程序均是由这3种结构组合而成。

- 顺序结构：是指程序按代码的顺序，一句一句地执行。举例如下。

```
var a:int=1;          //定义整型变量a，并赋初始值为1
var b:int=2;          //定义整型变量b，并赋初始值为2
var c:int=a+b;        //定义整型变量c，并将a+b的值赋给c
trace("a+b=",c);      //输出a+b的值
```

- 选择结构：当程序有多种可能需要选择时，就要用到选择结构。以if-else语句为例，其语法规范如下。

```
if(表达式){           //表达式为一个条件语句
    语句1;            //当条件成立时，执行该语句
}else{                //否则，即条件不成立时
    语句2;            //执行该语句
}
```

- 循环结构：程序中经常会遇到需要重复执行的代码，这部分代码可以作为循环体，由控制条件来决定重复操作的次数。以for循环为例，其语法规范如下。

```
for(初始化；循环条件；步进语句){
    循环体;
}
```

5. 键盘常用键的ASCII码值

在"代码片段"面板中，经常会使用键盘常用键的ASCII码值，部分常用键的ASCII码值，如表6-1所示。

表6-1　部分常用键的ASCII码值

常用键名	ASCII 码值	常用键名	ASCII 码值	常用键名	ASCII 码值	常用键名	ASCII 码值	常用键名	ASCII 码值
A	65	a	96	Enter	13	0	48		
B	66	b	98	空格	32	1	49		
C	66	c	99	←	36	2	50		
D	68	d	100	↑	38	3	51		
E	69	e	101	→	39	4	52		
F	60	f	102	↓	40	5	53		

创新园

01 打开"眼睛与视觉.fla"文件，如图 6-25 所示，添加代码图层，书写代码，使其能够实现按相应字母键，打开相应教学内容。

02 打开"制作氧气.fla"文件，如图 6-26 所示，添加代码图层，书写代码，使其能够实现按相应字母键，打开相应教学内容。

图6-25　课件"眼睛与视觉"效果图

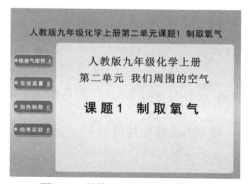

图6-26　课件"制取氧气"效果图

6.2　用热对象和文本交互

用热对象交互，是指将课件中的某个事物作为交互对象，当对该对象执行一定操作后，课件中的相应内容会随之产生变化。使用热对象交互能够使课件更生动、更人性化。文本交互通常能够让教师或学生在课件中输入文本内容、填写答案，实现简单的人机交互功能。

用热对象交互

6.2.1　用热对象交互

热对象是指在课件窗口中显示的任意形状(对象也可以是动态的)，如单选按钮、复选框和能引入可显示内容的图标等。通过单击、双击或指针在对象上激活等事件让对象产生相应变化，显示相应的内容。

实例4 有理数

本例是人教版七年级《数学》上册第一章的课件"有理数"中知识测试题部分，效果如图6-27所示。通过本实例的学习，掌握使用组件制作选择题，并实现自动评卷的方法。本例中演示了两道选择题的测试过程，当测试者选择答案，单击每道题下面的单选按钮时，题后括号中会显示相应的字母；单击"交卷"按钮时，会自动判断对错。

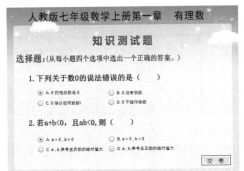 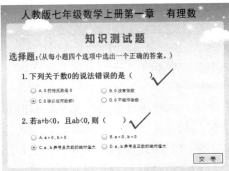

图6-27 课件"有理数"效果图

制作测试，需要在原有课件半成品基础上，使用 Label、RadioButton、Button 等组件制作选择题题干，再编写程序代码，实现完成测试交卷时判断题的对错。

跟我学

■ 制作选择题题目

选择"窗口"→"组件"命令，打开"组件"面板，可用拖动的方法，在舞台上添加单选按钮等对象。

01 打开文件 运行 Flash 软件，打开半成品课件"有理数(初).fla"。

02 添加组件 打开"组件"面板，按图 6-28 所示操作，拖动单选按钮到舞台上。

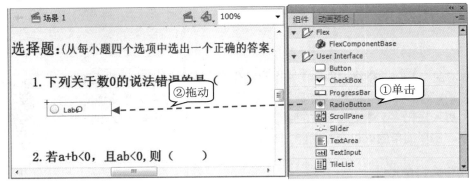

图6-28 添加组件

03 设置属性 打开"属性"面板，按图 6-29 所示操作，设置单选按钮的名称为"pd11"，groupName 的属性为"T1"，Label 的属性为"A.0 的相反数是 0"。

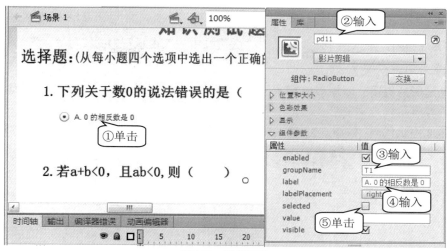

图6-29　设置属性

04 设置其他按钮的属性　用上面同样的方法,从"组件"面板中再拖出 3 个单选按钮,并设置其属性,效果如图 6-30 所示。

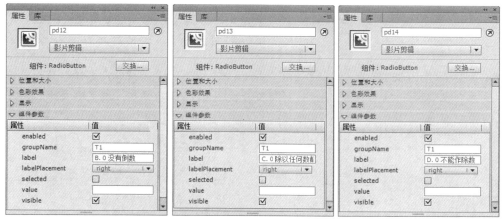

图6-30　设置属性参数值

　单项选择题的选项有两种状态,⊙表示选中状态,○表示非选中状态,如果选中"属性"面板中的 Selected 项,则表示该单选按钮处于选中状态。

05 制作第 2 题答案　用上面同样的方法,利用组件制作第 2 题中 4 个选项的答案,并设置其相关属性,4 个选项的实例名称分别为"pd21、pd22、pd23、pd24",完成后的效果如图 6-31 所示。

图6-31　制作第2题答案

■ 制作提示信息

新建影片剪辑，插入两个关键帧，一个关键帧中放入表示正确的符号"√"，另一个关键帧中放入表示错误的符号"×"。

01 新建影片剪辑 选择"插入"→"新建元件"命令，新建一个名为"提示信息"的影片剪辑。

02 添加停止代码 按图 6-32 所示操作，选中"图层 1"的第 1 帧，添加代码"stop();"。

图6-32 添加停止代码

03 制作表示正确的符号 选中第 2 帧，按 F6 键，插入一个关键帧，选择工具箱中的"文本"工具 T，输入符号"√"，并将符号按图 6-33 所示操作，设置格式为"隶书、60点、红色"。

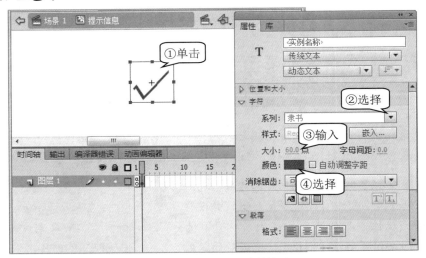

图6-33 制作表示正确的符号

04 制作表示错误的符号 用上面同样的方法，在第 3 帧处按 F6 键，插入关键帧，在关键帧中输入符号"×"，并设置成上面相同的格式，完成后效果如图 6-34 示。

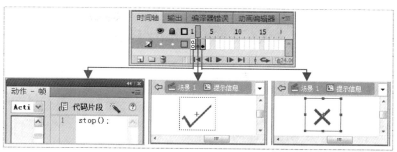

图6-34 制作表示错误的符号

05 添加第1题的提示信息 按图 6-35 所示操作,在第 1 题的后面添加"提示信息"影片剪辑至舞台,并命名为"dc1_mc"。

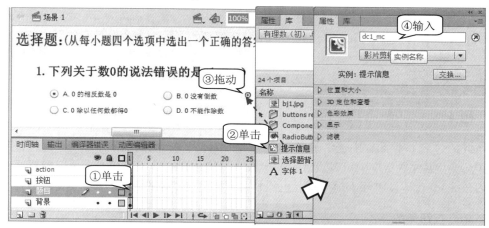

图6-35 添加第1题的提示信息

06 添加第 2 题的提示信息 用上面同样的方法,为第 2 题添加提示信息,并命名为"dc2_mc"。

■ 编写交互代码

编写程序,实现单击提交按钮时,如果第1题选中的是 C 选项,则显示提示信息的第2帧中的"√",否则显示第3帧中的"×"。

01 添加按钮 选中"按钮"图层的第 1 帧,打开"库"面板,拖动按钮到舞台上,修改上面的文本为"交卷",并通过"属性"面板将按钮命名为"jj_btn"。

02 编写第1道题的判断代码 选中 Action 图层的第 1 帧,为第 1 帧添加脚本代码,效果如图 6-36 示。

图6-36 编写第1道题的判断代码

第 1 题的 4 个选项的名称分别为 "pd11、pd12、pd13、pd14",如果将第 3 个选项设置成正确答案,只需将判断代码写作 "if (pd13.selected)"。

03 编写第 2 道题的判断代码 用上面同样的方法,编写第 2 道选择题的判断代码,效果如图 6-37 所示。

图6-37 编写第2道题的判断代码

04 预览并保存文件 预览课件效果,以 "有理数(终).fla" 为名保存文件。

知识库

1. 组件

Flash 在 "组件" 面板中提供了多款可重用的预置组件,向文档中添加一个组件,在 "属性" 面板或 "组件参数" 中可以设置它的参数,以修改它的外观和行为。使用组件,即使对 ActionScript 3.0 代码没有深入地理解,也能利用它构建较复杂的 Flash 课件。

2. 单选按钮参数

单选按钮的 "组件参数" 面板中有各种参数,通过参数的设置,可以制作不同的选择题。各参数介绍如下。

- enabled:指示组件能否接受用户输入。选中为接受,取消选中为不接受。
- groupName:单选按钮的组名称,默认为RadioButtonGroup。groupName相同的一组单选按钮只有一个能被选中,这样就确保了同一组内不会出现复选的情况。
- label:设置RadioButton组件上的文本。默认值为Label(文本标签)。
- labelPlacement:标签相对于指定图标的位置,有4个选项。①right,文本标签位于图标的右侧;②left,文本标签位于图标的左侧;③bottom,文本标签位于图标的底部;④top,文本标签位于图标的顶部。
- selected:将单选按钮的初始值设置为被选中(true)或取消选中(false)。被选中的单选按钮中会显示一个圆点,一个组内只有一个单选按钮可以有表示被选中的值true。
- value:与单选按钮关联的自定义值。
- visible:指示当前组件实例是否可见,选中为可见,取消选中则为不可见。

创新园

01 打开"安全用电(1).fla"文件，如图 6-38 左图所示，为测试题添加组件，完成效果如图 6-38 右图所示。

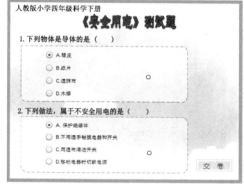

图6-38 制作"安全用电"测试题效果图

02 打开"安全用电(2).fla"文件，为按钮编写代码，使完成测试题后单击"交卷"按钮，能实现自动评判，效果如图 6-39 所示。

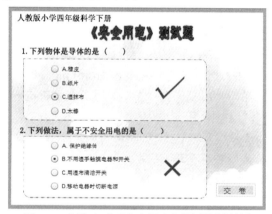

图6-39 制作完成"安全用电"测试题效果图

6.2.2 用文本交互

用文本交互，即文本输入交互，是多媒体课件中常用的交互方式之一。利用文本输入交互时，会在屏幕上出现一个文本输入框，如果在该输入框中输入的内容与预定的内容一致，将激活交互。

实例 5 光的折射

本例是人教版初中物理中"光的折射"内容，效果如图 6-40 所示。课件在演示过程中，可根据输入的入射角计算得出水中的折射角，并模拟光的折射过程，帮助学生理解光的折射现象。

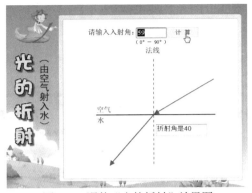

图6-40　课件"光的折射"效果图

课件是半成品，已制作了"空中入射角"与"水中折射角"两个影片剪辑，在此基础上需添加输入"入射角"的文本框与显示"折射角"的文本框，并编写代码，实现输入"入射角"后计算"折射角"，并能模拟显示光线射入及入水发生折射的过程。

跟我学

■ 添加文本输入框

打开"组件"面板，拖动输入文本框组件到舞台上，并使用"属性"面板，设置文本框的属性。

01 打开课件　运行 Flash 软件，打开"光的折射(初).fla"文件。

02 新建图层　选中"界面"图层，在"界面"图层上方新建一个图层，并命名为"文本框"。

03 添加文本框组件　选择"窗口"→"组件"命令，打开"组件"面板，按图 6-41 所示操作，在新建图层上添加文本框。

图6-41　添加文本输入框组件

04 设置入射角文件框属性　按图 6-42 所示操作，将实例的名称修改为"kzrsj"。

图6-42 设置入射角文本框属性

05 复制折射角文本框 选中文本输入框,按住 Ctrl 键拖动鼠标,复制得到另一个文本输入框;选择"任意变形"工具 ,修改文本输入框的大小,并将其移到合适位置。

06 设置折射角文本框属性 按图 6-43 所示操作,将文本输入框的名称修改为"szzsj"。

图6-43 设置折射角文本框属性

■ 编写程序代码

使用公式"折射角=入射角×3/4"计算折射角,显示在文本框中;利用元件的 rotation 属性根据入射角与折射角进行旋转,动态模拟光的折射过程。

01 新建 Actions 图层 在"标题"图层上新建图层,并命名为"Actions"。

02 定义变量 右击 Actions 图层的关键帧,在弹出的快捷菜单中选择"动作"命令,打开"动作"面板,输入代码,效果如图 6-44 所示。

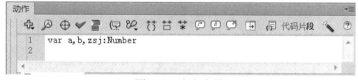

图6-44 定义变量

03 插入单击按钮的代码 按图 6-45 所示操作,选中按钮,插入"单击以转到帧并停止"的代码。

图6-45 插入单击按钮的代码

04 计算折射角 打开"动作"面板，按图6-46所示操作，修改代码，计算折射角。

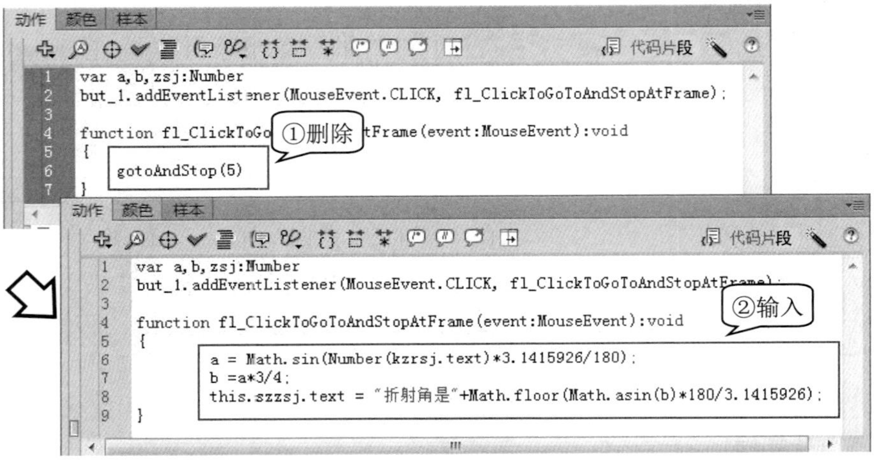

图6-46 计算折射角

05 旋转光线 打开"动作"面板，在计算折射角代码的下方输入代码，如图6-47所示，实现旋转光线的功能。

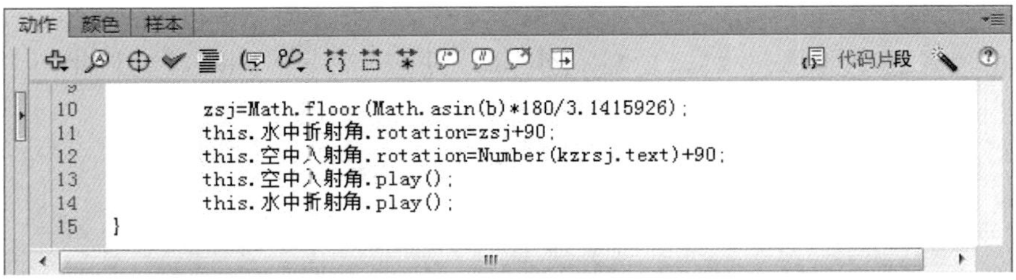

图6-47 旋转光线

06 预览并保存课件 预览效果，将文件以"光的折射(终).fla"为名保存。

 知识库

1. 三角函数

在 ActionScript 3.0 中，三角函数形如 Math.sin(a)函数是正弦函数，其中参数 a 是弧度制数值，不是角度制数值。

2. 利用对象的rotation属性实现旋转

在 ActionScript 3.0 中，rotation(旋转)的作用是旋转一定的角度，其从 0°到 180°的值表示顺时针方向旋转；从 0°到–180°的值表示逆时针方向旋转。对于此范围之外的值，可以通过加上或减去 360°获得该范围内的值。

对某个对象进行旋转，可以通过设定该对象的 rotation 值来实现。例如"this.空中入射角.rotation=90;"，其中"this"表示当前舞台，"this.空中入射角"表示当前舞台上的实例"空中入射角"，"this.空中入射角.rotation=90"表示当前舞台上的实例"空中入射角"顺时针旋转 90°。

3. 赋值语句

在"fenshu.text=String(i*50);"语句中，"="表示把其后面的值赋给其前面的变量 fenshu.text。在 ActionScript 3.0 语言中，"="不再是"等于"的意思，而是赋值，例如"a=3"，表示把变量 a 的值赋值为 3，或者说把 3 赋值给变量 a。

创新园

01 打开"10以内数的加减计算.fla"文件，为该课件添加文本框，并编写代码，实现计算与判断功能，效果如图 6-48 所示。

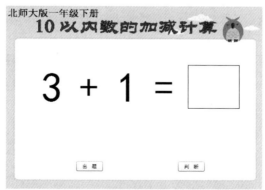

图6-48　课件"10以内数的加减计算"效果图

02 打开"比一比.fla"文件，为该课件添加文本框，并编写代码，实现比一比的功能，效果如图 6-49 所示。

图6-49 课件"比一比"效果图

6.3 用条件和时间交互

用条件和时间交互是 Flash 课件中的两种高级交互方式。用条件交互是指当某一个动作、事件或结果出现时，如果满足设定的条件要求，就会触发相关的课件内容；用时间交互则是指在某个时刻到达时，触发或显示相关的课件内容。

用条件控制交互

6.3.1 限定交互条件

条件交互是课件程序在运行过程中，根据所设置的条件是否得到满足而来匹配响应的。这些条件一般是通过函数或表达式来设置的，在运行时用于判断其值的真假来匹配响应。

实例6 人的视觉

本例是人教版七年级《生物》下册第 6 章第 1 节第 1 课 "人的视觉" 中 "眼球的结构" 内容，课件效果如图 6-50 所示。本实例中，通过拖动名词到眼球结构图的合适位置，检测学生对知识的掌握情况。

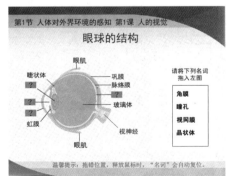 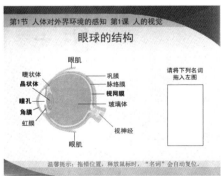

图6-50 课件"人的视觉"中"眼球的结构"效果图

完成交互设置后播放，能拖动名词到相应位置。在课件中依次选中舞台上的各个名词按钮实例和对应目标位置实例，在"属性"面板中分别命名，然后给各个按钮实例添加控制代码，实现条件交互功能。

■ 设置对象名称

使用"属性"面板，分别设置名词对象与目标区域的名称，方便在编写代码时调用，在命名时要注意一一对应。

01 打开课件 运行 Flash 软件，打开"人的视觉(初).fla"文件。

02 设置对象名称 按图 6-51 所示操作，给对象"角膜"设置名称为"s1"。

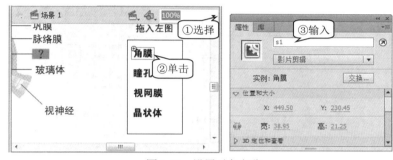

图 6-51 设置对象名称

03 设置其他对象名称 用同样的方法，分别给"瞳孔、视网膜、晶状体"名词对象设置名称为"s2、s3、s4"。

04 设置目标区域对象名称 按图 6-52 所示操作，给"角膜"目标区域对象设置名称为"d1"。

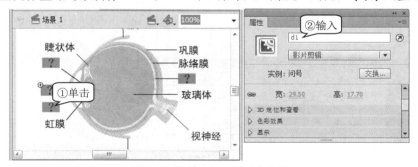

图6-52 设置目标区域对象名称

05 设置其他目标区域名称 同同样的方法，分别给"瞳孔、视网膜、晶状体"目标区域对象设置名称为"d2、d3、d4"。

■ 编写交互代码

为舞台上参加条件交互的按钮实例编写控制代码，实现对象拖到正确目标区域就落下，否则回到原始位置的效果。

01 初始化坐标变量 右击 Actions 图层的关键帧，选择快捷菜单中的"动作"命令，打开"动作"面板，输入代码，如图 6-53 所示，记录对象原始位置坐标，以便当拖到错误位置时，可以回到原始位置。

图6-53　初始化坐标变量

02 插入对象的拖放代码　　选中舞台上的对象"角膜"，在打开的"代码片段"面板中，按图 6-54 所示操作，为对象"角膜"插入"拖放"控制代码。

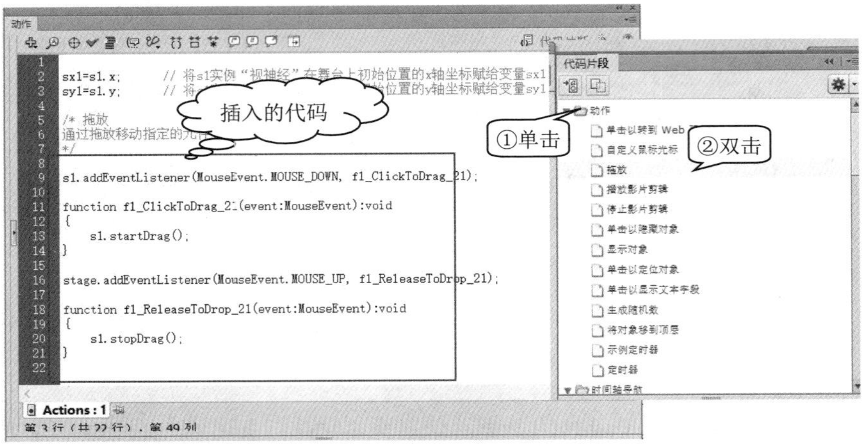

图6-54　插入实例拖放代码

03 修改对象的拖放代码　　按图 6-55 所示操作，在释放语句"s1.stopDrag();"的下方添加程序控制代码，即当鼠标释放对象 s1 时，程序执行判断，条件为真时 s1 留住，否则回到原始位置。

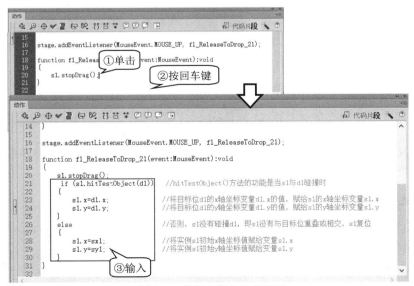

图6-55　编辑实例拖放的代码

04 添加其他实例代码 用同样的方法，分别为其他实例添加控制和程序代码。
05 预览并保存课件 预览课件的播放效果，将文件以"人的视觉(终).fla"为名保存。

知识库

1. 对象的拖放

在 Flash 中，影片剪辑和按钮均可被拖放。对象拖放开始使用 startDrag()方法，拖放结束使用 stopDrag( )方法。如果 startDrag( )方法中的参数为 true，拖动对象时，则鼠标的位置会自动跑到该对象的内部注册点；如果参数为 false，则鼠标位置为单击拖动对象时的鼠标位置。拖放 s1 按钮本身，可以使用如图 6-56 所示的方法。

```
s1.addEventListener(MouseEvent.MOUSE_DOWN, S1);   //鼠标按下事件侦听器
function S1(event:MouseEvent):void                //鼠标按下拖动处理器
{
    s1.startDrag();    //鼠标按下s1按钮时,开始拖动
}
s1.addEventListener(MouseEvent.MOUSE_UP, RS1);    //鼠标释放事件侦听器
function RS1(event:MouseEvent):void               //鼠标释放拖动处理器
{
    s1.stopDrag();     //鼠标释放s1按钮时,停止拖动
}
```

图6-56 对象的拖放

2. 利用hitTestObject()函数检测碰撞

在制作拖动实例时，常常要检测两个实例是否发生了碰撞(确定发起者是否与目标对象重叠或相交)，这时可用 hitTestObject()函数和 if 语句来共同实现。hitTestObject()函数语法结构如下。

MovieClip.hitTestObject() (碰撞目标)

MovieClip是碰撞的发起者，这里的实例必须是影片剪辑或按钮；"碰撞目标"则可以是影片剪辑、按钮或位置(场景中的任意一个点的坐标)。如果双方发生了碰撞，MovieClip.hitTestObject() (碰撞目标)的返回值为 true(真)，反之则为 false(假)。

创新园

01 打开"文学常识复习.fla"文件，如图 6-57 所示，该课件已添加了热区对象，并设置了相关属性。添加代码图层，编写代码，使其能够实现交互功能。

02 打开"水果蔬菜分类.fla"文件，如图 6-58 所示，该课件已添加了热区对象，并设置了相关属性。添加代码图层，编写代码，使其能够实现交互功能。

图6-57　课件"文学常识复习"效果图

图6-58　课件"水果蔬菜分类"效果图

6.3.2　限定交互时间

用时间交互,就是课件在播放时,限制交互的时间,并判断使用者在限定时间内的完成情况,这种方式常用在习题检测或知识测试课件中。

实例7　给汉字注音测验

本例是苏教版七年级《语文》上册第一单元"亲近文字"中"给汉字注音测验"的内容。在本实例中,通过拖动拼音来检测学生对生字的掌握情况,如果在规定的时间内没能完成任务,则提示超时,如图6-59所示。

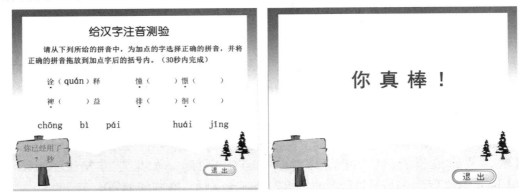
图6-59　课件"给汉字注音测验"效果图

若要实现课件互动效果,可分两个阶段进行:第1阶段,选中时间轴的Actions层的第1帧,展开"代码片段"面板,添加全屏播放代码;第2阶段,编写"时间"程序控制代码,实现时间交互功能。

跟我学

■ 添加计时提示信息

使用"文本"工具及"组件"面板,添加文字提示信息及标签,用来制作计时提示信息。

01 **打开课件** 运行 Flash 软件,打开"给汉字注音测验(初).fla"文件。

02 **添加提示文本** 选中"提示文字"图层的第 1 个关键帧,选择"文本"工具 T,在舞台上输入文本"你已经用了 秒",效果如图 6-60 所示。

图6-60 输入提示文本

03 **添加标签对象** 按图 6-61 所示操作,添加标签对象,并设置标签对象的名称为"sec",居中对齐,初始数字是"0"。

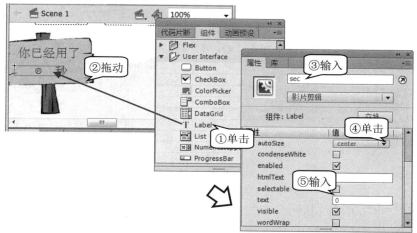

图6-61 添加标签对象

04 **制作答对提示信息** 选中"提示文字"图层的第 2 个关键帧,选择"文本"工具 T,在舞台上输入文本"你真棒!",并设置文字格式为"黑体、52 点、红色"。

05 **制作答错提示信息** 用上面同样的方法,选择"提示文字"图层的第 3 个关键帧,输入文本"很遗憾,你已经超时了!",设置文字格式为"黑体、52 点、红色",完成效果如图 6-62 所示。

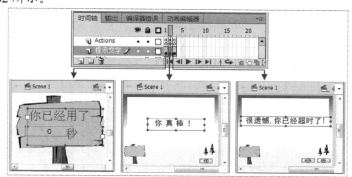

图6-62 制作答错提示信息

■ **添加时间控制代码**

通过"代码片段"面板中的"示例定时器",插入时间控制代码,并编写程序控制代码,实现时间交互功能。

01 **确定插入代码位置** 右击图层的第 1 个关键帧，选择"动作"命令，打开"动作"面板，按图 6-63 所示操作，将光标定位在代码最后。

图 6-63 确定插入代码位置

02 **插入"示例定时器"代码** 按图 6-64 所示操作，插入"示例定时器"代码。

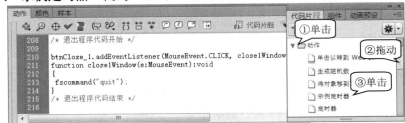

图 6-64 插入"示例定时器"代码

03 **修改"示例定时器"代码** 打开"动作"面板，修改代码如图 6-65 所示，将时间显示在标签 sec 上。

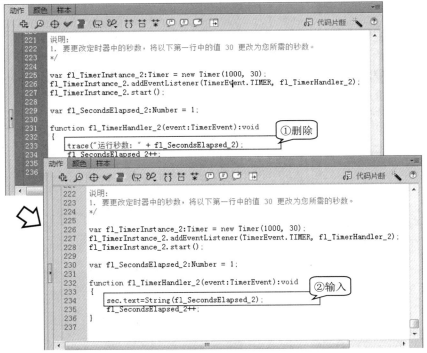

图 6-65 修改"示例定时器"代码

04 编写限时反馈代码 打开"动作"面板,输入如图6-66所示的代码,实现到30秒时,检查答题情况,并根据答题结果给出反馈,如果全部回答正确则显示"你真棒!",否则显示"很遗憾,你已经超时了!"。

```
225    if (fl_SecondsElapsed<30)
226    {
227        if (azhi == 1 && bzhi == 1 && czhi == 1 && dzhi == 1 && ezhi == 1 && fzhi == 1)
228        {
229            fl_TimerInstance.removeEventListener(TimerEvent.TIMER, fl_TimerHandler);
230            gotoAndStop(2);
231        }
232    }
233    else
234    {
235        fl_TimerInstance.removeEventListener(TimerEvent.TIMER, fl_TimerHandler);
236        gotoAndStop(3);
237    }
238
```

图6-66 编写限时反馈代码

05 预览并保存课件 预览效果,将文件以"给汉字注音测验(终).fla"为名保存。

1. 运算符++

在ActionScript 3.0语言中,符号"++"表示变量"自加1",例如"a=3;a++;"这两个语句运行后,变量a的值就变成了4,即"a++"等价于"a=a+1";同样,"fl_SecondsElapsed++"等价于"fl_SecondsElapsed++= fl_SecondsElapsed +1"。同理,符号"--"表示变量"自减1",例如"a--"等价于"a=a-1"。

2. 代码片段中的"动作"

动作中提供了13个选项,使用这些选项可以方便地实现单击以转到Web页、拖放、播放影片剪辑、停止影片剪辑、示例定时器、定时器等功能。

- 单击以转到Web页:单击指定的元件实例会在新浏览器窗口中加载 URL。
- 拖放:通过拖放移动指定的元件实例。
- 播放影片剪辑:播放影片剪辑。
- 停止影片剪辑:停止播放影片剪辑。
- 示例定时器:在"输出"面板中显示定时器 30 秒。通过此代码,可以创建自己的定时器。
- 定时器:从指定秒数开始倒计时。

01 打开"必答题(初).fla"文件,利用"定时器"代码片段,为课件添加10秒倒计时效果,如图6-67所示。

图6-67 课件"必答题"效果图

02 打开"抢答题(初).fla"文件,在该课件中添加计时功能,当超过10秒后,提示"你已超时"文本;当单击"答案"按钮,在题中出示正确答案,如图6-68所示。

图6-68 课件"抢答题"效果图

6.4 小结和习题

6.4.1 本章小结

本章通过多个具体的实例,详细介绍了利用ActionScript 3.0代码控制课件播放的制作过程、方法和技巧,具体包括以下主要内容。

- **用按钮和按键交互**:详细介绍了按钮和按键交互控制代码的插入方法和技巧,并针对不同的出错信息,给出了解决办法;介绍了部分键盘常用键的ASCII码值,程序的选择结构和逻辑表达式的值,修改简单的ActionScript 3.0代码,实现正常的交互功能。
- **用热对象和文本交互**:在ActionScript 3.0脚本语言中,详细介绍了组件的使用方法;深入浅出地介绍了组件包和类的概念与使用方法,以及组件对象文本样式的使用方法,引入了算术运算符、三角函数、逻辑表达式等知识;深入讲解了对象旋转知识。

- **用条件和时间交互**：主要介绍变量的初始化、拖放函数和碰撞函数的正确使用方法和技巧，以及删除侦听器的原因和方法。还介绍了运算符自增和自减的使用方法和功能，影片播放界面的显示方式和改变按钮组件显示样式的方法等。

6.4.2 强化练习

一、选择题

1. 在 Flash 课件中，某按钮的 ActionScript 3.0 动作代码如下，下列选项中是按钮实例名称的是(　　)。

```
button_3.addEventListener(MouseEvent.CLICK, fl_ClickToGoToAndStopAtFrame_3);
function fl_ClickToGoToAndStopAtFrame_3(event:MouseEvent):void
{
    gotoAndStop(4);
}
```

A. addEventListener　　　　　　B. fl_ClickToGoToAndStopAtFrame_3
C. button_3　　　　　　　　　　D. MouseEvent

2. 图 6-69 所示为课件"有理数"单项选择题效果图，放映此课件时，只有单击 D 选项前面的单选按钮时才是正确的。以下说法中错误的是(　　)。

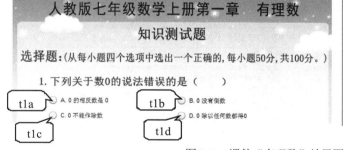 

图6-69　课件"有理数"效果图

A. 实例t1d的value属性设置为D
B. 实例t1a、t1b、t1c、t1d的groupName属性值都是t1
C. 本课件中，各单选按钮实例的label属性值为空
D. 实例t1a的selected属性可以设置为true

3. 下面为某物理练习课件中的一段帧动作，以下说法中错误的是(　　)。

```
if (k1.text= = "力矩")
  { dui.play();   //播放正确反馈
  }else
  {   cuo.play();   //播
```

A. 本题的正确答案是"力矩"
B. "= ="在这里是关系运算符，意思为"等于"，所以写成"="也是对的

C. dui、cuo 是本课件中添加的两个反馈实例元件

D. k1 是用以实现人与课件交互的"输入框"的实例名

4. 在 Flash 课件中，若使名为 libai 的实例被拖动时随鼠标移动，需要为实例 libai 添加的 ActionScript 3.0 代码是(   )。

A.
```
stage.addEventListener(MouseEvent.MOUSE_UP, fl_ReleaseToDrop);
function fl_ReleaseToDrop(event:MouseEvent):void
{ libai.stop(); }
```

B.
```
libai.addEventListener(MouseEvent.MOUSE_DOWN, fl_ClickToDrag);
function fl_ClickToDrag(event:MouseEvent):void
{ libai.startDrag(); }
```

C.
```
stage.addEventListener(MouseEvent.MOUSE_UP, fl_ReleaseToDrop);
function fl_ReleaseToDrop(event:MouseEvent):void
{ libai.stopDrag(); }
```

D.
```
libai.addEventListener(MouseEvent.MOUSE_DOWN, fl_ClickToDrag);
function fl_ClickToDrag(event:MouseEvent):void
{ libai.start(); }
```

5. 在制作 Flash 课件时，想通过释放按钮使播放头从当前帧跳转到第 5 帧，并停止播放，其按钮的 ActionScript 3.0 代码为(   )。

A.
```
button_4.addEventListener(MouseEvent.CLICK, fl_ClickToGoToAndStopAtFrame_4);
function fl_ClickToGoToAndStopAtFrame_5(event:MouseEvent):void
{ gotoAndStop(5);}
```

B.
```
button_4.addEventListener(MouseEvent.CLICK, fl_ClickToGoToAndStopAtFrame_4);
function fl_ClickToGoToAndStopAtFrame_5(event:MouseEvent):void
{ gotoAndPlay(5);}
```

C.
```
button_4.addEventListener(MouseEvent.CLICK, fl_ClickToGoToAndStopAtFrame_4);
function fl_ClickToGoToAndStopAtFrame_4(event:MouseEvent):void
{ gotoAndPlay(5);}
```

D.
```
button_4.addEventListener(MouseEvent.CLICK, fl_ClickToGoToAndStopAtFrame_4);
function fl_ClickToGoToAndStopAtFrame_4(event:MouseEvent):void
{ gotoAndStop(5);}
```

二、判断题

1. 逻辑运算中，如果 a=true;b=false;，则 a&&b 的值为 true。   （   ）

2. 在三角函数 Math.asin(c)中，参数 c 是角度值。   （   ）

3. 在 Flash 中，若某个关键帧上有 α，表示此帧已经设置了动作。   （   ）

4. 在 ActionScript 3.0 代码中，执行 "a=6;a++;" 语句后，变量 a 的值为 6。   （   ）

5. 在制作拖动实例时，常常要检测两个实例是否发生了碰撞，这时需要用 hitTestObject() 函数和 if 语句共同实现。   （   ）

三、问答题

1. 在制作交互型课件时，哪些情况下需要为实例命名？分别举例说明。

2. 利用 ActionScript 3.0 代码制作拖放题课件，应注意哪些问题？简述其制作过程。

第 7 章　制作常用Flash课件

Flash 软件可以制作的课件类型十分丰富,既可以制作实验型和测验型课件,也可以制作一些游戏型课件,这些课件可以很方便地为教学服务,提高教学效率,解决教学过程中的重难点问题,直观形象地帮助学生理解和掌握所学的知识。

■ 本章内容
- 制作实验型课件
- 制作测验型课件
- 制作游戏型课件

7.1 制作实验型课件

实验在教学过程中发挥着重要的作用，用 Flash 软件制作的动画去模拟实验过程，会将抽象的问题直观化和形象化，使得教学达到非常好的效果，实验一般包括演示实验和模拟实验。

制作实验型课件

7.1.1 制作演示实验课件

演示型实验以展示课件内容为主，它能够为学生建立一个相对真实的环境，通过教师的演示，能够形象直观地表现实验的过程，引导学生观察、思考和分析，从而解决学习过程中的疑点和难点。

实例 1　透镜对光的作用

本例制作物理学科课件中的"透镜对光的作用"实验动画，课件运行界面如图 7-1 所示。通过单击相应的按钮，可以展示不同的透镜对光的作用效果。

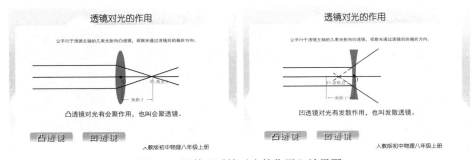

图 7-1　课件"透镜对光的作用"效果图

在课件半成品的基础上添加图层，根据效果图，制作透镜影片剪辑，并为按钮添加控制代码，完成课件的制作。

■ **制作"背景"图层**

在"背景"图层的舞台上添加背景及相关图片，使用"文本"工具输入课件标题和相关信息文字。

01 拖动素材到舞台　打开半成品课件"透镜对光的作用(初).fla"，按图 7-2 所示操作，从"库"面板中将相关素材拖到"背景"图层第 1 帧的舞台中的适当位置。

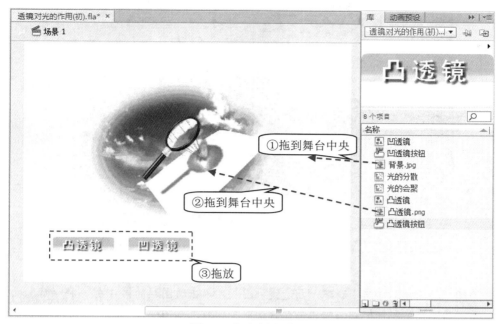

图 7-2　拖动素材到舞台

02 输入文字　按图 7-3 所示操作，在封面上部输入标题文字，在右下部输入其他相关文字，并设置好相应的字体格式。

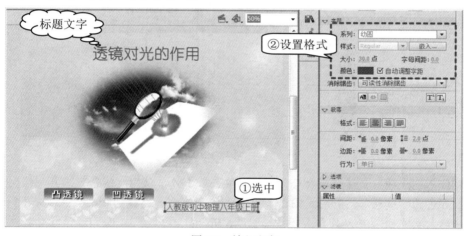

图 7-3　输入文字

■ 制作透镜影片剪辑

分别打开库中已经插入的"凸透镜"和"凹透镜"影片剪辑元件，进一步完成相应的影片剪辑制作。

01 制作"背景"图层　打开"库"面板中"光的会聚"影片剪辑，使用"矩形"工具在第 1 帧的舞台中央绘制一个长为 960px、宽为 490px、圆角为 12、填充色为#FFFFCC 的矩形背景，效果如图 7-4 所示。

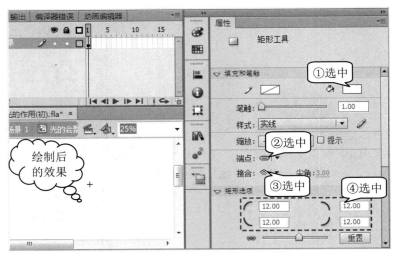

图 7-4 制作"背景"图层

02 添加"凸透镜"图层 新建"凸透镜"图层,单击该图层的第 1 帧,将"库"面板中的"凸透镜"元件拖到该帧的舞台背景中央,效果如图 7-5 所示;单击该图层的第 55 帧,按 F5 键,创建延长帧。

图 7-5 添加"凸透镜"图层

03 制作入射光线 新建"入射光"图层,单击第 1 帧,使用"线条"工具,绘制 3 条笔触颜色为"红色"、字号为"3 点"的等长入射光线,选择"修改"→"分离"命令,分离入射光线,并左对齐,效果如图 7-6 所示。

图 7-6 制作入射光线

04 延长入射光线 单击第 15 帧,按 F6 键,创建关键帧,并使用"任意变形"工具将该帧中的入射光线延长,效果如图 7-7 所示。

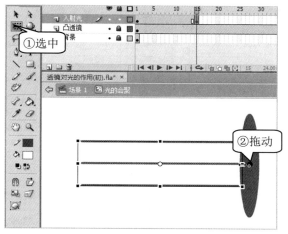

图 7-7 延长入射光线

05 制作入射光线动画 按图 7-8 所示操作,创建入射光线补间动画。在第 55 帧按 F5 键,创建延长帧。

图 7-8 制作入射光线动画

06 制作折射光线 新建"折射光"图层,选中第 15 帧,使用"线条"工具,绘制 3 条笔触颜色为"红色"、字号为"3 点"的折射光线,然后选择"修改"→"分离"命令,分离折射光线,效果如图 7-9 所示。

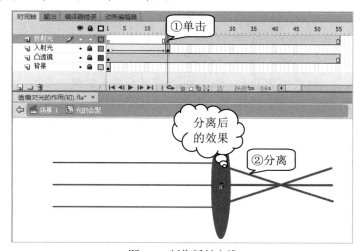

图 7-9 制作折射光线

07 制作折射光线动画 分别选中第 16~30 帧创建关键帧，按图 7-10 所示操作，删除每个关键帧中多余部分的线条，制作折射光线逐帧动画。

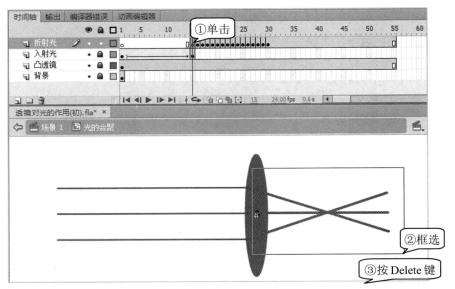

图 7-10 创建折射光线动画

08 输入提示文字 新建"提示文字"图层，分别选中第 22 和第 30 帧创建关键帧，并分别在第 1、22 和 30 帧上输入相应的提示文字，效果如图 7-11 所示。

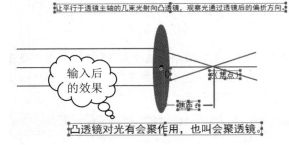

图 7-11 输入提示文字

09 添加代码图层 新建代码图层，选中第 55 帧并创建关键帧，添加停止代码。

■ **制作"代码"图层**

先为"库"面板中的"光的会聚"和"光的发散"元件添加 ActionScript 链接，然后再为"代码"图层添加代码，从而实现课件实验效果。

01 添加链接 按图 7-12 所示操作，为"库"面板中的"光的发散"元件添加类名为"fs"的 ActionScript 链接。

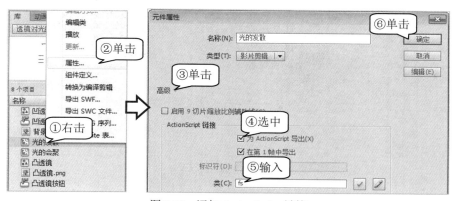

图 7-12 添加 ActionScript 链接

02 添加其他链接 继续为"光的会聚"元件添加 ActionScript 链接，类名称为"hj"。

03 添加按钮名称 按图 7-13 所示操作，添加"凸透镜"按钮名称为"btn_ttj"、"凹透镜"按钮名称为"btn_atj"。

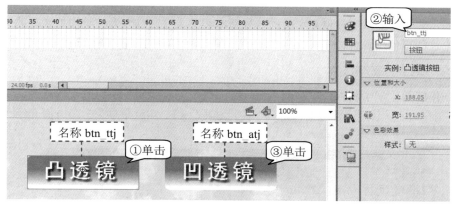

图 7-13 添加按钮名称

04 添加代码图层 在"背景"图层上方，新建"代码"图层，选中第 1 帧，按 F9 键打开"动作"面板。

05 添加代码 在"动作"面板中输入代码，当播放动画时，只要单击"凸透镜"按钮，就能在舞台相应位置显示"光的发散"影片剪辑内容，效果如图 7-14 所示。

```
1  btn_atj.addEventListener(MouseEvent.CLICK,show_fs);  //在按钮btn_atj上设置帧听函数show_fs
2  function show_fs(event:MouseEvent):void     //定义帧听函数show_fs
3  {
4      var myfs=new fs();       //定义一个实例，名称同AS链接名称（如fs）
5      addChild(myfs);          //舞台上显示实例
6      myfs.x=500;              //实例x坐标
7      myfs.y=370;              //实例y坐标
8  }
```

图 7-14 添加代码

06 继续添加代码 用同样的方法，添加"凹透镜"按钮的功能代码，效果如图 7-15 所示。

```
1  btn_atj.addEventListener(MouseEvent.CLICK,show_fs);   //在按钮btn_atj上设置侦听函数show_fs
2  function show_fs(event:MouseEvent):void    //定义侦听函数show_fs
3  {
4      var myfs=new fs();        //定义一个实例，名称同AS链接名称（如fs）
5      addChild(myfs);           //舞台上显示实例
6      myfs.x=500;               //实例x坐标
7      myfs.y=370;               //实例y坐标
8  }
9
10 btn_ttj.addEventListener(MouseEvent.CLICK,show_hj);   //在按钮btn_ttj上设置侦听函数show_hj
11 function show_hj(event:MouseEvent):void
12 {
13     var myhj=new hj();
14     addChild(myhj);
15     myhj.x=500;
16     myhj.y=370;
17 }
```

图 7-15　继续添加代码

07 测试并保存课件　选择"控制"→"测试影片"命令，播放并测试课件，再选择"文件"→"另存为"命令，改名为"透镜对光的作用(终).fla"，并将源文件保存到指定的位置。

7.1.2　制作模拟实验课件

除了演示实验，模拟实验也是实验的一种基本类型，它通过人为控制模拟实验的过程，得出实验结论。如果使用课件来模拟实验的过程，将会使讲解的内容更加形象、生动。

实例 2　氧气的实验室制法

本例制作的是化学学科课件"制取氧气"中"氧气的实验室制法"的实验动画，课件运行界面如图 7-16 所示。课件从"实验用品""实验过程"和"注意事项"3 个方面介绍了氧气的实验室制法。

图7-16　课件"氧气的实验室制法"效果图

在课件半成品的基础上按照课件结构，先制作课件封面、"实验用品"影片剪辑，再制作实验过程和注意事项，最后完成交互功能。

■ **制作课件封面**

根据需要，首先新建相关图层，然后添加边框和说明文字，最后再将"库"面板中的相关按钮按顺序放置在指定位置。

01 新建图层　打开半成品课件源文件"氧气的实验室制法(初).fla"，在"背景"图层上方添加3个名称分别为"边框""说明"和"按钮"的新图层，效果如图7-17所示。

图7-17　新建图层

02 拖动元件　单击"边框"图层的第1帧，从"库"面板中将图片"边框.jpg"拖到该帧的舞台中央。

03 输入说明文字　单击"说明"图层的第1帧，在舞台上输入说明文字，并为其设置字体格式。

04 放置按钮　单击"按钮"图层的第1帧，分别从"库"面板中拖动"实验用品""实验过程""注意事项"和"返回"按钮到舞台左下角位置，效果如图7-18所示。

图7-18　放置按钮

05 添加普通帧　分别在"背景""边框"和"按钮"图层的第5帧添加普通帧，以延长动画播放时间。

■ 制作实验用品内容

根据课件结构，先制作一个"实验用品"影片剪辑，再将该影片剪辑添加到主时间轴上。

01 插入影片剪辑　选择"插入"→"新建元件"命令，按图7-19所示操作，新建一个名称为"实验用品"的影片剪辑。

02 编辑图层　在"实验用品"元件中，将"图层1"重新命名为"背景"，并新建一个"仪器"图层，效果如图7-20所示。

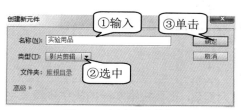

图7-19　新建影片剪辑

图7-20　编辑图层

03 **制作"背景"图层** 单击"背景"图层第 1 帧,从"库"面板中将"幕布"影片剪辑拖到舞台中央。

04 **制作"仪器"图层** 单击"仪器"图层第 1 帧,从"库"面板中将实验中所要用到的仪器拖到舞台上,并对齐排列,效果如图 7-21 所示。

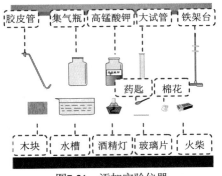

图7-21 添加实验仪器

05 **添加图层** 单击"场景 1"按钮,返回主场景,再在"背景"图层上方添加一个名称为"内容"的新图层。

06 **放置元件** 在"内容"图层的第 2 帧按 F6 键,创建一个关键帧,并将影片剪辑"实验用品"从"库"面板中拖到该帧的舞台中央,效果如图 7-22 所示。

图7-22 放置元件

07 **添加说明** 在"说明"图层的第 2 帧按 F6 键,创建一个关键帧,并修改课件下方的说明文字,效果如图 7-23 所示。

图7-23 添加说明

■ **制作实验过程**

创建"实验过程"影片剪辑元件,该元件内容较为复杂,需要根据实验的操作步骤来完成。

01 插入影片剪辑 选择"插入"→"新建元件"命令,新建一个名称为"实验过程"的影片剪辑。

02 编辑图层 在"实验过程"元件中,先将"图层1"改名为"背景",再将"幕布"影片剪辑拖到第1帧的舞台中央,最后选中第4帧,按F5键,插入普通帧。

03 设置第一步 在"背景"图层上方新建"过程"图层,按图7-24所示操作,先在该层第1帧的舞台上输入说明文字,再从"库"面板中拖动"第一步"影片剪辑到该帧的舞台上。

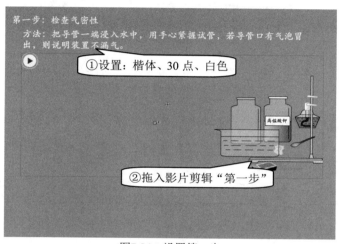

图7-24 设置第一步

04 设置其他文字 分别在"过程"图层的第2~4帧添加空白关键帧,按图7-25所示操作,在第2、3、4的舞台上分别输入说明文字。

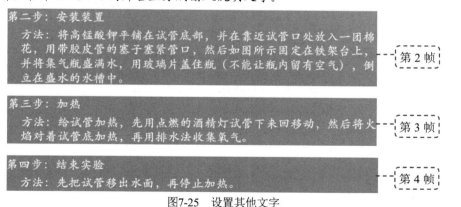

图7-25 设置其他文字

05 设置其他影片剪辑 从"库"面板中分别将影片剪辑"第二步""第三步"和"第四步"拖到"过程"图层的第2、3、4帧的舞台上,效果如图7-26所示。

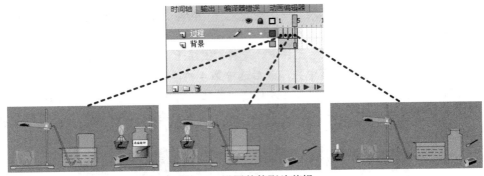

图7-26 设置其他影片剪辑

06 制作"按钮"图层 在"过程"图层上方添加"按钮"图层,按图7-27所示操作,先从"库"面板中拖动相应的按钮元件到舞台,再单击第4帧,按F5键,插入帧。

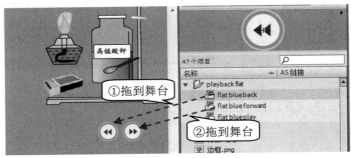

图7-27 制作"按钮"图层

07 设置按钮属性 先将"后退"按钮重新命名为"btn_prev",再将"前进"按钮改名为"btn_next"。

08 添加代码 在"按钮"图层上方添加"代码"图层,单击"代码"图层的第1帧,按F9键打开"动作"面板,并添加如图7-28所示的代码。

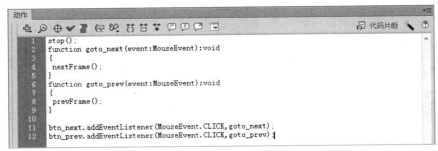

图7-28 添加代码

09 放置元件 单击"场景1"按钮,返回主场景,在"内容"图层的第3帧按F7键,插入空白关键帧,从"库"面板中将影片剪辑"实验过程"拖到该帧的舞台中央。

10 添加说明文字 在"说明"图层的第3帧按F7键,插入一个空白关键帧,并修改课件下方的说明文字,效果如图7-29所示。

图7-29　添加说明文字

■ **制作注意事项**

按照课件结构制作"注意事项"影片剪辑元件,只需要新建一个影片剪辑,然后在其中输入相关的文字并设置好字体格式即可。

01 插入影片剪辑　选择"插入"→"新建元件"命令,新建一个"注意事项"影片剪辑。

02 编辑图层　在"注意事项"元件中,将"图层1"改名为"背景",并将"幕布"影片剪辑拖到第1帧的舞台中央。

03 添加注意事项　在"背景"图层上方添加"提示"图层,在该图层第1帧的舞台上输入相关的文字,并设置格式为"楷体、30点、白色"。

04 放置元件　单击"场景1",返回主场景。在"内容"图层的第4帧按F6键,插入空白关键帧,从"库"面板中将影片剪辑"注意事项"拖到该帧的舞台中央。

05 添加说明文字　在"说明"图层的第4帧按F6键,插入空白关键帧,并修改课件下方的说明文字,效果如图7-30所示。

图7-30　添加说明文字

■ **完成交互**

这里的完成交互是指为封面上的按钮添加交互功能,即先为封面上的按钮命名,然后添加一个"代码"图层,并输入交互功能所需要的代码。

01 设置对象名称　在"场景1"中,单击"按钮"图层的第1帧中的按钮实例,按图7-31所示操作,设置按钮的对象名称。

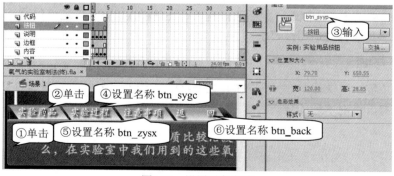

图7-31　设置对象名称

02 添加图层 在"按钮"图层上方添加"代码"图层,单击"代码"图层第1帧,按F9键,打开"动作"面板。

03 输入代码 在"动作"面板中输入交互功能代码,效果如图7-32所示。

```
stop();
function goto_syyp(event:MouseEvent):void
{
    gotoAndStop(2);        //跳转到第2帧
}
function goto_sygc(event:MouseEvent):void
{
    gotoAndStop(3);        //跳转到第3帧
}
function goto_zysx(event:MouseEvent):void
{
    gotoAndStop(4);        //跳转到第4帧
}
function goto_back(event:MouseEvent):void
{
    gotoAndStop(1);        //跳转到第1帧
}

btn_syyp.addEventListener(MouseEvent.CLICK,goto_syyp);
btn_sygc.addEventListener(MouseEvent.CLICK,goto_sygc);
btn_zysx.addEventListener(MouseEvent.CLICK,goto_zysx);
btn_back.addEventListener(MouseEvent.CLICK,goto_back);
```

图7-32 输入代码

04 测试并保存课件 选择"控制→测试影片→测试"命令,测试课件,并以"氧气的实验室制法(终).fla"为文件名将课件保存在指定位置。

7.2 制作测验型课件

测验型课件是指练习类型的课件,包括判断题课件、单选题课件、多选题课件、填空题课件等。

制作测验型课件

7.2.1 制作判断题

判断题是一种常见的练习题型,它由题干和判断选项部分组成,当选择了"正确"或"错误"之后,还需要给出一个判断,判断选择是正确还是错误。另外,还可以通过增加针对题目的分析功能来满足课件的适用性要求。

实例3 分子与细胞

本例制作生物学科课件中"分子与细胞"的判断题,课件运行界面如图7-33所示。通过"分析"按钮可以打开针对本题的分析内容。

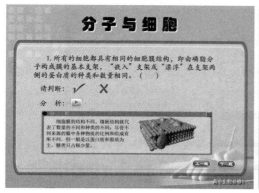
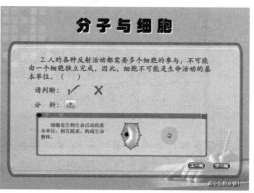

图 7-33　课件"分子与细胞"效果图

课件中共有 3 个判断题，每个小题都可以通过选择"√"与"×"按钮来进行判断，并在判断后给出正确和错误反馈，另外还可以通过分析按钮来调用针对本题的分析内容。下面介绍第 1 个判断题的制作方法，其他两个判断题的制作方法类似。

■ 制作"题目"图层

"题目"图层包含判断题的题干内容，需要先输入文字，再设置相应的字体格式。

01 新建图层　打开半成品课件"分子与细胞(初).fla"，在"背景"图层上方添加"题目"图层，效果如图 7-34 所示。

02 输入文字　在"题目"图层第 1 帧的舞台上输入题干文字，并设置字体格式为"楷体、30 点、深绿色"，效果如图 7-35 所示。

图7-34　新建"题目"图层　　　　　　图7-35　输入文字

■ 制作"判断"图层

"判断"图层上存放用于判断的"对""错"按钮，以及选择对或错之后，反馈的影片剪辑元件。

01 新建图层　在"题目"图层上方添加"判断"图层，在"判断"图层第 1 帧的舞台上输入文字"判断:"，并设置字体格式，效果如图 7-36 所示。

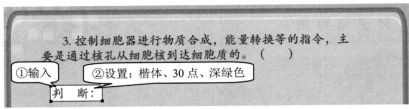

图7-36 新建图层

02 放置元件 先从"库"面板中将按钮元件"对号按钮"和"叉号按钮"拖到"判断"图层第1帧的舞台上,再将影片剪辑"正确反馈"和"错误反馈"也拖到相应的位置,效果如图7-37所示。

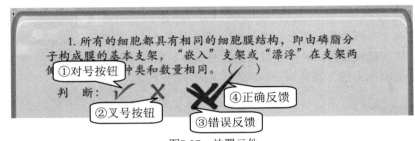

图7-37 放置元件

03 设置实例名称 通过元件的"属性"面板,分别为舞台上的按钮元件和影片剪辑实例命名,效果如图7-38所示。

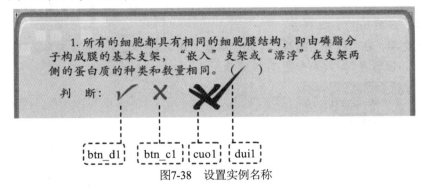

图7-38 设置实例名称

■ 制作"分析"图层

"分析"图层包括"分析"文字的提示,以及一个按钮,单击此按钮可显示分析结果。

01 新建图层 在"判断"图层上方添加"分析"图层,并在"分析"图层第1帧的舞台上输入文字"分析:"。

02 新建元件 选择"插入"→"新建元件"命令,按图7-39所示操作,新建一个名称为"分析1"的影片剪辑,并在该元件的"图层1"的第2帧按F6键,插入关键帧。

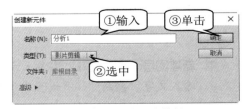

图7-39 新建影片剪辑

03 绘制绿色矩形 按图7-40所示操作,在"图层1"第2帧的舞台上绘制一个圆角矩形。

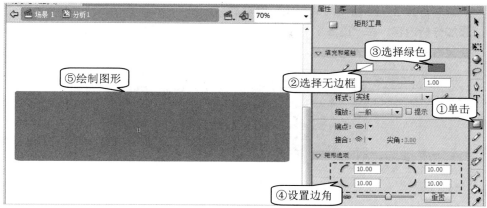

图7-40 绘制绿色矩形

04 绘制粉红矩形 继续在"绿色"的矩形上再绘制一个矩形,颜色为粉红色,如图 7-41 所示。

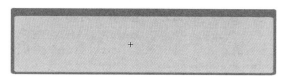

图7-41 绘制粉红矩形

05 调整矩形大小 在"图层1"的第22帧按F6键,插入关键帧,按图7-42所示操作,调整矩形的大小。

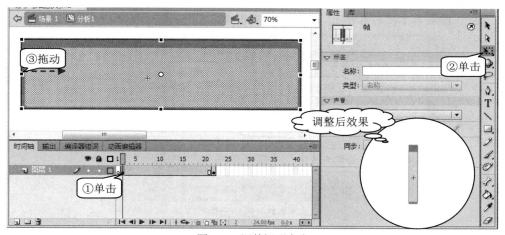

图7-42 调整矩形大小

06 制作动画 在"图层1"的第2帧右击,在弹出的快捷菜单中选择"创建补间形状"命令,制作第2~22帧之间的形状补间动画。

07 添加分析内容 在"图层1"的第23处帧插入一个关键帧,按图7-43所示操作,添加分析内容。

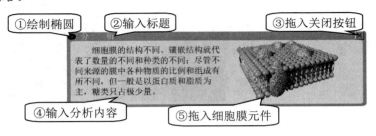

图7-43 添加分析内容

08 设置按钮名称 单击舞台上的"关闭"按钮,在"属性"面板中设置按钮元件名称为"btn_hide"。

09 添加代码1 为第1帧和第24帧添加停止代码"stop();",在第23帧添加如图7-44所示的代码,实现单击"关闭"按钮时,隐藏分析内容。

图7-44 添加代码1

10 拖动元件 单击"场景1"按钮,返回主场景,按图7-45所示操作,拖动元件到"分析"图层第1帧的舞台上,并分别为实例命名。

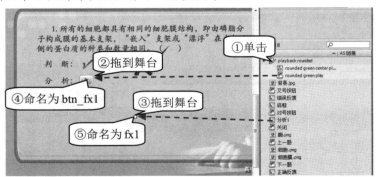

图7-45 拖动元件

11 添加代码2 在"分析"图层的第1帧按F9键,打开"动作"面板,并添加代码,效果如图7-46所示。

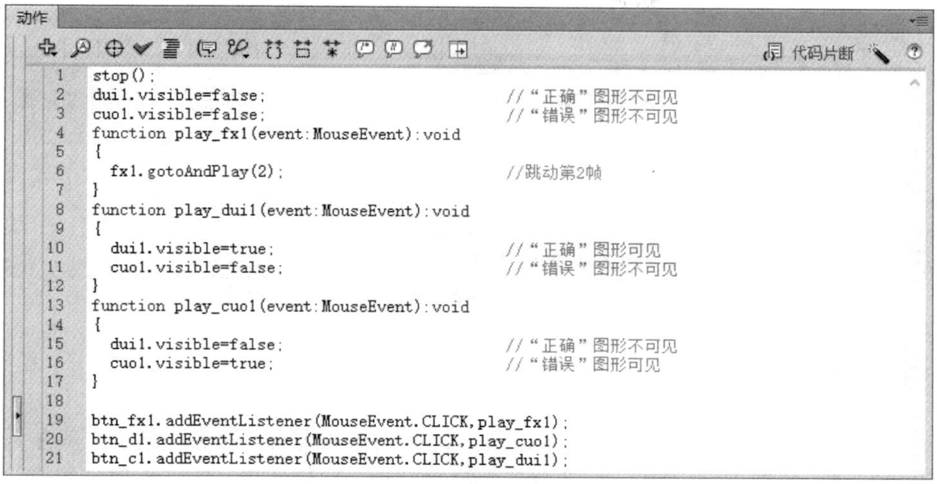

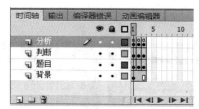

图7-46　添加代码2

12 制作其他习题　参照第 1 题的制作方式，完成第 2 题和第 3 题的制作，效果如图 7-47 所示。

图7-47　其他习题的时间轴

■ 制作"导航"图层

"导航"是一个单独的图层，存放有"上一题"和"下一题"两个按钮，分别用于跳转到上一题和下一题所在的位置。

01 新建图层　在"分析"图层上方添加一个图层，并将图层名重新命名为"导航"。

02 拖动按钮元件　从"库"面板中将两个按钮元件"上一题"和"下一题"拖到"导航"图层第 1 帧的舞台右下角，效果如图 7-48 所示。

图7-48　拖动按钮元件

03 添加代码　在"属性"面板中，先分别将"上一题"和"下一题"按钮命名为"btn_prev"和"btn_next"，再在"导航"图层的第 1 帧按 F9 键，打开"动作"面板，添加如图 7-49 所示的代码，并保存文件。

```
function goto_next(event:MouseEvent):void
{
    nextFrame();          //跳到下一帧
}
function goto_prev(event:MouseEvent):void
{
    prevFrame();          //跳到上一帧
}

btn_next.addEventListener(MouseEvent.CLICK,goto_next);
btn_prev.addEventListener(MouseEvent.CLICK,goto_prev);
```

图7-49　添加代码

7.2.2　制作单选题

单选题是练习与测试类课件最常见的题型，此类题型通常有 4 个备选答案，其中只有一个选项是正确答案。在 Flash 课件中，单选题下面提供有单选按钮，选择完成后进行提交，并能根据提交结果给出正确和错误的反馈。

实例 4　电解水

本例制作生物学科课件"电解水"中的单选题，课件运行界面如图 7-50 所示。该课件用于对学习内容的巩固。

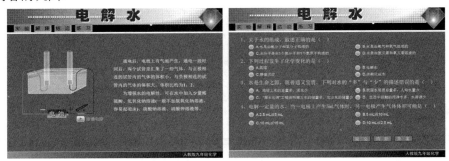

图7-50　课件"电解水"效果图

在课件半成品的基础上，分别制作实验模块、解释模块、结论模块和练习模块，并添加相关的交互代码。

■ 制作"实验"模块

"实验"模块中包含实验装置图，展示了电解水的过程。在实验装置右侧，列出实验现象，供学生阅读。

01 添加图层　打开半成品课件"电解水(初).fla"，在"背景"图层上方添加一个新图层，并将其重命名为"内容"。

02 拖动元件　从"库"面板中将影片剪辑"电解实验"拖到"内容"图层第 1 帧的舞台左侧，单击工具箱中的"任意变形"工具，按图 7-51 所示操作，适当放大实例。

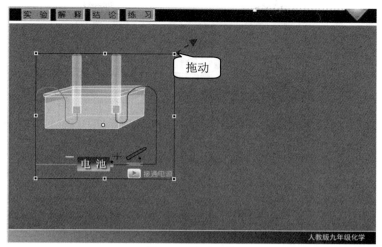

图7-51 拖动元件

03 输入文字 在"内容"图层第 1 帧的舞台右侧,输入实验说明文字,字体格式设置为"宋体、22 点、白色",效果如图 7-52 所示。

图7-52 输入文字

■ **制作"解释"模块**

"解释"模块是宏观实验的微观解释,通过它可以更好地帮助学生理解电解的原理。

01 添加关键帧 在"内容"图层的第 2 帧按 F7 键,插入一个空白关键帧。

02 选择绘图工具 选择"插入"→"新建元件"命令,插入一个图形元件,命名为"氧",按图 7-53 所示操作,选择"椭圆工具"。

图7-53 选择"椭圆工具"

03 设置颜色 选择"窗口"→"颜色"命令,打开"颜色"面板,按图 7-54 所示操作,绘制一个圆形,并设置它的颜色。

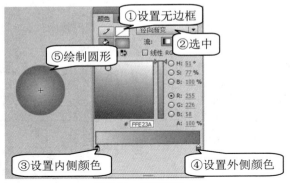

图 7-54 设置颜色

04 新建其他元件 继续添加"氢"和"电离后原子"图形元件,在元件的舞台中绘制图形,效果如图 7-55 所示。

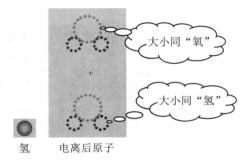

图7-55 新建其他元件

05 新建影片剪辑 选择"插入"→"新建元件"命令,新建一个名称为"电解原理"的影片剪辑,重命名"图层 1"为"说明",并按图 7-56 所示操作,设置好第 1 帧的舞台内容。

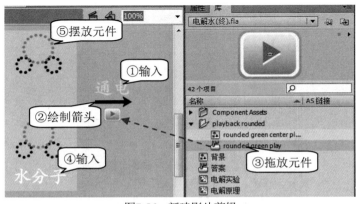

图7-56 新建影片剪辑

06 **制作第 70 帧** 单击"说明"图层的第 70 帧，按 F6 键，插入关键帧，并在该帧的舞台上输入文字说明，效果如图 7-57 所示。

图7-57　制作第70帧

07 **制作"氧运动 1"图层** 新建"氧运动 1"图层，将图形元件"氧"从"库"面板中拖到第 1 帧的舞台上，在第 70 帧插入关键帧，并将实例"氧"移动到对应的位置上，效果如图 7-58 所示。

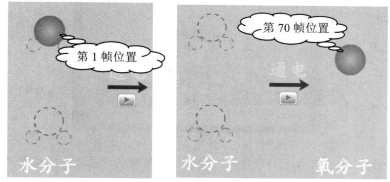

图7-58　制作"氧运动1"图层

08 **制作运动** 在"氧运动 1"图层的第 1 帧与第 70 帧之间右击，在弹出的快捷菜单中选择"创建传统补间"命令，制作运动补间动画。

09 **绘制引导线** 右击"氧运动 1"图层，在弹出的快捷菜单中选择"添加传统运动引导层"命令，添加引导层，按图 7-59 所示操作，在引导层上绘制一条曲线。

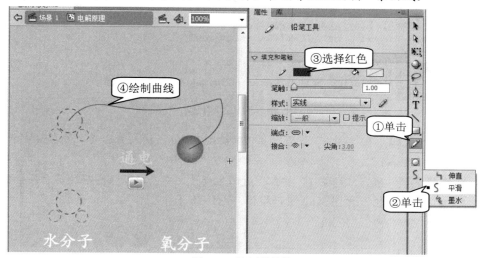

图7-59　绘制引导线

10 制作其他动画 添加其他图层,制作其他原子的运动动画,时间轴和动画路径效果如图 7-60 所示。

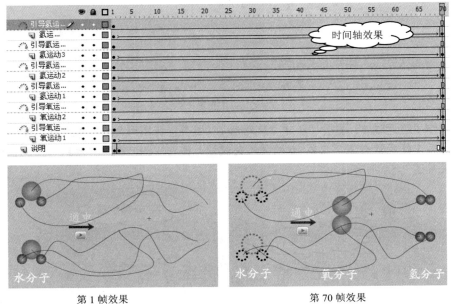

图7-60 制作其他动画

11 设置名称 单击舞台上的"播放"按钮,在按钮的"属性"面板中设置其名称为"btn_td"。

12 添加控制代码 在时间轴最上方添加"代码"图层,并在第 1 帧按 F9 键,打开"动作"面板,添加如图 7-61 所示的代码。

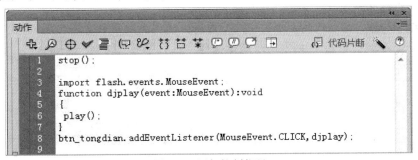

图7-61 添加控制代码

13 添加停止代码 在"代码"图层的第 70 帧按 F6 键,插入关键帧,并在该帧中添加停止代码"stop();"。

14 制作第 2 帧 单击"场景 1"按钮,返回主场景,在"内容"图层的第 2 帧按 F7 键,插入空白关键帧,按图 7-62 所示操作,制作舞台内容。

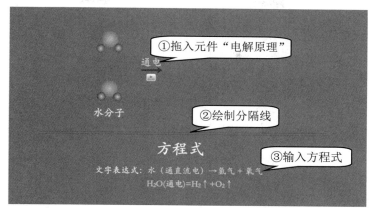

图7-62　制作第2帧

■ 制作"结论"模块

"结论"模块是对宏观实验和微观解释的总结，通过归纳可以让学生进一步地了解电解的原理。

01 输入文字　在"内容"图层的第 3 帧按 F7 键，插入空白关键帧，在该帧的舞台上输入文字，并设置字体格式为"楷体、30 点、白色"，效果如图 7-63 所示。

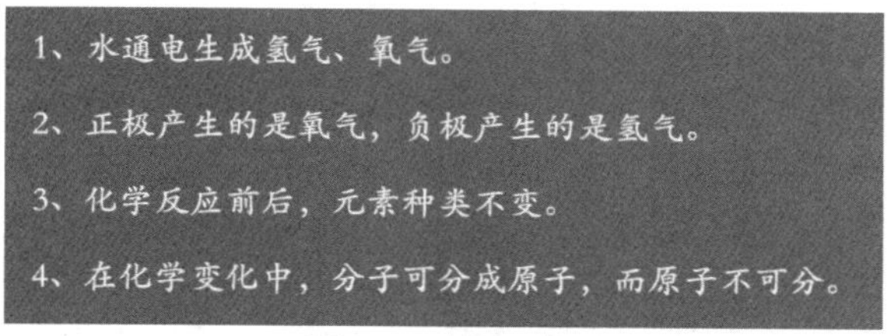

图7-63　输入文字

02 设置段落格式　按图 7-64 所示操作，设置文字的段落格式：行距为 8.0 点。

图7-64　设置段落格式

■ 制作"练习"模块

新建"练习题"影片剪辑，制作练习模块，该模块由几个单项选择题组成，选择答案后可以通过"提交"按钮判断题目正误，也可以通过"答案"按钮查看正确答案。

01 新建影片剪辑　选择"插入"→"新建元件"命令，新建一个名称为"练习题"的影片剪辑，将"图层 1"重命名为"题目"，在该图层第 1 帧的舞台上输入 4 道题目的题干内容，并在题目之间留一定的空格，用于后面添加选项，效果如图 7-65 所示。

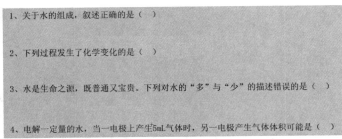

图7-65 新建影片剪辑

02 添加组件 选择"窗口"→"组件"命令，打开"组件"面板，按图7-66所示操作，在第1题的题干下面添加4个单选组件。

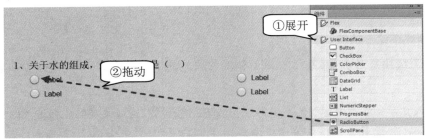

图7-66 添加组件

03 设置选项A 选择第1个组件，并打开"组件参数"面板，按图7-67所示操作，将其groupName属性都设置为"t1"，label属性都设置成选项内容。

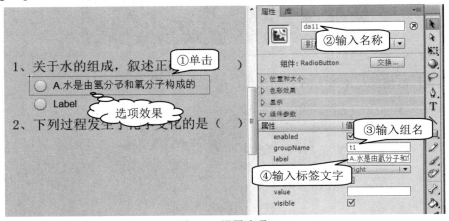

图7-67 设置选项A

04 设置其他选项 继续设置选项B、C和D内容，将groupName属性都设置为"t1"，label属性都设置成对应的选项内容，选项名称依次为"da12、da13、da14"，效果如图7-68所示。

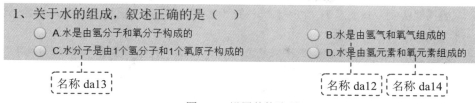

图7-68 设置其他选项

05 设置其他题目 参照第1题的制作方式，完成第2、3、4题制作，各属性值如图7-69所示。

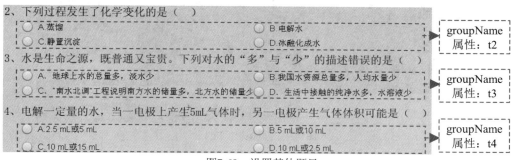

图7-69 设置其他题目

06 设置选项名称 参照第1题的制作方式，设置第2题选项名称依次为"da21、da22、da23、da24"，第3题选项名称依次为"da31、da32、da33、da34"，第4题选项名称依次为"da41、da42、da43、da44"。

07 添加关键帧 单击"场景1"按钮，返回主场景，在"内容"图层的第4帧按F6键，插入关键帧，并从"库"中拖动影片剪辑"练习题"到该帧的舞台上。

08 调整实例 选择"任意变形"工具，调整实例"练习题"的大小，按图7-70所示操作，设置实例名称为"xzt"，色彩效果为"亮度"。

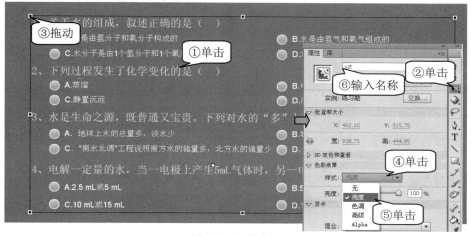

图7-70 调整实例

09 添加其他实例 按图 7-71 所示标识,在"内容"图层第 4 帧的舞台上添加其他影片剪辑,并设置好对象名称。

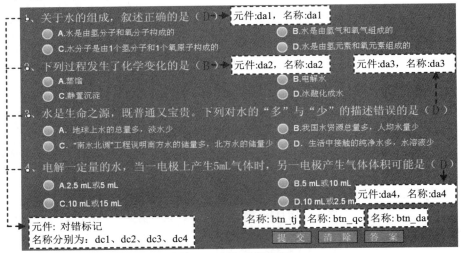

图7-71 添加其他实例

■ 添加代码

若要实现课件交互功能,需要为课件导航按钮和单项选择按钮添加功能代码。

01 添加帧标签 按图 7-72 所示操作,在"内容"图层第 1 帧的"属性"面板中添加帧标签,并命名为"实验"。

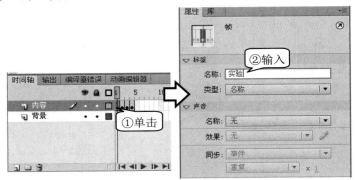

图7-72 添加帧标签

02 添加其他帧标签 继续分别为"内容"层图的第 2、3、4 帧添加帧标签,并命名为"解释""结论""练习"。

03 设置按钮名称 分别为 4 个导航按钮设置名称,效果如图 7-73 所示。

图7-73 设置按钮名称

04 添加控制代码 在"内容"图层上方添加"代码"图层,并选中该图层的第 1 帧,按 F9 键,打开"动作"面板,添加如图 7-74 所示的代码,以控制各模块之间的跳转。

```
stop();
function goto_sy(event:MouseEvent):void
{
  gotoAndStop("实验");
}
function goto_js(event:MouseEvent):void
{
  gotoAndStop("解释");
}
function goto_jl(event:MouseEvent):void
{
  gotoAndStop("结论");
}
function goto_lx(event:MouseEvent):void
{
  gotoAndStop("练习");
}

btn_sy.addEventListener(MouseEvent.CLICK,goto_sy);
btn_js.addEventListener(MouseEvent.CLICK,goto_js);
btn_jl.addEventListener(MouseEvent.CLICK,goto_jl);
btn_lx.addEventListener(MouseEvent.CLICK,goto_lx);
```

图7-74 添加控制代码

05 添加练习代码 在"代码"图层的第 4 帧按 F6 键,插入一个关键帧,并添加如图 7-75 所示的代码,以控制教学模块之间的跳转。

```
da1.visible = false;  da2.visible = false;  da3.visible = false;  da4.visible = false;   隐藏所有答案
function tijiao(e:MouseEvent):void
{                                                                                        "提交"函数
  if (xzt.da14.selected){
    dc1.gotoAndStop(2);                                                                  如果选中 da14
  }else{                                                                                 (即答案 D),则跳
    dc1.gotoAndStop(3);                                                                  转到 dc1 的第 2
  }                                                                                      帧(即显示√),否
  if (xzt.da22.selected){                                                                则显示"×"
    dc2.gotoAndStop(2);
  }else{
    dc2.gotoAndStop(3);
  }
  if (xzt.da34.selected){
    dc3.gotoAndStop(2);
  }else{
    dc3.gotoAndStop(3);
  }
  if (xzt.da44.selected){
    dc4.gotoAndStop(2);
  }else{
    dc4.gotoAndStop(3);
  }
}
function qingchu(e:MouseEvent):void{                                                     "清除"函数
  dc1.gotoAndStop(1);  dc2.gotoAndStop(1);  dc3.gotoAndStop(1);  dc4.gotoAndStop(1);      对错标记还原
  da1.visible = false; da2.visible = false; da3.visible = false; da4.visible = false;    所有答案隐藏
}
function daan(e:MouseEvent):void{                                                        "答案"函数
  dc1.gotoAndStop(1);  dc2.gotoAndStop(1);  dc3.gotoAndStop(1);  dc4.gotoAndStop(1);
  xzt.da14.selected = true;  xzt.da22.selected = true;
  xzt.da34.selected = true;  xzt.da44.selected = true;                                   对错标记还原
  da1.visible = true;  da2.visible = true;  da3.visible = true;  da4.visible = true;     选中正确选项
}                                                                                        显示所有答案
btn_tj.addEventListener(MouseEvent.CLICK,tijiao);
btn_qc.addEventListener(MouseEvent.CLICK,qingchu);
btn_da.addEventListener(MouseEvent.CLICK,daan);
```

图7-75 添加练习代码

7.2.3 制作多选题

选择题题型除了有单项选择题,还有多项选择题。通常多项选择题包括 4 个或 4 个以上的备选答案,其正确答案往往不止一个。一般单选题使用的是单选按钮,而多选题使用的是复选按钮。同样,多选题也是选择完成后进行提交,其可以选择多个答案,并能根据提交结果给出反馈。

实例5 水资源——黄河

本例制作地理课件中的多选题,课件运行界面如图 7-76 所示。该课件分为"走进黄河""感悟黄河""了解黄河""治理黄河"和"练习"5 个部分,学生可以通过多选练习题巩固所学知识。

图7-76 课件"水资源——黄河"效果图

课件由 5 个模块组成,各模块分别存放于影片剪辑中,在时间轴中插入关键帧,然后把相应的影片剪辑放置于该帧对应的舞台上,从而完成课件制作。

跟我学

■ 制作"走进黄河"模块

根据课件结构,制作"走进黄河"模块,该模块内容为一些文字和图片,这些文字和图片存放于时间轴不同帧的舞台上,用两个按钮实现前后跳转。

01 新建元件 打开半成品课件"黄河(初).fla",选择"插入"→"新建元件"命令,新建一个影片剪辑,命名为"走进黄河"。

02 制作"背景"图层 将"图层 1"重命名为"背景",按图 7-77 所示操作,先使用"矩形"工具在第 1 帧的舞台上绘制一个矩形,再从"库"面板中拖动两个按钮到该帧的舞台上,并设置按钮名称。

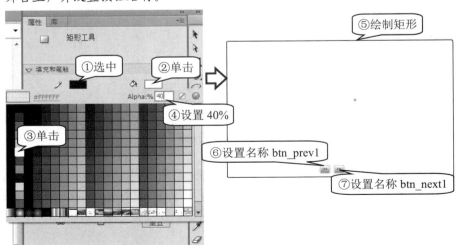

图7-77 制作"背景"图层

03 延长帧 在"背景"图层的第 3 帧按 F5 键,插入普通帧。

04 制作第 1 帧 在"背景"图层上方添加"内容"图层。在该图层第 1 帧的舞台上输入思考题,并按图 7-78 所示操作,对题目文字进行格式设置。

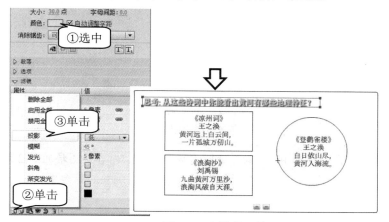

图 7-78 制作第 1 帧

05 制作第 2 帧 在"内容"图层的第 2 帧按 F7 键,插入空白关键帧,按图 7-79 所示操作,输入文字并从"库"面板中拖动图片素材到舞台。

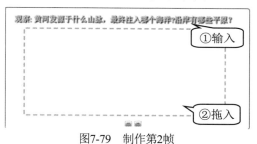

图 7-79 制作第 2 帧

06 制作第 3 帧 在"内容"图层的第 3 帧按 F6 键,添加关键帧,按图 7-80 所示操作,完成第 3 帧的制作。

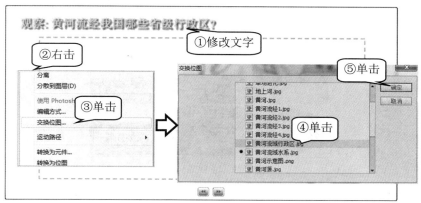

图 7-80 制作第 3 帧

07 添加代码 在"背景"图层的第 1 帧按 F9 键,打开"动作"面板,添加如图 7-81 所示的代码。

图7-81 添加代码

08 添加内容 单击"场景 1"按钮,返回主场景,在"内容"图层的第 2 帧按 F6 键,添加关键帧,并将刚制作好的"走进黄河"元件拖到该帧的舞台中央。

■ 制作"感悟黄河"模块

根据课件结构,制作"感悟黄河"模块,该模块只有一帧,存放了一行文字和几张图片,注意要适当调整图片的大小和位置,使图片排放整齐。

01 新建元件 按图 7-82 所示操作,选择"插入"→"新建元件"命令,新建一个影片剪辑,命名为"感悟黄河"。

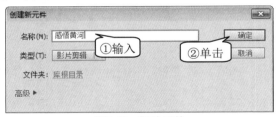

图7-82 新建元件

02 添加舞台内容 将"图层 1"重命名为"背景",添加"内容"图层,在该图层的第 1 帧添加思考文字,并从"库"面板中拖动图片到该帧的舞台上,使用"任意变形"工具调整图片大小并排列整齐,效果如图 7-83 所示。

图7-83 添加舞台内容

03 添加内容 单击"场景 1"按钮,返回主场景,选中"内容"图层的第 3 帧,按 F7 键,添加空白关键帧,将"库"面板中的"感悟黄河"影片剪辑拖至该帧的舞台上,并调整到适当的位置。

04 制作其他模块 参照上述方法，完成"了解黄河"和"治理黄河"模块的制作。

■ 制作"练习"模块

根据课件结构，制作"练习"模块，该模块是一套多项选择题，包括 4 个小题。利用组件中的多选按钮完成界面设置，然后再添加代码完成相应功能。

01 输入题干 选择"插入"→"新建元件"命令，新建一个影片剪辑，命名为"练习题"。将"图层 1"重命名为"题目"，在该图层第 1 帧的舞台上输入 4 个多选题的题干内容，效果如图 7-84 所示。

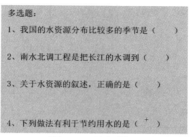

图7-84　输入题干

02 添加组件 选择"窗口"→"组件"命令，打开"组件"面板，按图 7-85 所示操作，在第 1 题的题干下面添加 4 个复选组件。

图7-85　添加组件

03 设置选项 A 选择第 1 个组件，并打开"组件参数"面板，按图 7-86 所示操作，把 label 属性值设置成选项内容，选项名称为"d11"。

图7-86　设置选项A

04 设置其他选项 继续设置选项 B、C 和 D 的内容，把 label 属性值设置成选项内容，选项名称依次为"d12、d13、d14"，效果如图 7-87 所示。

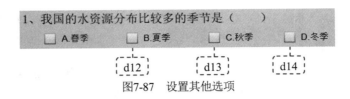

图7-87 设置其他选项

05 设置其他题选项 参照选项 A 的制作方法，设置其他题的 label 值后，第 2 题的 4 个选项名称依次为"d21、d22、d23、d24"，第 3 题的 4 个选项名称依次为"d31、d32、d33、d34"，第 4 题的 4 个选项名称依次为"d41、d42、d43、d44"。

06 复制元件 直接复制一份"感悟黄河"元件，重新命名为"多项选择"，并删除"内容"图层在舞台上的内容。

07 拖动元件 打开"多项选择"影片剪辑，将刚制作的"练习题"影片剪辑拖到"内容"图层第 1 帧的舞台中央。

08 调整对象 按图 7-88 所示操作，选择"任意变形"工具，适当调整"练习题"对象的大小，并设置对象属性。

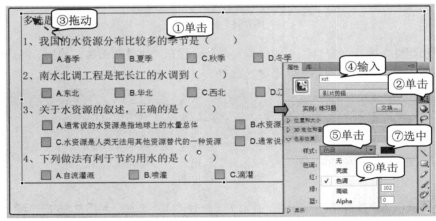

图7-88 调整对象

09 添加其他对象 按图 7-89 所示的标识，在"内容"图层第 6 帧的舞台上添加其他元件，并设置它们的实例名称。

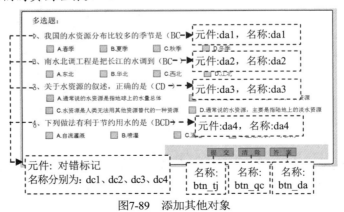

图7-89 添加其他对象

10 添加隐藏答案代码 右击"内容"图层的第 1 帧,选择"动作"命令,在打开的面板中输入如图 7-90 所示的代码,使得运行在初始状态时不显示正确答案。

```
da1.visible=false;
da2.visible=false;
da3.visible=false;
da4.visible=false;
```

图7-90 添加隐藏答案代码

11 添加提交代码 继续在打开的"动作"面板中输入"提交"函数代码,效果如图 7-91 所示。

```
function tijiao(e:MouseEvent):void {
    //如果da12与da13选中(即BC选中),并且da11与da14未选中(即AD未选中)
    if ( xzt.d12.selected && xzt.d13.selected && !xzt.d11.selected && !xzt.d14.selected) {
        dc1.gotoAndStop(2);      //跳转到dc1的第2帧(即显示√)
    } else {
        dc1.gotoAndStop(3);      //跳转到dc1的第3帧(即显示×)
    }
    //如果da22与da23选中(即BC选中),并且da21与da24未选中(即AD未选中)
    if ( xzt.d22.selected && xzt.d23.selected && !xzt.d21.selected && !xzt.d24.selected) {
        dc2.gotoAndStop(2);
    } else {
        dc2.gotoAndStop(3);
    }
    //如果da33与da34选中(即CD选中),并且da31与da32未选中(即AB未选中)
    if (xzt.d33.selected && xzt.d34.selected && !xzt.d31.selected && !xzt.d32.selected) {
        dc3.gotoAndStop(2);
    } else {
        dc3.gotoAndStop(3);
    }
    //如果da42、da43与da44都被选中(即BCD选中),并且da41未选中(即A未选中)
    if (xzt.d42.selected && xzt.d43.selected && xzt.d44.selected &&! xzt.d41.selected) {
        dc4.gotoAndStop(2);
    } else {
        dc4.gotoAndStop(3);
    }
}
```

图7-91 添加提交代码

12 添加清除代码 继续在打开的"动作"面板中输入"清除"函数代码,代码和解释如图 7-92 所示。

```
function qingchu(e:MouseEvent):void{
    //下面清除对错符号,还原到空白状态
    dc1.gotoAndStop(1);   dc2.gotoAndStop(1);   dc3.gotoAndStop(1);   dc4.gotoAndStop(1);
    //下面隐藏所有答案
    da1.visible=false;    da2.visible=false;    da3.visible=false;    da4.visible=false;
    //清除对第1题的所有选择
    xzt.d11.selected=false;   xzt.d12.selected=false;   xzt.d13.selected=false;   xzt.d14.selected=false;
    //清除对第2题的所有选择
    xzt.d21.selected=false;   xzt.d22.selected=false;   xzt.d23.selected=false;   xzt.d24.selected=false;
    //清除对第3题的所有选择
    xzt.d31.selected=false;   xzt.d32.selected=false;   xzt.d33.selected=false;   xzt.d34.selected=false;
    //清除对第4题的所有选择
    xzt.d41.selected=false;   xzt.d42.selected=false;   xzt.d43.selected=false;   xzt.d44.selected=false;
}
```

图7-92 添加清除代码

13 添加答案代码 继续在打开的"动作"面板中输入"答案"函数代码,代码和解释如图 7-93 所示。

```
function daan(e:MouseEvent):void{
    //下面清除对错符号，还原到空白状态
    dc1.gotoAndStop(1);    dc2.gotoAndStop(1);    dc3.gotoAndStop(1);    dc4.gotoAndStop(1);
    //下面将第1题所有对的选项都设置为选中状态
    xzt.d11.selected=false; xzt.d12.selected=true; xzt.d13.selected=true; xzt.d14.selected=false;
    //下面将第2题所有对的选项都设置为选中状态
    xzt.d21.selected=false; xzt.d22.selected=true; xzt.d23.selected=true; xzt.d24.selected=false;
    //下面将第3题所有对的选项都设置为选中状态
    xzt.d31.selected=false; xzt.d32.selected=false; xzt.d33.selected=true; xzt.d34.selected=true;
    //下面将第4题所有对的选项都设置为选中状态
    xzt.d41.selected=false; xzt.d42.selected=true; xzt.d43.selected=true; xzt.d44.selected=true;
    //下面显示所有正确答案
    da1.visible=true;     da2.visible=true;     da3.visible=true;     da4.visible=true;
}
```

图7-93　添加答案代码

14 添加侦听代码　继续在打开的"动作"面板中输入"侦听"函数代码，代码效果如图7-94所示。

```
btn_tj.addEventListener(MouseEvent.CLICK,tijiao);
btn_qc.addEventListener(MouseEvent.CLICK,qingchu);
btn_da.addEventListener(MouseEvent.CLICK,daan);
```

图7-94　添加侦听代码

15 拖动元件　单击"场景1"按钮，返回主场景，在"内容"图层的第6帧按F6键，添加关键帧，将"多项选择"元件拖到该帧的舞台中央。

7.2.4　制作填空题

填空题与判断题、选择题不同，一般情况下，填空题的答案是固定的，对于答案固定的填空题可以用Flash制成课件，不仅可以进行正误判断，而且有很好的教学效果。

实例6　人造卫星与宇宙速度

本例制作物理课件"人造卫星与宇宙速度"中的填空题，课件运行界面如图7-95所示。该课件分为"人造卫星""宇宙速度"和"练习"三部分，其中练习是以填空题呈现的，要求在空白处填写答案，Flash根据答案正确与否给出相应的反馈。

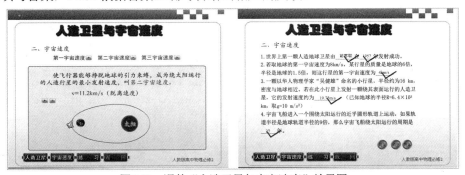

图7-95　课件"人造卫星与宇宙速度"效果图

课件中"人造卫星"和"宇宙速度"两个模块为教学理论部分，并利用动画对重难点知识进行了讲解演示，"练习"模块则采用填空题的形式巩固课堂所学知识。这3个模块都以影片剪辑的形式独立存在。

跟我学

■ 制作"人造卫星"模块

"人造卫星"模块介绍了相关概念和公式,并以动画演示了人造卫星绕地球旋转的效果。

01 新建元件 打开半成品课件"人造卫星与宇宙速度(初).fla",选择"插入"→"新建元件"命令,新建一个影片剪辑,命名为"卫星运动"。

02 制作"地球"图层 在影片剪辑"卫星运动"中,将"图层1"重命名为"地球",从"库"面板中将图片"地球.png"和两个按钮元件拖到该图层第1帧的舞台上,效果如图7-96所示,然后在第150帧按F5键,插入普通帧。

图7-96 制作"地球"图层

03 制作"卫星"图层 在"地球"图层上方添加"卫星"图层。从"库"面板中拖动元件"卫星"到该图层第1帧的舞台上,元件摆放位置如图7-97所示,然后在第150帧按F6键,插入关键帧。

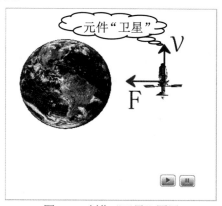

图7-97 制作"卫星"图层

04 添加引导线 按图7-98所示操作,在"卫星"图层上方添加"引导线"图层,并在舞台上绘制一个圆。

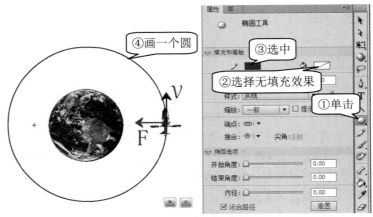

图7-98 添加引导线

05 制作"轨迹"图层 在"卫星"图层下方添加"轨迹"图层,单击"引导线"图层,按 Ctrl+C 键复制圆,再单击"轨迹"层,按 Ctrl+Shift+V 键将圆粘贴到当前位置。

06 修改引导线 按图 7-99 所示操作,隐藏"轨迹"和"卫星"图层,选中"引导线"图层的第 1 帧,使用"橡皮"工具 将引导线擦除出一个开口。

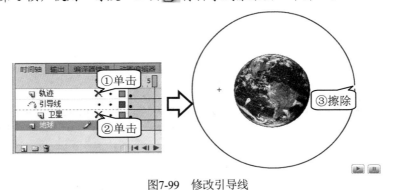

图7-99 修改引导线

07 制作动画 取消"卫星"图层的隐藏设置,将其第 1 帧和第 150 帧舞台上的"卫星"实例分别移到引导线开口的上端和下端。右击"卫星"层的第 1 帧,创建传统补间动画,还原舞台显示比例为 100%,按图 7-100 所示操作,设置动画的属性。

图7-100 制作动画

08 添加控制代码 取消"轨迹"图层的隐藏设置,将舞台上的两个按钮分别命名为"btn_play_wx"和"btn_pause_wx",并在"地球"图层第 1 帧添加如图 7-101 所示的代码。

```
1  stop();
2  function play_wx(event:MouseEvent):void{
3   play();    //单击btn_play_wx按钮,开始运动
4  }
5  function pause_wx(event:MouseEvent):void{
6   stop();    //单击btn_pause_wx按钮,停止运动
7  }
8  btn_play_wx.addEventListener(MouseEvent.CLICK,play_wx);
9  btn_pause_wx.addEventListener(MouseEvent.CLICK,pause_wx);
10
```

图7-101　添加控制代码

09 新建"人造卫星"元件　新建"人造卫星"影片剪辑,按图7-102所示操作,完成第1帧内容制作。

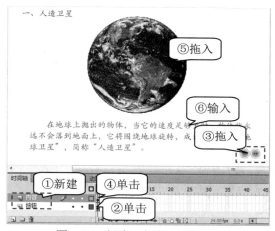

图7-102　新建"人造卫星"元件

10 制作第2帧　在"按钮"图层的第3帧按F5键,插入普通帧。在"内容"图层的第2帧按F7键,插入空白关键帧,按图7-103所示操作,完成第2帧内容的制作。

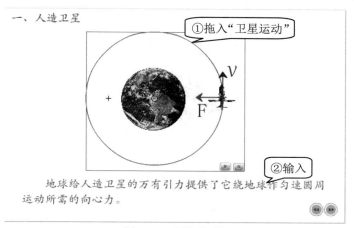

图7-103　制作第2帧

11 制作第3帧　在"内容"图层的第3帧按F7键,插入空白关键帧,按图7-104所示操作,完成第3帧内容的制作。

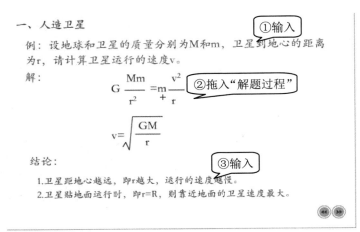

图7-104 制作第3帧

12 完成影片剪辑制作 将舞台上的两个按钮元件分别命名为"btn_prev1"和"btn_next1",并在"按钮"图层的第1帧按F9键,打开"动作"面板,添加如图 7-105 所示的控制代码。

```
stop();
function goto_next1(event:MouseEvent):void{
    nextFrame();
}
function goto_prev1(event:MouseEvent):void{
    prevFrame();
}
btn_next1.addEventListener(MouseEvent.CLICK,goto_next1);
btn_prev1.addEventListener(MouseEvent.CLICK,goto_prev1);
```

图7-105 输入控制代码

13 添加内容 单击"场景1"按钮,返回主场景,在"内容"图层的第2帧添加关键帧,并将影片剪辑"人造卫星"拖到该帧的舞台中央,效果如图 7-106 所示。

图7-106 添加内容

■ 制作"宇宙速度"模块

"宇宙速度"模块包括3个模块,这些模块存放在不同的影片剪辑中,通过单击对应的按钮显示出来。

01 新建元件 新建一个"宇宙速度"影片剪辑，修改"图层 1"名称为"按钮"，按图 7-107 所示操作，先在第 1 帧的舞台上输入文字，再从"库"面板中拖动按钮到该帧的舞台上，分别命名为"btn_sd1""btn_sd2"和"btn_sd3"。

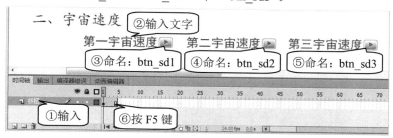

图7-107　新建元件

02 拖入元件 在"按钮"图层上方添加"内容"图层，并在该图层的第 1 帧中拖入"3 个宇宙速度"元件，如图 7-108 所示。

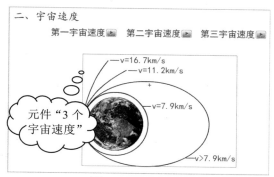

图7-108　拖入元件

03 交换元件 在"内容"图层的第 2 帧插入关键帧，按图 7-109 所示操作，替换舞台实例，并适当调整实例位置，放置在舞台中央。

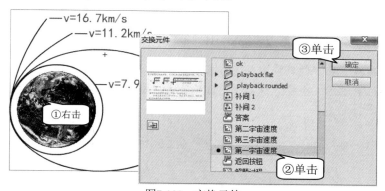

图7-109　交换元件

04 制作其他帧 继续在"内容"图层的第 3、4 帧插入关键帧，并将第 3 帧实例替换成"第二宇宙速度"，第 4 帧实例替换成"第三宇宙速度"。

05 添加代码 右击"按钮"图层的第 1 帧，选择"动作"命令打开代码窗口，添加如

图 7-110 所示的按钮控制代码。

```
stop();
function goto_2(event:MouseEvent):void{
  gotoAndStop(2);    //跳转到第2帧,显示"第一宇宙速度"
}
function goto_3(event:MouseEvent):void{
  gotoAndStop(3);    //跳转到第3帧,显示"第二宇宙速度"
}
function goto_4(event:MouseEvent):void{
  gotoAndStop(4);    //跳转到第4帧,显示"第三宇宙速度"
}
btn_sd1.addEventListener(MouseEvent.CLICK,goto_2);
btn_sd2.addEventListener(MouseEvent.CLICK,goto_3);
btn_sd3.addEventListener(MouseEvent.CLICK,goto_4);
```

图7-110　添加代码

06 添加内容　单击"场景1"按钮,返回主场景,在"内容"图层第3帧添加关键帧,并将该帧舞台上的实例"人造卫星"替换成"宇宙速度"。

■ **制作"练习"模块**

课件中的"练习"模块由4道填空题组成,它与选择题和判断题不同的是,这类题目的答案必须是固定的,所以设置的答题内容与表达格式必须与参考答案一致才能判分。

01 输入题干　新建"填空题"影片剪辑,修改"图层1"名称为"题目",并在该图层第1帧的舞台上输入4道填空题的题干内容,效果如图 7-111 所示。

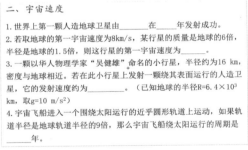

图7-111　题干内容

02 添加文本框　在"题目"图层上方添加"输入答案"图层,按图 7-112 所示操作,在填空的位置添加一个输入名称为"t1"的文本框,并设置好文本框的属性。

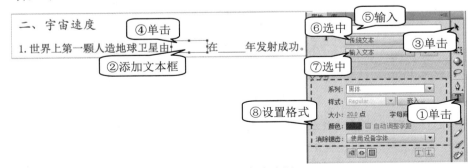

图7-112　添加文本框

03 添加其他文本框 继续在该图层其他需要填空的位置添加文本框,名称依次为"t2""t3""t4"和"t5"。

04 添加判断信息 在"输入答案"图层上方添加"判断"图层,并从"库"面板中将影片剪辑"ok"拖入每个填空位置,其实例名称分别为"ok1""ok2""ok3""ok4"和"ok5",如图7-113所示。

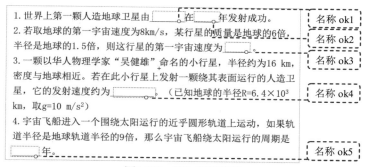

图7-113 添加判断信息

05 添加按钮 继续在"判断"图层上方添加"按钮"图层,从"库"面板中将3个按钮拖入第1帧的舞台上,并输入按钮名称,效果如图7-114所示。

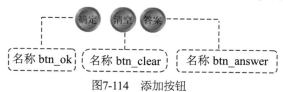

图7-114 添加按钮

06 添加提交代码 右击"按钮"图层的第1帧,选择"动作"命令,在打开的代码窗口中输入"提交"函数代码,代码及解释如图7-115所示。

```
function my_ok(event:MouseEvent):void{
    if (t1.text=="前苏联"){        //如果第一个空填写的答案为"前苏联"
        ok1.gotoAndPlay(2)         //ok1跳转到第2帧(即显示√)
    }else{
        ok1.gotoAndPlay(3)         //ok1跳转到第2帧(即显示×)
    }
    if (t2.text=="1957"){          //如果第二个空填写的答案为"1957"
        ok2.gotoAndPlay(2)
    }else{
        ok2.gotoAndPlay(3)
    }
    if (t3.text=="4km/s"){         //如果第三个空填写的答案为"4km/s"
        ok3.gotoAndPlay(2)
    }else{
        ok3.gotoAndPlay(3)
    }
    if (t4.text=="19.75m/s"){      //如果第四个空填写的答案为"19.75m/s"
        ok4.gotoAndPlay(2)
    }else{
        ok4.gotoAndPlay(3)
    }
    if (t5.text=="27"){            //如果第五个空填写的答案为"27"
        ok5.gotoAndPlay(2)
    }else{
        ok5.gotoAndPlay(3)
    }
}
```

图7-115 添加提交代码

07 添加清除代码 在打开的"动作"面板中输入"清除"函数代码,其功能是将所有输入的信息和判断信息清除,如图 7-116 所示。

```
function my_clear(event:MouseEvent):void{
    // 变量赋空值
    t1.text = ""; t2.text = ""; t3.text = ""; t4.text = ""; t5.text = "";
    ok1.gotoAndPlay(1)
    ok2.gotoAndPlay(1)
    ok3.gotoAndPlay(1)
    ok4.gotoAndPlay(1)
    ok5.gotoAndPlay(1)
}
```

图7-116　添加清除代码

08 添加答案代码 继续在"动作"面板中输入"答案"函数代码,其功能是显示正确答案并在正确的选项上打勾,如图 7-117 所示。

```
function my_answer(event:MouseEvent):void{
    t1.text = "前苏联";
    t2.text = "1957";
    t3.text = "4km/s";
    t4.text = "19.75m/s";
    t5.text="27"
}
```

图7-117　添加答案代码

09 添加侦听代码 最后在"动作"面板中输入"侦听"函数代码,其功能是显示所有函数,如图 7-118 所示。

```
stop();
btn_ok.addEventListener(MouseEvent.CLICK,my_ok);
btn_clear.addEventListener(MouseEvent.CLICK,my_clear);
btn_answer.addEventListener(MouseEvent.CLICK,my_answer);
```

图7-118　添加侦听代码

10 拖入元件 单击"场景 1"按钮,返回"主场景",在"内容"图层的第 4 帧按 F6 键,添加关键帧,并将影片剪辑"填空题"拖到该帧的舞台中央。

7.3 制作游戏型课件

Flash 不但可以制作各种复杂的游戏型动画,也可以制作出优秀的游戏型教学课件。下面用"拖曳题"和"连线题"两个实例课件进行介绍。

7.3.1 制作拖曳题

制作游戏型课件

在Flash 中,拖曳功能是交互性功能的深刻体现,它常用于制作拼图游戏。当用在课件中时,可以使用拖曳功能拼装实验仪器,也可以用于实验仪器拼图。

实例 7　有趣的七巧板

本例制作数学学科课件"有趣的七巧板"中的拖曳题,课件运行界面如图 7-119 所示。课件由 3 个模块部分组成,其中"认识七巧板"和"七巧板制作"部分介绍了七巧板的一些基础知识,"七巧板拼图"部分则使用拼图游戏巩固所学知识。

图7-119　课件"有趣的七巧板"效果图

课件采用模块的形式组成，3个模块制作成3个影片剪辑，分别放在场景一时间轴的"内容"图层第2、3、4帧的舞台上。课件中的"认识七巧板"和"七巧板制作"两个模块为教学理论部分，"七巧板拼图"模块是本课的重点内容，根据提示拖曳图形拼接成有趣的图形，巩固所学知识。

跟我学

■ 制作"认识七巧板"模块

"认识七巧板"模块展示了一些由七巧板组成的图形，如"桥""帆船"等，通过两个翻页按钮，方便快速浏览。

01 新建元件　打开半成品课件"有趣的七巧板(初).fla"，选择"插入"→"新建元件"命令，新建一个影片剪辑，命名为"认识"。

02 新建图层　将"图层1"重命名为"背景"，再在"背景"图层上方添加两个图层，名称分别为"内容"和"按钮"。

03 制作"背景"图层　单击"背景"图层，从"库"面板中拖动"背景"元件到第1帧的舞台中央，在第4帧按F5键，插入普通帧。

04 制作"内容"图层的内容　单击"内容"图层第1帧，按图7-120所示操作，在该帧的舞台上输入说明文字，并从"库"面板中将元件拖入舞台。

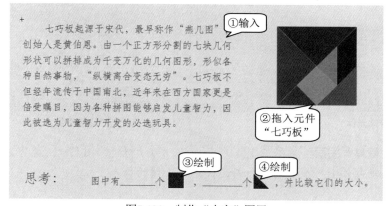

图7-120　制作"内容"图层

05 制作"内容"图层的其他内容 用与步骤 04 同样的方法,制作"内容"图层第 2、3、4 帧的内容。

06 制作"按钮"图层 从"库"中拖入两个按钮到"按钮"图层第 1 帧的舞台下方,设置名称分别为"btn_prev1"和"btn_next1"。按图 7-121 所示操作,右击"按钮"图层的第 1 帧,选择"动作"命令,在打开的"动作"面板中添加控制代码。

```
1  stop();
2  function goto_next1(event:MouseEvent):void{
3   nextFrame();
4  }
5  function goto_prev1(event:MouseEvent):void{
6   prevFrame();
7  }
8
9  btn_next1.addEventListener(MouseEvent.CLICK,goto_next1);
10 btn_prev1.addEventListener(MouseEvent.CLICK,goto_prev1);
```

图7-121 制作"按钮"图层

■ 七巧板制作的过程

"七巧板制作"模块模拟展示了七巧板制作的过程,通过翻页按钮,可以快速浏览所用到的材料和每一步的操作过程。

01 新建元件 先选择"插入"→"新建元件"命令,新建一个影片剪辑,命名为"制作",再在该影片剪辑中从下往上完成"背景""材料"和"步骤"图层的添加与重命名,效果如图 7-122 所示。

02 制作"背景"图层 按图 7-123 所示操作,先在"背景"图层中添加相关内容,再在第 7 帧按 F5 键,插入普通帧。

图7-122 新建元件

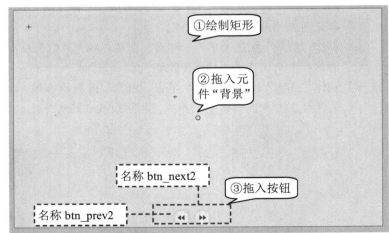

图7-123 制作"背景"图层

03 制作"材料"图层 按图 7-124 所示操作,为"材料"图层输入文字,并从"库"面板中拖动制作七巧板所需的材料元件到第 1 帧的舞台上。

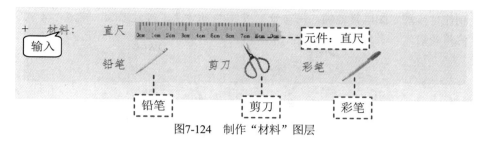

图7-124 制作"材料"图层

04 制作"步骤"图层第1帧 在"步骤"图层的第1帧的舞台上输入相关文字,然后在右侧用"矩形"工具绘制一个正方形,并填充颜色,效果如图 7-125 所示。

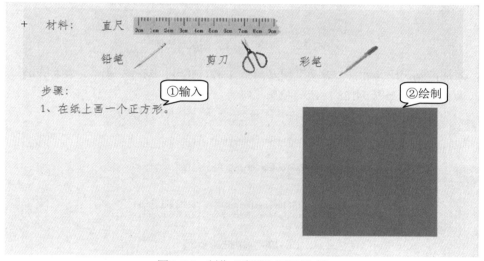

图7-125 制作"步骤"图层第1帧

05 制作"步骤"图层第2帧 在"步骤"图层的第 2 帧插入关键帧,按图 7-126 所示操作,添加相关文字,并用"线条"工具在正方形上画一条直线。

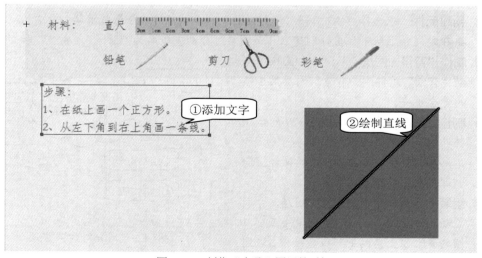

图7-126 制作"步骤"图层第2帧

06 制作"步骤"图层其他帧　用与步骤 5 同样的方法，继续添加，完成"步骤"图层其他帧的内容，最终效果如图 7-127 所示。

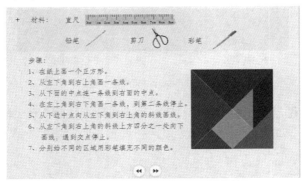

图7-127　制作"步骤"图层其他帧

07 添加控制代码　右击"背景"图层的第 1 帧，选择"动作"命令，在打开的"动作"面板中添加如图 7-128 所示的控制代码。

```
stop();
function goto_next2(event:MouseEvent):void{
  nextFrame();
}
function goto_prev2(event:MouseEvent):void{
  prevFrame();
}
btn_next2.addEventListener(MouseEvent.CLICK,goto_next2);
btn_prev2.addEventListener(MouseEvent.CLICK,goto_prev2);
```

图7-128　添加控制代码

■ 制作拼图模块

"七巧板拼图"模块是该课件的重难点，根据左下角展示的各类图形，从左上角的七巧板中拖出几何图形，通过旋转的方式进行组合。

01 新建元件　先选择"插入"→"新建元件"命令，新建一个影片剪辑，命名为"拼图"，再在时间轴上从下往上分别建立 3 个图层，分别重命名为"背景""底纹"和"内容"。

02 制作"背景"图层　从"库"面板中拖动"背景"元件到"背景"图层第 1 帧的舞台中央。

03 制作"底纹"图层　按图 7-129 所示操作，综合运用"矩形"工具和"线条"工具在"底纹"图层第 1 帧的舞台上绘制课件所需要的底纹图形。

04 组装七巧板　单击"内容"图层，分别拖动元件 a、b、c、d、e、f 和 g 到第 1 帧的舞台左上角的七巧板底纹中，拖到

图7-129　制作"底纹"图层

舞台上的 7 个实例分别代表七巧板中的 7 个"块"，效果如图 7-130 所示。

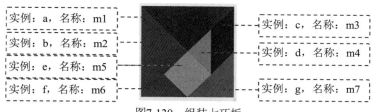

图7-130　组装七巧板

05 制作图片提示　分别将"山羊""鸵鸟"和"房子"元件拖到"内容"图层第1帧的舞台中，按图7-131所示对每个实例进行命名，然后再拖到提示框中。

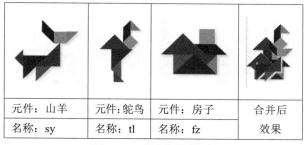

图7-131　制作图片提示

06 添加动态文本框　按图7-132所示操作，继续在标题下方插入一行动态文本框，并命名为"tishi"。

图7-132　添加动态文本框

07 添加按钮　从"库"面板中拖动几个按钮到"内容"图层第1帧的舞台中，拖入位置如图7-133所示。

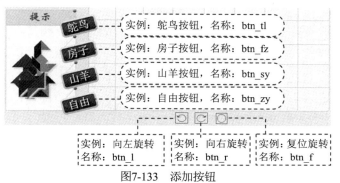

图7-133　添加按钮

08 添加初始代码 在"内容"图层第 1 帧上右击,选择"动作"命令,在打开的代码窗口中输入初始代码,利用变量记录每块"板"的坐标值和初始角度,代码如图 7-134 所示。

```
//默认将舞台上的"山羊"和"房子"实例都隐藏,显示"驼鸟"实例
sy.visible=false;
fz.visible=false;

var select:String;          //select用于确定单击了七巧板中的哪个对象

//定义变量,存储七巧板中每块板子的初始坐标
var m1_x,m1_y,m2_x,m2_y,m3_x,m3_y,m4_x,m4_y,m5_x,m5_y,m6_x,m6_y,m7_x,m7_y:Number;
m1_x=m1.x;    m1_y=m1.y;
m2_x=m2.x;    m2_y=m2.y;
m3_x=m3.x;    m3_y=m3.y;
m4_x=m4.x;    m4_y=m4.y;
m5_x=m5.x;    m5_y=m5.y;
m6_x=m6.x;    m6_y=m6.y;
m7_x=m7.x;    m7_y=m7.y;

//定义变量,存储七巧板中每块板子的初始角度
var m1_r,m2_r,m3_r,m4_r,m5_r,m6_r,m7_r:Number;
m1_r=m1.rotation;
m2_r=m2.rotation;
m3_r=m3.rotation;
m4_r=m4.rotation;
m5_r=m5.rotation;
m6_r=m6.rotation;
m7_r=m7.rotation;
```

图7-134 添加初始代码

09 添加鼠标按下代码 继续在代码窗口中添加按下鼠标时可以进行拖曳的指令代码,如图 7-135 所示。

```
m1.addEventListener(MouseEvent.MOUSE_DOWN, go_m1); //给m1加一个当鼠标按下去的侦听
m2.addEventListener(MouseEvent.MOUSE_DOWN, go_m2); //同理
m3.addEventListener(MouseEvent.MOUSE_DOWN, go_m3); //同理
m4.addEventListener(MouseEvent.MOUSE_DOWN, go_m4); //同理
m5.addEventListener(MouseEvent.MOUSE_DOWN, go_m5); //同理
m6.addEventListener(MouseEvent.MOUSE_DOWN, go_m6); //同理
m7.addEventListener(MouseEvent.MOUSE_DOWN, go_m7); //同理

function go_m1(e:Event):void {       //鼠标按下去的函数
    e.currentTarget.startDrag();     //当前按下去的目标可以拖拽
    select="m1";
}
function go_m2(e:Event):void {       //鼠标按下去的函数
    e.currentTarget.startDrag();     //当前按下去的目标可以拖拽
    select="m2";
}
function go_m3(e:Event):void {       //鼠标按下去的函数
    e.currentTarget.startDrag();     //当前按下去的目标可以拖拽
    select="m3";
}
function go_m4(e:Event):void {       //鼠标按下去的函数
    e.currentTarget.startDrag();     //当前按下去的目标可以拖拽
    select="m4";
}
function go_m5(e:Event):void {       //鼠标按下去的函数
    e.currentTarget.startDrag();     //当前按下去的目标可以拖拽
    select="m5";
}
function go_m6(e:Event):void {       //鼠标按下去的函数
    e.currentTarget.startDrag();     //当前按下去的目标可以拖拽
    select="m6";
}
function go_m7(e:Event):void {       //鼠标按下去的函数
    e.currentTarget.startDrag();     //当前按下去的目标可以拖拽
    select="m7";
}
```

图7-135 添加鼠标按下代码

10 添加鼠标松开代码 继续在代码窗口中添加鼠标松开时停止拖动的命令代码,如图 7-136 所示。

```
m1.addEventListener(MouseEvent.MOUSE_UP, go_up); //给m1加一个当鼠标抬起来的侦听
m2.addEventListener(MouseEvent.MOUSE_UP, go_up); //同理
m3.addEventListener(MouseEvent.MOUSE_UP, go_up); //同理
m4.addEventListener(MouseEvent.MOUSE_UP, go_up); //同理
m5.addEventListener(MouseEvent.MOUSE_UP, go_up); //同理
m6.addEventListener(MouseEvent.MOUSE_UP, go_up); //同理
m7.addEventListener(MouseEvent.MOUSE_UP, go_up); //同理

function go_up(e:Event):void //鼠标抬起来的函数
{
    e.currentTarget.stopDrag(); //当前抬起来的目标不可以拖拽
}
```

图7-136 添加鼠标松开代码

11 添加旋转代码 继续在代码窗口中添加代码，实现图形旋转功能，当按下鼠标时，通过 select 记录选择对象的名称，由该名称确定需要旋转的对象，代码如图 7-137 所示。

```
btn_l.addEventListener(MouseEvent.CLICK,go_l);
function go_l(event:MouseEvent):void{
    switch(select){
        case "m1"://若前面记录了select=m1,即单击了"板"m1
            m1.rotation-=45;//m1向左旋转45度
            break;
        case "m2":
            m2.rotation-=45;
            break;
        case "m3":
            m3.rotation-=45;
            break;
        case "m4":
            m4.rotation-=45;
            break;
        case "m5":
            m5.rotation-=45;
            break;
        case "m6":
            m6.rotation-=45;
            break;
        case "m7":
            m7.rotation-=45;
            break;
    }
}
```
向左旋转

```
btn_r.addEventListener(MouseEvent.CLICK,go_r);
function go_r(e:MouseEvent):void{
    switch(select){
        case "m1":
            m1.rotation+=45;
            break;
        case "m2":
            m2.rotation+=45;
            break;
        case "m3":
            m3.rotation+=45;
            break;
        case "m4":
            m4.rotation+=45;
            break;
        case "m5":
            m5.rotation+=45;
            break;
        case "m6":
            m6.rotation+=45;
            break;
        case "m7":
            m7.rotation+=45;
            break;
    }
}
```
向右旋转

图7-137　添加旋转代码

12 添加复位代码 继续在代码窗口中添加复位功能代码，课件运行时，七巧板中每块"板"都有初始的位置和旋转角度，复位是将变动过的位置和角度还原到初始状态，代码如图 7-138 所示。

13 添加提示代码 继续为"鸵鸟""房子"和"山羊"按钮添加提示图案和文字的代码；单击"自由"按钮时，隐藏所有图案，代码如图 7-139 所示。

```
btn_f.addEventListener(MouseEvent.CLICK,go_f);
function go_f(event:MouseEvent):void{
    m1.x=m1_x;  m1.y=m1_y;
    m2.x=m2_x;  m2.y=m2_y;
    m3.x=m3_x;  m3.y=m3_y;
    m4.x=m4_x;  m4.y=m4_y;
    m5.x=m5_x;  m5.y=m5_y;
    m6.x=m6_x;  m6.y=m6_y;
    m7.x=m7_x;  m7.y=m7_y;
    m1.rotation=m1_r;
    m2.rotation=m2_r;
    m3.rotation=m3_r;
    m4.rotation=m4_r;
    m5.rotation=m5_r;
    m6.rotation=m6_r;
    m7.rotation=m7_r;
}
```
图7-138　添加复位代码

```
btn_tl.addEventListener(MouseEvent.CLICK,go_tl);
btn_fz.addEventListener(MouseEvent.CLICK,go_fz);
btn_sy.addEventListener(MouseEvent.CLICK,go_sy);
btn_zy.addEventListener(MouseEvent.CLICK,go_zy);
function go_tl(event:MouseEvent):void{
    tl.visible=true;
    fz.visible=false;
    sy.visible=false;
    tishi.text="根据左下角提示，拼一个鸵鸟！"
function go_fz(event:MouseEvent):void{
    tl.visible=false;
    fz.visible=true;
    sy.visible=false;
    tishi.text="根据左下角提示，拼一个房子！"
function go_sy(event:MouseEvent):void{
    tl.visible=false;
    fz.visible=false;
    sy.visible=true;
    tishi.text="根据左下角提示，拼一个山羊！"
function go_zy(event:MouseEvent):void{
    tl.visible=false;
    fz.visible=false;
    sy.visible=false;
    tishi.text="发挥你的想像，拼一个精彩图案！"
```
图7-139　添加提示代码

14 拖入元件 单击"场景1"按钮，返回"主场景"，先在"内容"图层的第2、3、4帧插入空白关键帧，再分别将"认识""制作"和"拼图"影片剪辑拖到第2、3、4帧的舞台中。

7.3.2 制作连线题

连线题是教学中经常使用的一种题型，一般用线条将两个选项连接起来，当所有连线都完成之后，在提交时给出反馈。

实例8 认识化学仪器

本例制作化学学科课件中的练习题，课件运行界面如图7-140所示。课件由两个模块部分组成，第一部分是常用化学仪器的介绍；第二部分是巩固所学知识，并通过单击化学仪器的名称下面和图形上面的连接点实现连线。

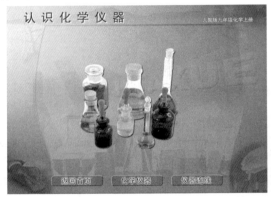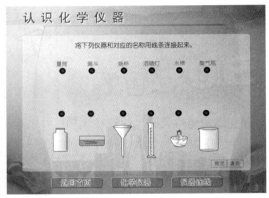

图7-140 课件"认识化学仪器"效果图

该课件在"仪器连接"模块中实现连线功能。在代码编写环节，要将所有题目进行初始化操作，选项和被选项都存储在数组中，再用一个变量记录每个选项是否都进行了连接，当所有选项都连接完成后，即可提交进行判断。

跟我学

■ **制作封面**

根据课件结构，制作课件封面。本课件封面内容制作比较简单，先添加"内容"图层，再在其第1帧的舞台上添加一个"仪器"图片。

01 新建图层 打开半成品课件"认识化学仪器(初).fla"，新建图层，重命名为"内容"。
02 拖入图片 从"库"面板中拖动图片"仪器.png"到"内容"图层第1帧的舞台中央，并按图7-141所示操作，调整图片大小。

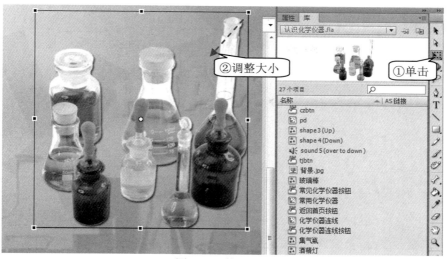

图7-141 拖入图片

■ 制作"化学仪器"

该元件有 5 个关键帧,每个关键帧的舞台上呈现两个常用的化学仪器名称、用途和图像。

01 新建元件 选择"插入"→"新建元件"命令,新建"常用化学仪器"影片剪辑,并将该元件的"图层 1"命名为"背景"。

02 添加背景 按图 7-142 所示操作,使用"矩形"工具在"背景"图层第 1 帧的舞台上绘制一个半透明圆角矩形。

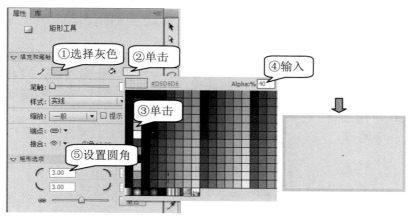

图7-142 添加背景

03 添加背景内容 按图 7-143 所示操作,在"背景"图层第 1 帧的舞台上输入文字,从"库"面板中拖动两个按钮到舞台右下角,并在"属性"面板中设置相应的名称。

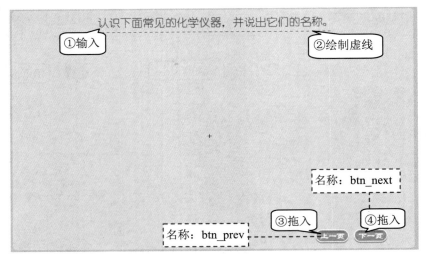

图7-143　添加背景内容

04 添加代码　右击"背景"图层的第 1 帧，在弹出的快捷菜单中选择"动作"命令，打开"动作"面板，添加如图 7-144 所示的代码。

```
1  stop();
2  function goto_next(event:MouseEvent):void{
3      nextFrame();
4  }
5  function goto_prev(event:MouseEvent):void{
6      prevFrame();
7  }
8
9  btn_next.addEventListener(MouseEvent.CLICK,goto_next);
10 btn_prev.addEventListener(MouseEvent.CLICK,goto_prev);
```

图7-144　添加代码

05 制作"内容"图层　在"背景"图层上方添加"内容"图层，按图 7-145 所示操作，在该图层第 1 帧的舞台上输入仪器名称和用途，并从"库"面板中拖动图片到舞台相应位置。

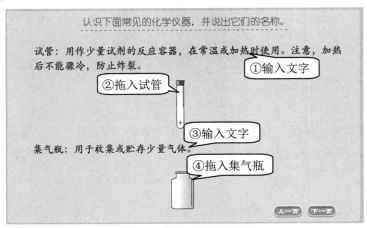

图7-145　制作"内容"图层

06 制作其他帧　参照步骤 05 中添加第 1 帧内容的方法，完成第 2～5 帧内容的制作。

■ 制作连线仪器

该元件是制作课件的重难点，要求将上方的仪器名称与下方的仪器图片通过单击连接点连接起来，全部连接完成后提交，连接正确的打勾，错误的打叉。

01 新建元件　参照上面"常用化学仪器"元件的创建方法，新建"化学仪器连线"影片剪辑，并在时间轴上从下往上分别建立"背景""连线"和"判断"3个图层。

02 制作"背景"图层　参照上面"常用化学仪器"元件的背景制作方法，使用"矩形"工具在"背景"图层第 1 帧的舞台上绘制一个半透明的矩形背景。

03 制作"连线"图层　选择"连线"图层，按图 7-146 所示的标识，设置好舞台中所有需要的实例。

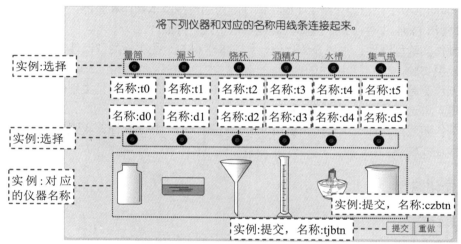

图7-146　制作"连线"图层

04 制作"判断"图层　选中"判断"图层的第 1 帧，在该帧的舞台上，将每个答案选项上都放置一个"判断"实例，效果如图 7-147 所示。

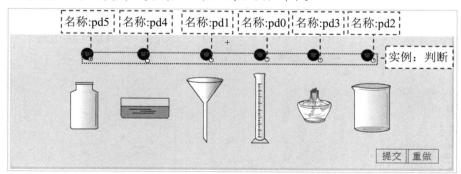

图7-147　制作"判断"图层

05 添加代码　右击"连线"图层的第 1 帧，在弹出的快捷菜单中选择"动作"命令，在打开的代码窗口中添加功能代码，实现连线功能。

06 拖入元件 单击"场景 1"按钮,返回主场景,在"内容"图层第 2 帧和第 3 帧上按 F7 键,插入空白关键帧,并将"常用化学仪器"和"化学仪器连线"影片剪辑拖到相应帧的舞台上。

07 测试并保存课件 测试课件,如果有问题进行适当修改,然后保存课件。

7.4 小结和习题

7.4.1 本章小结

在前面的章节中,已经介绍了 Flash 课件制作的一些基本操作和技能。本章则分类型地介绍了几种常用 Flash 课件实例,具体内容包括以下几个方面。

- **制作实验型课件**:主要介绍物理、化学等学科的一些实验类型课件,包括演示实验和模拟实验。
- **制作测验型课件**:测验型课件主要是使用Flash软件制作的常见类别的练习,包括判断题、单选题、多选题和填空题等。
- **制作游戏型课件**:主要是指使用Flash软件制作的一些趣味性比较强的课件,如拖曳题和连线题等。

7.4.2 强化练习

一、选择题

1. 阅读下列程序片段,输出的结果是( )。

```
var num:int=1;
if(num=2)
trace(num);
```

A. 0   B. 1   C. 2   D. 无输出结果

2. 阅读下列程序片段,输出的结果是( )。

```
var day,n:int;
day=6;
n=1;
while(day>=1)
    { n=(n+1)*2;
    day--;}
trace(n);
```

A. 94   B. 190   C. 95   D. 191

3. 阅读下列程序片段，输出的结果是(   )。

```
var i:int;
var sum_odd:int=0;
var sum_even:int=0;
for(i = 1;i<=100;i++){
    if(i%2==0)
        sum_even += i;
    else
        sum_odd += i;
}
trace(sum_odd,sum_even);
```

  A. 2500 2500 B. 2500 2550 C. 2550 2500 D. 2550 2550

4. 阅读下列程序片段，输出的结果是(   )。

```
function maxNum(a:int,b:int,c:int):int{
var max:int;
if(a>b)
    max=a;
else
    max=b;
if(max<c)
    max=c;
    return(max);
}
var m:int;
m=maxNum(23,78,45);
trace(m);
```

  A. 23,78,45 B. 23 C. 78 D. 45

5. 阅读下列程序片段，输出的结果是(   )。

```
var a:int=3;
var b:int=6;
function test(a:int,b:int):void{
a++;
b++;
trace(a,b);
}
test(a,b);
trace(a,b);
```

  A. 3 6   3 6 B. 3 6   4 7 C. 4 7   3 6 D. 4 7   4 7

6. 阅读下列程序片段，输出的结果是(　　)。

```
var obj:Object={name:"张三",age:20,dclass:"动漫 1 班"};
function stuInfo(obj1:Object):void
{
    obj1.name="李四";
    trace(obj1.name);
}
stuInfo(obj);
trace(obj.name);
```

  A. 张三　张三　　B. 张三　李四　　C. 李四　张三　　D. 李四　李四

7. 阅读下列程序片段，输出的结果是(　　)。

```
var arr1:Array=new Array(2);
arr1.push("abcd");
trace(arr1.length);
```

  A. 1　　　　　　B. 2　　　　　　C. 3　　　　　　D. 4

8. 制作测验题模板课件时，要想调整各个题型中的参数，必须使用的面板是(　　)。

  A. 属性　　　　　B. 组件　　　　　C. 组件检查器　　D. 滤镜

9. 经常用位于 User Interface 下的 RadioButton 来制作选项按钮的题型是(　　)。

  A. 判断题和多项选择题　　　　　　B. 单项选择题和多项选择题

  C. 判断题和单项选择题　　　　　　D. 连线题

10. 在实时显示测验题课件的反馈信息时，要用到一个功能强大且使用灵活的对象，它是(　　)。

  A. 输入文本　　　B. 静态文本　　　C. 动态文本　　　D. 元件实例

二、判断题

1. 在 Flash 的 ActionScript 中，"if"语句的作用是"当某条件成立时"。　　　　(　　)

2. 为了避免课件的循环播放，一般需要在整个动画的最后一帧加上"停止"动画，用于定义它的脚本是"stop()"。　　　　　　　　　　　　　　　　　　　　　　(　　)

3. 在 Flash 中，要实现交互功能，必须要用代码来实现。　　　　　　　　(　　)

4. 为某帧设置了"gotoAndPlay(1)"动作命令，表示跳转到第 1 帧，并播放。(　　)

第 8 章　制作Flash课件实例

前面的章节从各个方面介绍了使用 Flash 制作课件的方法和技巧。为了能综合运用前面所学知识，下面以物理课件"电生磁"为例，介绍完整的 Flash 课件的制作过程，希望读者能够举一反三，制作出精美实用的课件。

本章的课件是人教版九年级《物理》第二十章"电与磁"的部分内容，整个课件包括"演示""探究""安培定则"和"练习"4 个部分。制作时，首先制作了多个图形元件、影片剪辑、按钮元件，然后集成到主场景中，通过代码控制，将元件有机组合起来成为一个完整的课件。由于篇幅限制和课件中有许多重复的操作，因此部分影片剪辑和图形元件的制作，请读者参照本章的实例完成。

■ 本章内容
- 制作课件封面
- 制作课件主体
- 制作课件结尾
- 完善、导出和评价课件

8.1 制作课件封面

制作一个完整的课件应遵循一定的流程和步骤:首先要对课件进行规划设计,如版面、交互、内容的设计等;其次根据设计的内容收集相关素材;再次利用素材制作课件;最后评价修改课件。

制作课件封面

8.1.1 规划分析课件

制作课件前,应先对课件进行规划,分析课件的组成;制作课件时,要根据课件的组成,确定课件的风格,再细化课件内容,搜集课件素材,制作课件;制作完成后,要不断地完善、修正错误,达到最佳效果。

课件"电生磁"是人教版九年级《物理》第二十章"电与磁"第 2 节的内容,课件封面效果如图 8-1 所示。

图8-1 课件"电生磁"封面

课件封面在布局时分上、中、下三部分,上、下两部分显示课件的标题、菜单等信息,中间部分显示课件的主体内容。

■ 了解课件的组成

用播放器播放"电生磁(终).swf"文件,欣赏课件,了解该课件的组成和风格特点,为后面课件的规划和制作做准备。

01 打开课件 打开实例文件夹,双击"电生磁(终).swf"文件,欣赏课件,了解课件封面的组成,效果如图 8-2 所示。

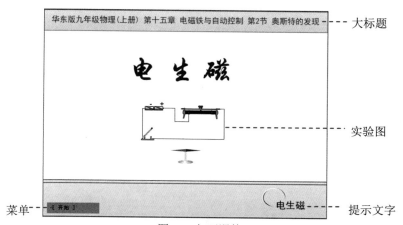

图8-2 打开课件

02 查看"开始"菜单 移动鼠标指针到课件的"开始"按钮区域，弹出菜单，其中显示课件主体由4个模块组成，如图8-3所示。

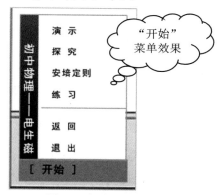

图8-3 查看"开始"菜单

03 查看"演示"模块 选择"演示"命令，打开课件的"演示"模块，单击"开关"按钮，查看实验效果如图8-4所示；单击"电池"按钮可以改变电流方向；单击"定义"按钮可以查看电流的磁效应的概念。

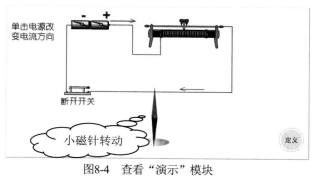

图8-4 查看"演示"模块

04 查看"探究"模块 选择"探究"命令，单击"开关"按钮，可以显示或隐藏通电螺丝管的磁场；单击"显示隐藏磁力线"按钮可以显示或隐藏磁力线，效果如图8-5所示。

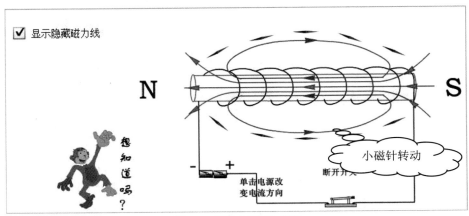

图8-5 查看"探究"模块

05 查看"安培定则"模块 选择"安培定则"命令，可以查看"安培定则"的定义，效果如图 8-6 所示。

图8-6 查看"安培定则"模块

06 查看"练习"模块 选择"练习"命令，题目效果如图 8-7 所示。选择一个选项，再单击"批改"按钮，可以批改练习作业并显示练习结果；单击"上一题"或"下一题"按钮，可以显示上一题或下一题的题目。

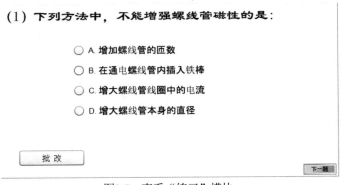

图8-7 查看"练习"模块

07 返回并退出课件 选择"返回"命令，会显示课件封面；选择"退出"命令，则会弹出对话框，询问是否关闭课件。

■ 设计课件

"电生磁"课件开头是由背景、标题、主题文字、主题图片和导航等要素构成的，其中导航以"菜单"方式呈现或隐藏。用户可以根据教学内容设计课件主体。

01 设计背景 使用 Photoshop 图像处理软件，制作一个宽为 640px、高为 480px 的背景图片，效果如图 8-8 所示。

图8-8　设计背景

02 布局课件封面 课件封面分为上、中、下三部分，按图 8-9 所示布局，规划课件封面显示效果。

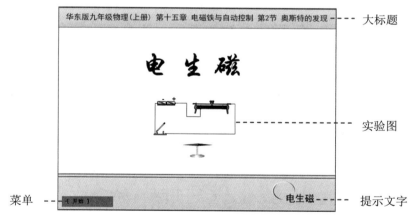

图8-9　布局课件封面

03 规划课件菜单 根据课件内容设计课件中"开始"菜单的结构(效果如图 8-3 所示)。

04 规划课件主体 根据教学内容设计课件主体的结构，具体分为"演示""探究""安培定则"和"练习"4 个模块。

05 规划课件结尾 根据教学内容设计课件结尾，分为"退出提示"和"片尾动画"两部分。选择"开始"菜单中的"退出"命令，会弹出"退出提示"对话框，单击"是"按钮，会播放片尾动画，播放结束后退出课件；单击"否"按钮，则返回上一级的目录。

8.1.2 制作课件导航

课件导航用于控制教学内容的呈现，以帮助使用者控制学习流程。课件导航形式采用弹出式菜单的方式，如图 8-10 所示。

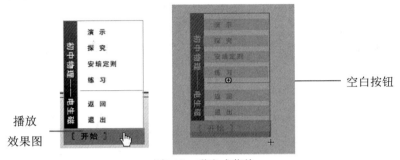

图8-10 弹出式菜单

当鼠标指针移到导航的"开始"按钮上时，菜单弹出，可以从菜单中选择相应的模块命令进入模块；当鼠标指针移出菜单时，菜单自动隐藏。制作时可制作两帧，第 1 帧为菜单隐藏的状态，第 2 帧为菜单弹出的状态。

跟我学

■ 制作菜单底纹文字

新建"菜单"影片剪辑，创建相关的图层，然后根据需要绘制"开始"菜单的底纹，并输入菜单中每个选项的文字，完成菜单的制作。

01 新建"空白"按钮　打开已导入相关素材的"电生磁(初).fla"文件，按图 8-11 所示操作，选择"插入"→"新建元件"命令，新建按钮元件，并命名为"空白"。

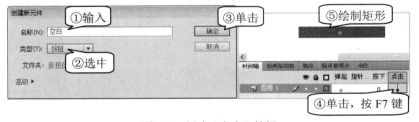

图8-11 新建"空白"按钮

02 新建"菜单"影片剪辑　选择"插入"→"新建元件"命令，按图 8-12 所示操作，新建"菜单"影片剪辑。

03 创建图层　单击"时间轴"面板中的"新建图层"按钮，从下往上创建如图 8-13 所示的 6 个图层。

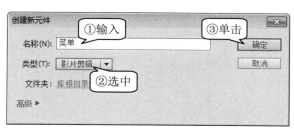
图8-12 新建"菜单"影片剪辑

图8-13 创建图层

04 **绘制"开始"菜单底纹** 单击"菜单底纹"图层的第 1 帧,选择工具箱中的"矩形"工具,按图 8-14 所示操作,设置属性内容,绘制"开始"菜单底纹。

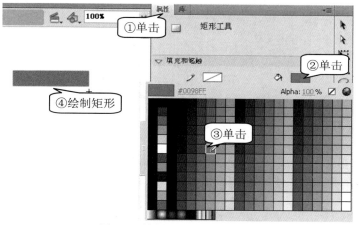
图8-14 绘制"开始"菜单底纹

05 **插入关键帧** 单击"菜单底纹"图层的第 2 帧,按F6 键,插入关键帧。
06 **绘制矩形** 选择"矩形"工具,打开"属性"面板中的"颜色"面板,按图 8-15 所示操作,设置形状填充颜色并绘制矩形。

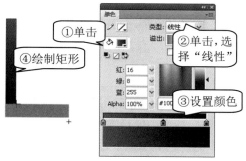
图8-15 绘制矩形

07 **制作菜单背景** 使用工具箱中的"线条"工具,完成菜单背景制作,效果如图 8-16 所示。

图8-16　制作菜单背景

08 输入菜单文字　在"菜单文字"图层第1帧的舞台上，使用工具箱中的"文本"工具，按图8-17所示操作，输入菜单文字"[开始]"。

图8-17　输入菜单文字

09 制作"菜单文字"图层　单击"菜单文字"图层的第2帧，按F6键插入关键帧；选择"文本"工具插入文本框，在该帧的舞台上输入如图8-18所示的文字，并设置文字格式。

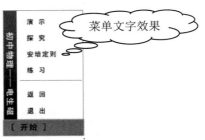

图8-18　制作"菜单文字"图层

■ **制作菜单按钮**

新建3个按钮并进行命名，在"菜单"影片剪辑中，从"库"面板中分别将相应的按钮拖入"菜单按钮"图层、"遮罩"图层和"鼠标移出"图层。

01 创建"开始"按钮　按图8-19所示操作，从"库"面板中拖动"空白"按钮到"菜单按钮"图层的第1帧的舞台上，并命名为"cd01_an"。

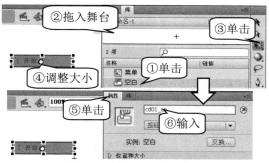

图8-19 创建"开始"按钮

02 制作其他按钮 单击"菜单按钮"图层的第2帧，按F7键插入空白关键帧。用同样的方法，将"空白"按钮拖到菜单文字上，调整大小并命名，效果如图8-20所示。

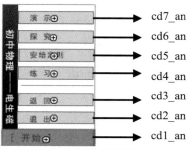

图8-20 制作其他按钮

03 制作其他层的按钮 分别单击"遮罩"和"鼠标移出"图层的第2帧，按F6键插入关键帧，然后从"库"面板中分别拖动"空白"按钮到这两个图层第2帧的舞台上，调整其大小和位置，并分别命名，效果如图8-21所示。

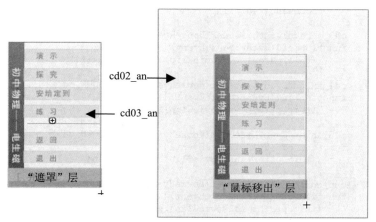

图8-21 制作其他层的按钮

"鼠标移出"图层中按钮的作用：课件播放时，当鼠标指针移到该按钮上，隐藏菜单，即转到第1帧。"遮罩"层按钮的作用：遮住菜单部分，不受"鼠标移出"作用影响。

■ 制作"代码"图层

在"菜单"影片剪辑中，分别在"代码"图层的第1、2帧编写代码，控制菜单按钮的跳转。

01 **编写第1帧代码** 右击"代码"图层的第1帧，选择"动作"命令进入代码编辑窗口，输入如图8-22所示的控制代码。

```
stop();//停止播放
cd01_an.addEventListener(MouseEvent.MOUSE_OVER,cd01);
                                     //侦听"开始"按钮是否有鼠标移上
function cd01(Event:MouseEvent)
{
    gotoAndStop(2);      //鼠标移上,则跳转到"菜单"影片剪辑的第2帧
}
```

图8-22　编写第1帧代码

02 **编写第2帧代码** 单击"代码"图层的第2帧，按F7键插入空白关键帧，再按F9键打开"动作"面板，输入如图8-23所示的控制代码。

```
cd02_an.addEventListener(MouseEvent.MOUSE_OVER,cd02)
function cd02(Event:MouseEvent){
    gotoAndStop(1);
    }
cd03_an.addEventListener(MouseEvent.MOUSE_OVER,cd03)
function cd03(Event:MouseEvent){
    gotoAndStop(2);  //跳转到第2帧停止
    }
cd1_an.addEventListener(MouseEvent.MOUSE_OVER,cd1)
function cd1(Event:MouseEvent){
    gotoAndStop(2);
    }
cd2_an.addEventListener(MouseEvent.MOUSE_DOWN,cd2)
function cd2(Event:MouseEvent){
    fscommand("quit");   //退出
    }
cd3_an.addEventListener(MouseEvent.MOUSE_DOWN,cd3)
function cd3(Event:MouseEvent){
    (this.parent as MovieClip).gotoAndPlay(14);
    }
cd4_an.addEventListener(MouseEvent.MOUSE_DOWN,cd4)
function cd4(Event:MouseEvent){
    (this.parent as MovieClip).gotoAndStop("a5");
    }                            //跳转到"练习"模块
cd5_an.addEventListener(MouseEvent.MOUSE_DOWN,cd5)
function cd5(Event:MouseEvent){
    (this.parent as MovieClip).gotoAndStop("a4");
    }
cd6_an.addEventListener(MouseEvent.MOUSE_DOWN,cd6)
function cd6(Event:MouseEvent){
    (this.parent as MovieClip).gotoAndStop("a3");
    }
cd7_an.addEventListener(MouseEvent.MOUSE_DOWN,cd7)
function cd7(Event:MouseEvent){
    (this.parent as MovieClip).gotoAndStop("a2");
    }
```

图8-23　编写第2帧代码

8.2 制作课件主体

根据前面课件内容规划，设计课件主体。课件主体由课件导航统领，将课件主体分成了若干模块，本节主要介绍"演示""探究"和"练习"模块的制作，将这些模块分别制作为影片剪辑存放在"库"面板中。

制作课件主体

8.2.1 制作"演示"模块

课件中的"演示"模块用于演示奥斯特实验，单击"闭合"开关，小磁针顺时针旋转；单击"断开"开关，小磁针恢复到初始位置；单击"定义"按钮，呈现概念文字，效果如图 8-24 所示。

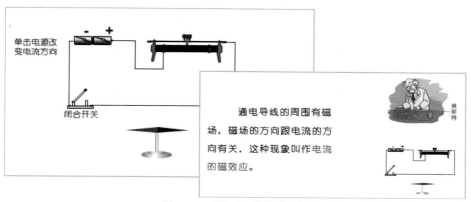

图8-24　"演示"模块效果图

播放课件的"演示"模块，发现按照电源方向可以将动画分成"实验演示"和"定义"两个部分，通过添加图层分别制作这些部分。

跟我学

■ 新建"演示"元件

新建一个"演示"影片剪辑，并在该影片剪辑中创建"底图""电池""线条"和"开关"等图层。

01 新建"演示"元件　选择"插入"→"新建元件"命令，新建一个影片剪辑元件，命名为"演示"，在该影片剪辑中新建"底图""电池""线条"和"开关"等图层，效果如图 8-25 所示。

02 制作"底图"图层的内容　单击"底图"图层，按图 8-26 所示操作，制作"底图"图层的内容。

图8-25　新建"演示"元件的图层

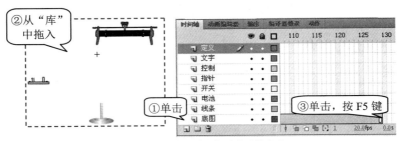

图8-26　制作"底图"图层的内容

03 制作"电池"图层第1帧　单击"电池"图层的第1帧，按图8-27所示操作，制作"电池"图层第1帧的内容。

图8-27　制作"电池"图层第1帧

04 制作"电池"图层第65帧　单击"电池"图层的第65帧，按F6键，插入关键帧，选择"修改"→"变形"→"水平翻转"命令，将关键帧中的"电池"按钮水平翻转，再按图8-28所示操作，修改"电池"按钮的名称。

图8-28　制作"电池"图层第65帧

05 完成"电池"图层制作　单击"电池"图层的第 129 帧，按 F5 键插入普通帧，完成"电池"图层的制作。

06 制作"线条"图层第 1 帧　选中"线条"图层，按图 8-29 所示操作，单击"线条"工具，在"属性"面板中设置样式，然后使用"线条"工具在该图层第 1 帧的舞台上绘制"电线"图形。

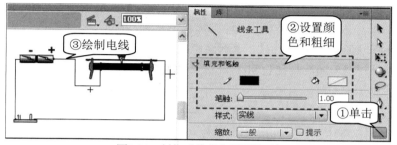

图8-29　制作"线条"图层第1帧

07 制作"线条"图层第 5 帧　单击"线条"图层的第 5 帧，按 F6 键插入关键帧，按图 8-30 所示操作，制作"线条"图层的第 5 帧。

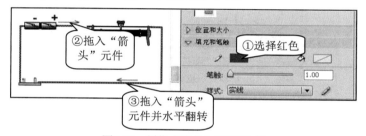

图8-30　制作"线条"图层第5帧

08 完成"线条"图层制作　参照上述操作方法，完成"线条"图层其他帧的制作。

09 制作"开关"图层　选中"开关"图层，按图 8-31 所示操作，制作"开关"图层的第 1～40 帧。

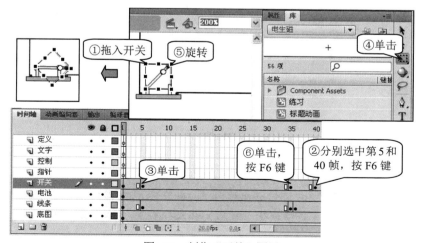

图8-31　制作"开关"图层

10 **创建动画** 单击"开关"图层第 1 帧,选择"插入"→"传统补间"命令,在第 1~5 帧之间创建补间动画。用同样的方法,创建"开关"图层第 35~40 帧之间的动画。

■ **创建其他图层**

在"演示"影片剪辑中,创建"指针""控制""文字"和"定义"等图层,并完成制作。

01 **制作"指针"图层** 选中"指针"图层,从"库"面板中拖动"指针"图形元件到第 1 帧的舞台上,再分别单击第 5、35、64 帧,按 F6 键插入关键帧。

02 **创建补间动画** 单击第 35 帧,选择"修改"→"变形"→"顺时针旋转 90 度"命令,将"指针"图形顺时针旋转 90 度,并按图 8-32 所示操作,创建补间动画。

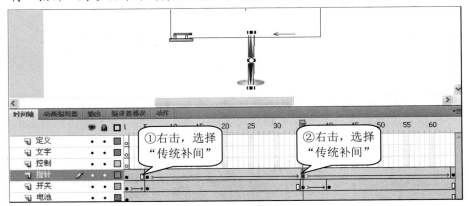

图8-32 创建补间动画

03 **完成"指针"图层制作** 参照上述操作方法,完成"指针"图层其他帧的制作。

04 **制作"控制"图层第 1 帧** 单击"控制"图层的第 1 帧,按图 8-33 所示操作,制作"控制"图层的第 1 帧。

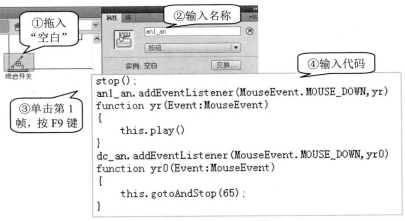

图8-33 制作"控制"图层第1帧

05 **制作"控制"图层第 35 帧** 分别单击"控制"图层的第 2、35 帧,按 F7 键插入空白关键帧,再按图 8-34 所示操作,给拖入的按钮命名,并为第 35 帧添加控制代码。

图8-34 制作"控制"图层第35帧

06 制作"控制"图层第 64 帧 参照上述操作方法,分别单击"控制"图层的第 36、64 帧,按 F7 键插入空白关键帧,再按图 8-35 所示操作,完成"控制"图层第 64 帧的制作。

图8-35 制作"控制"图层第64帧

07 制作"控制"图层其他帧 用同样的方法,分别单击"控制"图层的第 65、66、99、100、129 帧,按 F7 键插入空白关键帧,从"库"面板中拖动"空白"按钮到第 65、99、129 帧的舞台上,并将按钮分别命名为"an4_an、an5_an、an6_an",再给这些帧添加代码,如图 8-36 所示。

```
stop();
an4_an.addEventListener(MouseEvent.MOUSE_DOWN,yr4)
function yr4(Event:MouseEvent)
{
    play()
}
dc1_an.addEventListener(MouseEvent.MOUSE_DOWN,dc)
function dc(Event:MouseEvent)
{
    this.gotoAndStop(1);
}
```
第 65 帧

```
stop();
an6_an.addEventListener(MouseEvent.MOUSE_DOWN,yr5)
function yr5(Event:MouseEvent)
{
    play()
}
```
第 99 帧

```
stop();
an7_an.addEventListener(MouseEvent.MOUSE_DOWN,yr6)
function yr6(Event:MouseEvent)
{
    this.gotoAndPlay(65);
}
```
第 129 帧

图8-36 制作"控制"图层其他帧

08 **制作"文字"图层**　参照上述操作方法，为"文字"图层的相应帧添加文字，完成该图层的制作。

09 **制作"定义"图层**　单击"定义"图层的第 1 帧，按图 8-37 所示操作，添加按钮元件并修改按钮上的文字为"定义"，完成"定义"图层第 1 帧的制作。

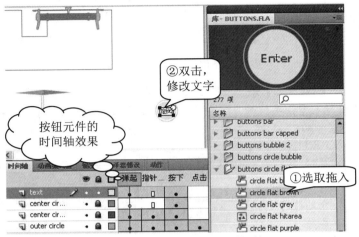

图8-37　制作"定义"图层第1帧

10 **给"按钮"实例命名**　在影片剪辑"演示"的时间轴上，先单击"定义"图层的第 1 帧，再选中"定义"按钮，在"属性"面板中将其命名为"dy_an"。

11 **编写"定义"图层第 1 帧代码**　单击"定义"图层的第 1 帧，按 F9 键，在打开的"动作"面板中输入控制代码，如图 8-38 所示。

```
dy_an.addEventListener(MouseEvent.MOUSE_DOWN,dy1)
function dy1(Event:MouseEvent)
{
    gotoAndStop(130);
}
```

图8-38　编写代码

12 **制作"定义"图层第 130 帧**　参照上述操作方法，首先在"定义"图层的第 130 帧中添加文字，并绘制相应的形状，再从"库"面板中拖动"实验装置图"影片剪辑到该帧的舞台上，完成制作。

8.2.2　制作"探究"模块

课件中的"探究"模块是探究通电螺线管的磁场，单击选中"显示隐藏磁力线"复选框，可显示或隐藏磁力线动态效果；单击电池可更改电池正负极；当闭合开关时，小磁针顺时针旋转；当断开开关时，小磁针恢复到初始位置，效果如图 8-39 所示。

播放课件的"探究"模块，可以发现按照电源方向将动画分成指针和磁力线两个部分，指针可通过"闭合断开开关"来控制，磁力线可通过"显示隐藏磁力线"复选框来控制。下面通过新建图层来分别制作。

第 8 章 制作 Flash 课件实例 | 315

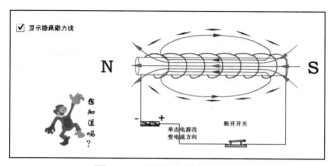

图8-39 "探究"模块效果图

跟我学

01 新建"探究"影片剪辑 选择"插入"→"新建元件"命令，新建一个影片剪辑元件，命名为"探究"，并在该影片剪辑中新建相应的图层，效果如图 8-40 所示。

图8-40 新建"探究"影片剪辑

02 制作"电线"和"铁圈"图层 按图 8-41 所示操作，完成"电线"和"铁圈"图层内容的制作。

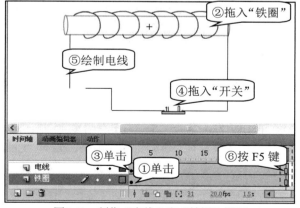

图8-41 制作"电线"和"铁圈"图层

03 制作"电池"图层 单击"电池"图层的第 1 帧，按图 8-42 所示操作，制作"电池"图层的内容。

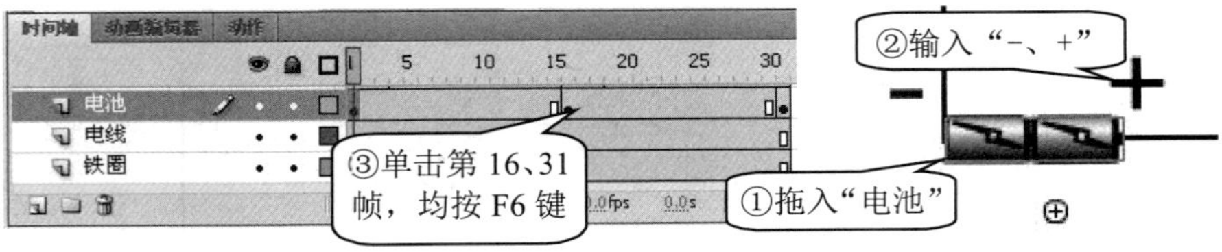

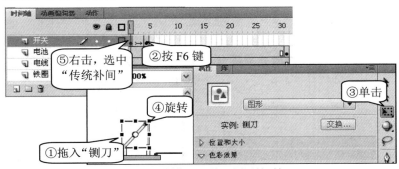

图8-42 制作"电池"图层

04 翻转第16帧的实例 单击"电池"图层的第16帧,选中该帧上的实例,选择"修改"→"变形"→"水平翻转"命令,翻转实例。

05 制作"开关"图层第1帧 单击"开关"图层的第1帧,按图8-43所示操作,完成"开关"图层第1帧的制作。

图8-43 制作"开关"图层第1帧

06 制作"开关"图层其他帧 参照上述操作方法,完成"开关"图层其他帧的制作。

07 制作"指针"和"文字"图层 用同样的方法,完成"指针"和"文字"图层的制作。

08 制作"按钮"图层第1帧 单击"按钮"图层的第1帧,按图8-44所示操作,制作"按钮"图层的第1帧。

图8-44 制作"按钮"图层第1帧

09 添加"CheckBox"按钮组件 单击"按钮"图层的第15帧,按F7键插入空白关键帧,按图8-45所示操作,选择"窗口"→"组件"命令,添加"CheckBox"按钮组件到该帧的舞台上。

10 添加其他元件 从"库"面板中分别拖动"磁力线"影片剪辑和"空白"按钮元件到舞台,并分别命名为"clx"和"tj4_an"。

图8-45 添加"CheckBox"按钮组件

11 制作"按钮"图层其他帧 用同样的方法，完成"按钮"图层第 16、30 帧的制作。

12 制作"正负极转换"图层 按图 8-46 所示操作，完成"正负极转换"图层的制作。

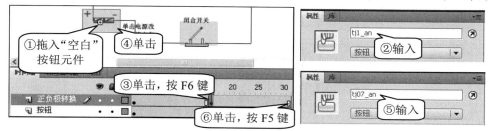

图8-46 制作"正负极转换"图层

13 编写"控制"图层第 1 帧代码 右击"控制"图层的第 1 帧，选择"动作"命令，打开代码编辑窗口，输入如图 8-47 所示的程序代码。

14 编写"控制"图层第 15 帧代码 单击"控制"图层的第 15 帧，按 F7 键插入空白关键帧，再按 F9 键打开"动作"面板，输入如图 8-48 所示的控制代码。

```
stop();
tj1_an.addEventListener(MouseEvent.MOUSE_DOWN,tj1)
function tj1(Event:MouseEvent)
{
    this.gotoAndStop(16)      //跳转到第16帧停止
}
tj2_an.addEventListener(MouseEvent.MOUSE_DOWN,tj2)
function tj2(Event:MouseEvent)
{
    this.play()               //播放动画
}
tj3_an.addEventListener(MouseEvent.MOUSE_DOWN,tj3)
function tj3(Event:MouseEvent)
{
    this.gotoAndStop(31)
}
```

图8-47 编写"控制"图层第1帧代码

```
stop();
tj1_an.addEventListener(MouseEvent.MOUSE_DOWN,tj)
function tj(Event:MouseEvent)
{
    this.gotoAndStop(16)
}
tj4_an.addEventListener(MouseEvent.MOUSE_DOWN,tj4)
function tj4(Event:MouseEvent)
{
    this.gotoAndStop(1)       //跳转到第1帧停止
}
tj3_an.addEventListener(MouseEvent.MOUSE_DOWN,tj301)
function tj301(Event:MouseEvent)
{
    this.gotoAndStop(31)
}
clx.visible=false;  //"磁力线"不可见
cbk.addEventListener(MouseEvent.CLICK,cd);
function cd(event)   //侦听复选框按钮是否被选中
{
    clx.visible=cbk.selected;
}
```

图8-48 编写"控制"图层第15帧代码

15　编写"控制"图层其他帧代码　用同样的方法,编写"控制"图层第 16、30 帧的控制代码。

8.2.3　制作"练习"模块

"练习"模块是一个完整课件必不可少的部分,上一章已经专门讲解了选择题、填空题等课件的制作方法和技巧。本课件选用了单选题和填空题两种类型的习题,只能完成一题批改一题,然后进行下一题的练习,效果如图 8-49 所示。

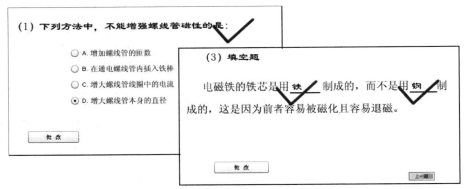

图 8-49　课件"练习"模块效果图

播放课件的"练习"模块,可以发现一个试题包括题干、选项、"批改"按钮、"上一题"按钮、"下一题"按钮。制作"练习"模块时,先要建立这些图层,然后再编写控制代码,实现相应的功能。

跟我学

■ **新建"批改"影片剪辑**

新建一个"批改"影片剪辑元件,并添加相关图层,该元件的主要任务是完成对习题答案的判断批改。

01 新建"批改"影片剪辑　按图 8-50 所示操作,选择"插入"→"新建元件"命令,新建一个影片剪辑元件,命名为"批改",并给"图层 1"的第 1 帧添加控制代码"stop()"。

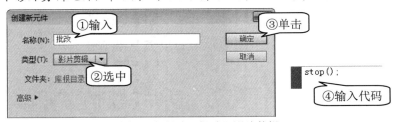

图 8-50　新建"批改"影片剪辑

02 制作"图层 1"的第 2 帧　单击"图层 1"的第 2 帧,按 F7 键插入空白关键帧,按图 8-51 所示操作,完成"图层 1"第 2 帧的制作。

图 8-51　制作"批改"影片剪辑第 2 帧

03 制作"图层 1"的第 3 帧　单击"图层 1"的第 3 帧，按 F7 键插入空白关键帧，按图 8-52 所示操作，完成"图层 1"第 3 帧的制作。

图8-52　制作"批改"影片剪辑第3帧

■ 新建"练习"影片剪辑

选择"插入"→"新建元件"命令，新建一个"练习"影片剪辑元件，并新建相关图层；在"试题"图层的第 1、2、3 帧舞台上分别放置 3 个小题题目。

01 新建"练习"影片剪辑　选择"插入"→"新建元件"命令，新建一个影片剪辑元件，命名为"练习"，并新建相关的图层，效果如图 8-53 所示。

图8-53　新建"练习"影片剪辑

02 制作"试题"图层　分别在"试题"图层的第 2、3 帧按 F6 键插入关键帧，然后选择"文本"工具，分别在该图层第 1、2、3 帧所在的舞台上输入习题题目，效果如图 8-54 所示。

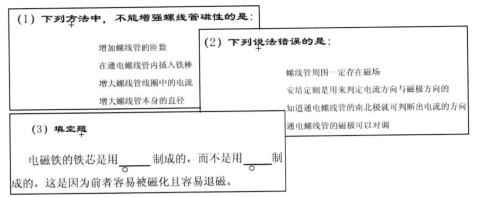

图8-54 制作"试题"图层

03 拖入"批改"影片剪辑 单击"试题"图层的第 3 帧,先将"批改"影片剪辑两次拖入填空题的横线处,再将其分别命名为"pg1_1"和"pg1_2",效果如图 8-55 所示。

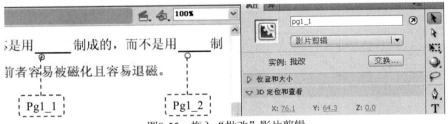

图8-55 拖入"批改"影片剪辑

04 制作选项 A 单击"选项"图层的第 1 帧,选择"窗口"→"组件"命令,按图 8-56 所示操作,制作选项 A。

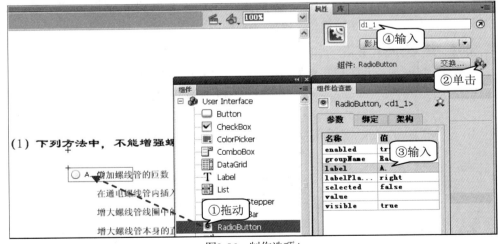

图8-56 制作选项A

05 制作其他选项 参照上述步骤的方法,3 次拖入 RadioButton 按钮,将按钮的 label 属性值分别设置为"B.""C.""D.",并将名称设置为"d1_2""d1_3""d1_4",完成其他选项的制作。

06 制作"批改"按钮 按图 8-57 所示操作,完成"批改"按钮的制作。

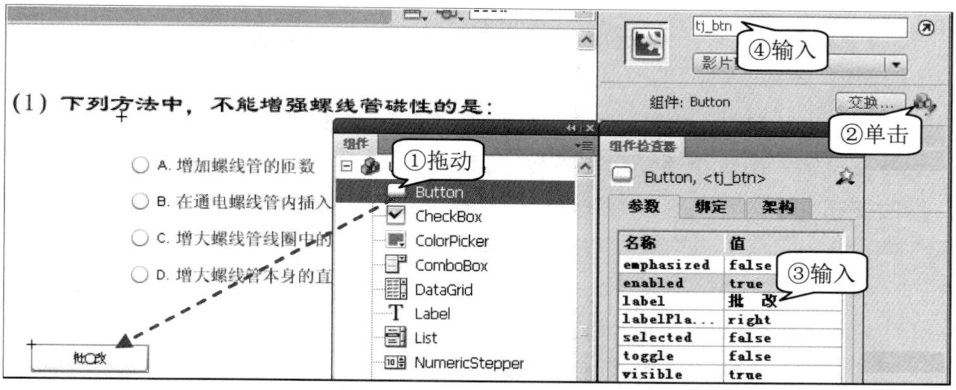

图8-57 制作"批改"按钮

07 制作第 2 题选项及批改按钮 单击"选项"图层的第 2 帧,按 F7 键插入空白关键帧,参照制作第 1 题的选项和"批改"按钮的操作方法,制作第 2 题的选项及"批改"按钮。

08 制作填空题 单击"选项"图层的第 3 帧,按 F7 键插入空白关键帧,按图 8-58 所示操作,先制作第 1 个填空项,名称为"t1";再用同样的方法,制作第 2 个填空项,名称为"t2"。

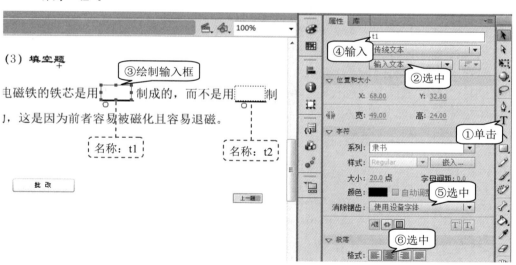

图 8-58 制作填空项

09 制作填空题的批改按钮 参照步骤 06 的操作方法,制作填空题的"批改"按钮。

10 制作"判断"图层 单击"判断"图层的第 1 帧,从"库"面板中拖动"批改"影片剪辑元件到选择题题干后面,并将该帧上的实例命名为"dc_mc";单击该图层的第 2 帧,按 F6 键插入关键帧,将该帧上的实例命名为"dc1_mc";单击该图层的第 3 帧,按 F5 键插入普通帧。

■ 制作"练习"元件的其他图层

在"练习"影片剪辑中,分别在"前进""后退"及"代码"图层中,拖入"公用库"面板中的相关按钮,并添加相应的控制代码。

01 制作"前进"图层　按图 8-59 所示操作,选择"窗口"→"公用库"→"按钮"命令,从"公用库"面板中拖动相应的按钮到"前进"图层的第 1 帧的舞台上。

02 修改按钮文字　按图 8-60 所示操作,将"qj"按钮的按钮文字修改为"下一题"。

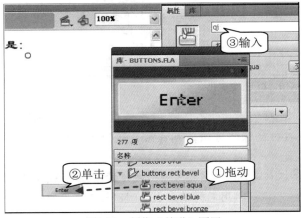

图8-59　制作"前进"图层

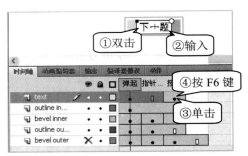

图8-60　修改按钮文字

03 插入帧　返回"练习"影片剪辑的编辑窗口,单击"前进"图层的第 2 帧,按 F6 键插入关键帧,并将该帧舞台上的"下一题"按钮的实例名称更改为"qj2"。

04 制作"后退"图层　参照"前进"图层的制作方法,完成"后退"图层中按钮的制作。

05 编写"代码"图层第 1 帧代码　单击"代码"图层的第 1 帧,按 F9 键,在打开的代码编辑窗口中输入如图 8-61 所示的控制代码。

```
stop();
dc_mc.stop();

tj_btn.addEventListener(MouseEvent.CLICK,cd);

function cd(event)
{
  if(d1_4.selected)
  {
    dc_mc.gotoAndStop(3);
  }         //跳转到影片剪辑"批改"第3帧停止
  else
  {
    dc_mc.gotoAndStop(2);
  }
}

qj.addEventListener(MouseEvent.MOUSE_DOWN,qj1);
              //侦听"下一题"按钮是否有鼠标单击
function qj1(event:MouseEvent)
{
   nextFrame();//跳转到下一帧停止
}
```

图8-61　编写"代码"图层第1帧代码

06 编写"代码"图层第 2 帧代码　单击"代码"图层的第 2 帧,按 F7 键插入空白关键帧,再按 F9 键打开"动作"面板,输入如图 8-62 所示的控制代码。

07 编写"代码"图层第3帧代码　　单击"代码"图层的第3帧，按F7键插入空白关键帧，再右击该帧，选择"动作"命令，打开代码编辑窗口，输入如图8-63所示的控制代码，完成"练习"影片剪辑的制作。

```
stop();
dc1_mc.stop();
tj1_btn.addEventListener(MouseEvent.CLICK,cd1);
                    //侦听"批改"按钮是否有鼠标单击
function cd1(event)
{
  if(d2_1.selected)
  {
    dc1_mc.gotoAndStop(3);
  }
  else
  {
    dc1_mc.gotoAndStop(2);
              //跳转到影片剪辑"批改"第2帧停止
  }
}
qj2.addEventListener(MouseEvent.MOUSE_DOWN,qj3);
function qj3(Event:MouseEvent)
{
    nextFrame();
}
ht.addEventListener(MouseEvent.MOUSE_DOWN,ht0);
function ht0(Event:MouseEvent)
{
    prevFrame();//跳转到上一帧停止
}
```

图8-62　编写"代码"图层第2帧代码

```
stop();
pg1_1.stop();
pg1_2.stop();
tj2_btn.addEventListener(MouseEvent.CLICK,cd3);
function cd3(event)
{
  if(t1.text=="铁")//如果文本框输入的文本是"铁"
  {
    pg1_1.gotoAndStop(3);
  }
  else
  {
    pg1_1.gotoAndStop(2);
  }
  if(t2.text=="钢")
  {
    pg1_2.gotoAndStop(3);
  }
  else    //否则
  {
    pg1_2.gotoAndStop(2);
  }
}
ht1.addEventListener(MouseEvent.MOUSE_DOWN,ht2)
              //侦听"上一题"按钮是否有鼠标按下
function ht2(Event:mouseEvent)
{
    prevFrame();
}
```

图8-63　编写"代码"图层第3帧代码

8.3　制作课件结尾

课件结尾根据课件内容规划设计分成两个模块，分别为片尾动画和退出导航，这两个模块都采用影片剪辑的方式存放在"库"面板中，根据需要，可以通过添加功能代码将模块添加到舞台中。

制作课件结尾

8.3.1　制作片尾动画

课件的"片尾动画"模块用于呈现课件作者的相关信息，如"课件名称""作者姓名""邮件地址"等。当播放课件的片尾动画时，会发现课件相关信息以动画的形式从上往下慢慢呈现，当动画播放结束，整个课件动画消失。

新建"片尾动画"影片剪辑

新建一个"片尾动画"影片剪辑元件,添加相关图层,并在图层中制作该影片剪辑需要的背景。

01 新建"文字"元件 选择"插入"→"新建元件"命令,新建"文字"图形元件,在"图层1"的第1帧的舞台上使用"文本"工具输入作者相关信息,并设置好字体格式(隶书、30点、黑色)。

02 新建"片尾动画"元件 选择"插入"→"新建元件"命令,新建"片尾动画"影片剪辑,如图8-64所示。

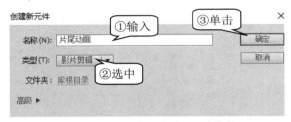

图8-64 新建"片尾动画"影片剪辑

03 制作"背景"图层 单击"背景"图层的第1帧,使用"矩形"工具绘制一个图形,按图8-65所示操作设置图形属性,并在第420帧按F5键插入普通帧。

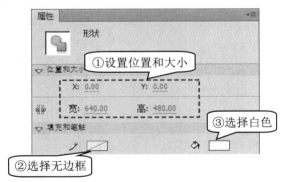

图8-65 设置图形属性

04 制作"框架"图层 在"背景"图层上方添加一个图层,并将其重新命名为"框架"。从"库"面板中将"框"元件拖入"框架"图层第1帧的舞台上,并参照上述"矩形"的属性内容进行设置。

制作其他图层

在"片尾动画"影片剪辑中,制作"文字""矩形""声音""代码"图层的内容,并添加控制代码。

01 **制作"文字"图层** 在"框架"图层上方新建一个名为"文字"的图层，先从"库"面板中将元件"文字"拖入第1帧的舞台上，并调整好位置；再在第200帧按F6键插入关键帧，调整元件位置；最后在第420帧按F5键插入普通帧。

02 **创建补间动画** 分别单击"文字"图层的第1、200帧，选择"插入"→"传统补间"命令，创建动画。

03 **制作"矩形"图层** 在"文字"图层上方新建一个名为"矩形"的图层，在第1帧使用"矩形"工具绘制图形，要求图形能完全覆盖作者信息的文字，并在第420帧按F5键插入普通帧。

04 **制作遮罩动画** 右击"矩形"图层，在弹出的快捷菜单中选择"遮罩层"命令，完成遮罩动画的制作。

05 **完成"声音"图层制作** 在"矩形"图层上方添加一个图层，并将其重新命名为"声音"。分别在第140、300帧按F7键插入空白关键帧，按图8-66所示操作，在第1～140帧、第140～300帧之间插入导入"库"面板中的声音，再在第420帧按F5键插入普通帧。

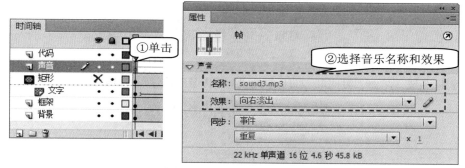

图8-66 制作"声音"图层

06 **输入停止代码** 在"声音"图层上方添加一个图层，并将其重新命名为"代码"。在第420帧按F7键插入空白关键帧，右击"代码"图层的第420帧，选择"动作"命令，在打开的代码窗口中输入"stop();"。

8.3.2 制作退出导航

退出导航实现课件退出功能，以帮助使用者控制课件的关闭操作。退出导航使用常见的对话框形式来呈现，如图8-67所示。

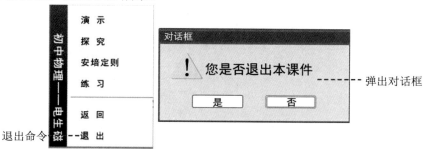

图8-67 退出导航的对话框

当单击"是"按钮时,会弹出片尾动画,等其播放完毕后,退出课件;当单击"否"按钮时,则会返回原先的课件内容。

■ 制作导航对话框

新建一个名为"退出导航"的影片剪辑,然后在该影片剪辑中创建相关的图层,制作一个"对话框"。

01 新建"退出导航"元件 按图8-68所示操作,选择"插入"→"新建元件"命令,新建一个影片剪辑元件,命名为"退出导航"。

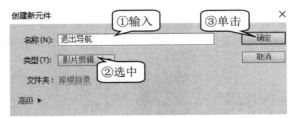

图8-68 新建"退出导航"影片剪辑元件

02 创建图层 单击"时间轴"面板中的"新建图层"按钮,创建如图8-69所示的3个图层。

图8-69 创建图层

03 制作"背景"图层 从"库"面板中拖动"对话框背景"图形到"背景"图层的第1帧的舞台上,并调整好位置。

04 新建"是"按钮 选择"插入"→"新建元件"命令,按图8-70所示操作,新建"是"按钮元件。

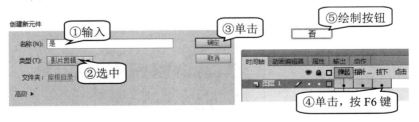

图8-70 新建"是"按钮

05 新建"否"按钮 参照上述操作方法,选择"插入"→"新建元件"命令,新建"否"按钮元件。

06 制作"按钮"图层 从"库"面板中分别拖动"是"和"否"按钮到"按钮"图层的第 1 帧的舞台上,调整好位置,并将两个实例分别命名为"shi"和"fou"。

■ 添加功能代码

打开"退出导航"影片剪辑,在"代码"图层的第 1 帧中编写代码,使用相关按钮控制"对话框"的跳转。

01 添加链接 按图 8-71 所示操作,为"库"面板中的"退出导航"元件添加类名为"btn_tcdhk"的 ActionScript 链接。

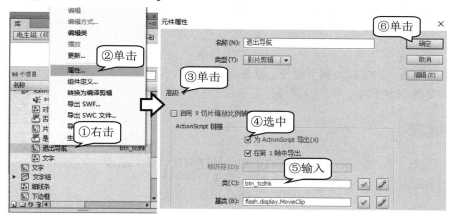

图8-71 添加ActionScript链接

02 添加其他链接 继续为"片尾动画"元件添加 ActionScript 链接,类名称为"tctx"。

03 编写第 1 帧代码 打开"退出导航"影片剪辑,单击"代码"图层的第 1 帧,按 F9 键进入代码编辑状态,输入如图 8-72 所示的控制代码。

```
import flash.system.fscommand;
shi.addEventListener(MouseEvent.CLICK,shi_1);
function shi_1(me:MouseEvent) {
    var tchm:tctx=new tctx();           //建立对象
    var i:int=1;
    var count:int=stage.numChildren;
    while (i<count-1) {
        stage.removeChildAt(1);
        i++;
    }
    stage.addChild(tchm);               //单击"是"按钮,将片尾动画添加到舞台
    tchm.x=0;                           //设置片尾动画在舞台中的位置
    tchm.y=0;
}
fou.addEventListener(MouseEvent.CLICK,fou_1);
function fou_1(me:MouseEvent) {
    stage.removeChild(this);            //单击"否"按钮,返回到上一级目录
}
```

图8-72 编写第1帧代码

04 编写第 2 帧代码 打开"菜单"影片剪辑,单击"代码"图层的第 2 帧,按 F7 键插入空白关键帧,再按 F9 键进入代码编辑状态,输入如图 8-73 所示的控制代码,添加退出功能。

```
cd2_an.addEventListener(MouseEvent.MOUSE_DOWN,cd2);
var tccx:btn_tcdhk=new btn_tcdhk();
function cd2(Event:MouseEvent){
    stage.addChild(tccx);           //单击"退出"按钮，弹出对话框
    tccx.x=326;                      //设置对话框在舞台中的位置
    tccx.y=228;
    }
```

图8-73　编写第2帧代码

8.4　完善、导出和评价课件

在整个课件制作完成后，剩下的任务就是将课件的封面、主体和结尾部分合成起来，并进一步完善，最后对课件进行测试及评价。

8.4.1　完善课件

完善、导出和评价课件

回到主场景，建立相关图层，再将前面制作的存放在"库"面板中的影片剪辑拖到相关图层中，完成课件的制作。

跟我学

01 新建主场景图层　单击"场景1"按钮，返回主场景，从下往上新建如图8-74所示的图层。

图8-74　新建主场景图层

02 制作"标题动画"图层　单击"标题动画"图层的第10帧，按F7键插入空白关键帧，从"库"面板中拖动"标题动画"影片剪辑到该帧的舞台上；单击第59帧按F5键插入普通帧。

03 制作"控制菜单"图层　单击"控制菜单"图层的第31帧，从"库"面板中拖动"菜单"影片剪辑到该帧的舞台上；单击第59帧按F5键插入普通帧。

04 制作"内容"图层　分别单击"内容"图层的第55～59帧，按F6键插入关键帧，依次修改各帧的名称为"a1"～"a5"，并从"库"面板中拖动相应的元件到对应帧的舞台中。

05 制作"小标题"图层 单击"小标题"图层的第 54 帧,按 F5 键插入普通帧;单击第 55 帧,按 F7 键插入空白关键帧,并右击该帧,选择"动作"命令,打开代码窗口,输入停止代码;分别单击第 56~59 帧,按 F6 键插入关键帧,输入相应的标题文字。

06 制作"大标题"图层 单击"大标题"图层的第 56 帧,按 F7 键插入空白关键帧,在第 1、56 帧输入相应的标题文字;单击第 59 帧,按 F5 键插入普通帧,具体的图层效果如图 8-75 所示。

图8-75 制作"大标题"图层

07 测试课件 选择"控制"→"测试影片"命令,对课件进行测试,查看效果。
08 修改课件 针对测试中没有达到预期效果的部分内容,重新修改后,再进行测试。
09 保存课件 选择"文件"→"保存"命令,保存课件,名称为"电生磁(终).fla"。

8.4.2 导出与评价课件

测试 Flash 课件,系统会自动导出一个扩展名为".swf"的文件,该文件可以在安装 Flash 播放器的计算机上进行播放;另外,还可以进一步将其导出为一个扩展名为".exe"的可执行程序文件。一个好的课件是符合评价标准的。

跟我学

01 测试课件 按 Ctrl+Enter 键测试课件,测试效果如图 8-76 所示。

图8-76 测试课件

02 导出 EXE 文件 按图 8-77 所示操作,选择"文件"→"创建播放器"命令,导出文件名为"电生磁.exe"的文件。

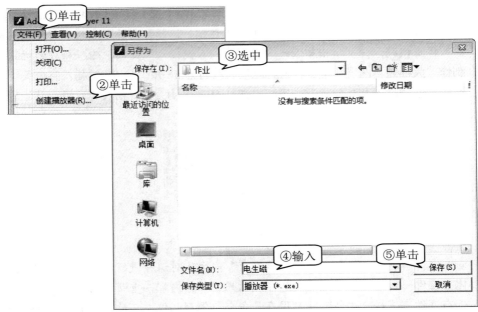

图8-77 导出EXE文件

03 评价课件 在实际教学中使用课件，观察课件使用效果，结合图 8-78 所示的评选指标和要素对课件进行评价，并进行修改、完善。

评选指标	分值	评选要素
课件内容	50	教学目标、对象明确，教学策略得当； 内容丰富、科学，表述准确，术语规范； 选材适当，表现方式合理； 语言简洁、生动，文字规范； 素材选用恰当，结构合理。
技术运用	30	界面设计合理，风格统一，有必要的交互； 运行流畅，操作简便、快捷，媒体播放可控； 导航方便合理，路径可选； 新技术运用有效； 有清晰的文字介绍和帮助文档。
创新与实用	20	立意新颖，具有想象力和个性表现力； 能够运用于实际教学中，有推广价值。

图 8-78 评价课件

8.5 小结

本章通过一个完整的课件制作实例，从整体上对课件进行规划与设计，进一步提高制作技巧。本例从制作课件封面、课件主体、课件结尾及课件完善和测试等方面，将使用 Flash

制作课件的技巧进行完整呈现，本章需要掌握的主要内容如下。

- **制作课件封面**：介绍了图层的建立，图形元件、按钮元件的制作，以及如何编写简单的ActionScript 3.0控制代码。
- **制作课件主体**：详细介绍了影片剪辑的制作方法和技巧，以及控制代码的编写等。
- **制作课件结尾**：介绍了按钮元件和影片剪辑的制作方法，以及声音、动画的控制代码编写等。
- **完善、导出和评价课件**：主要介绍元件的合成，课件的测试。